教育部哲学社会科学研究重大课题攻关项目，中国特色自由贸易港建设理论与方法研究（20JZD016）、新发展格局下数字产业链发展战略研究（21JZD022）、研究阐释党的十九届四中全会精神国家社科基金重点项目，加快中国特色自由贸易港建设的制度创新及风险防控体系研究（20AZD051）

浙江大学区域经济开放与发展研究中心
浙江省商务研究院
浙江省新时代自贸港研究院
中国（浙江）自由贸易试验区研究院

CHINA (ZHEJIANG)
PILOT FREE TRADE ZONE
DEVELOPMENT REPORT (2022)

# 中国（浙江）
# 自由贸易试验区
## 发展报告

## （2022）

周禄松　黄先海◎著

ZHEJIANG UNIVERSITY PRESS
浙江大学出版社
· 杭州 ·

**图书在版编目（CIP）数据**

中国（浙江）自由贸易试验区发展报告. 2022 ／ 周禄松，黄先海著. —杭州：浙江大学出版社，2022.9
ISBN 978-7-308-23044-5

Ⅰ. ①中… Ⅱ. ①周… ②黄… Ⅲ. ①自由贸易区—经济发展—研究报告—浙江—2022 Ⅳ. ①F752.855

中国版本图书馆 CIP 数据核字(2022)第 171944 号

## 中国(浙江)自由贸易试验区发展报告(2022)

周禄松　黄先海　著

| | |
|---|---|
| **策划编辑** | 吴伟伟 |
| **责任编辑** | 陈佩钰 |
| **文字编辑** | 葛　超 |
| **封面设计** | 雷建军 |
| **出版发行** | 浙江大学出版社 |
| | （杭州市天目山路 148 号　邮政编码 310007） |
| | （网址：http://www.zjupress.com） |
| **排　　版** | 杭州青翊图文设计有限公司 |
| **印　　刷** | 杭州宏雅印刷有限公司 |
| **开　　本** | 710mm×1000mm　1/16 |
| **印　　张** | 15.75 |
| **字　　数** | 258 千 |
| **版 印 次** | 2022 年 9 月第 1 版　2022 年 9 月第 1 次印刷 |
| **书　　号** | ISBN 978-7-308-23044-5 |
| **定　　价** | 88.00 元 |

**版权所有　翻印必究　　印装差错　负责调换**
浙江大学出版社市场运营中心联系方式：0571 - 88925591；http://zjdxcbs.tmall.com

# 序 言

## 引潮逐浪立前头　再筑开放新高地

2020年3月29日至4月1日,习近平总书记到浙江考察,赋予浙江努力成为新时代全面展示中国特色社会主义制度优越性的重要窗口[1]的新目标新定位。

在中国自由贸易试验区(以下简称"自贸试验区")的"雁阵"中,浙江自贸试验区自诞生起就是一个相对"特别"的存在——在国际油气贸易这一战略必争领域,浙江自贸试验区是不可替代的战略要地。2020年,这个特别的存在不仅强化了自身的独特战略地位,更是紧抓机遇实现了后来者居上的跨越式发展:作为第三批设立的自贸试验区,浙江在全国众多自贸试验区中脱颖而出,率先在全国实现真正意义上的扩区,跳出舟山,扩展到了宁波、杭州、金华(义乌),覆盖面积翻倍。

时序轮转,及至2021年这个极为特殊的年份。立足新发展阶段,需要贯彻新发展理念,构建新发展格局。从全国看,2021年是中国共产党成立100周年和"十四五"开局之年;从浙江看,2021年是习近平总书记考察浙江时赋予浙江重要窗口新定位一周年,更是浙江高质量发展建设共同富裕示范区的启动之年;浙江自贸试验区也迎来了扩区一周年,来到了浙江改革开放向纵深推进的关键时点。

自贸试验区自设立之初,就是释放自下而上创新动能的制度设计。浙江自贸试验区扩区一年来,从"夯基垒台、立柱架梁"到"全面推进、积厚成

---

① 习近平在浙江考察时强调:统筹推进疫情防控和经济社会发展工作　奋力实现今年经济社会发展目标任务.人民日报,2020-04-02(1).

势"，始终把服务国家战略作为根本出发点和落脚点，以制度创新为核心，以可复制、可推广为基本要求，立足改革开放大局，从代表国家参与国际竞争的高度推进改革、谋划创新。目前，已初步建设成为具有国际影响力的"以油气为核心的大宗商品资源配置基地"、具有较高标准的"新型国际贸易中心"、具有较强辐射力的"国际航运和物流枢纽"、具有引领性的"数字经济发展示范区"和具有地方特色的"先进制造业集聚区"，在新形势下发挥了标杆表率、服务全国的积极作用。

改革开放永不停步。《中华人民共和国国民经济和社会发展第十四个五年规划和 2035 年远景目标纲要》提出要"构建高标准自由贸易区网络"，这为自贸试验区在"十四五"期间的发展指明了道路。在全新的发展阶段，浙江自贸试验区要树立标杆，补齐短板，以问题为导向，对标国际先进自由贸易区和高标准经贸规则，强化自身实力，以期未来能代表更强劲的中国力量，高效配置全球优质资源。当然，要练就全球资源配置能力，赶超这些强劲的对手，在扩区发展这个没有现成经验可以借鉴的课题中拿下高分，就必须在仰望星空的同时脚踏实地。在自贸试验区新一轮建设中，浙江自贸试验区要以"油气自贸区、数字自贸区、枢纽自贸区"这匹小马拉动全省经济这辆大车，扛起高质量发展建设共同富裕示范区的大旗，成为改革创新的风向标。

砥砺前行八载有余，诸如海南自贸港、上海自贸试验区临港新片区、浙江自贸试验区等先天禀赋好、后天也努力奋进的自贸试验区，完全有条件为中国改革开放迈向更高层次带来"里程碑"意义——在全球经贸中心由西欧、北美向亚洲变迁的进程中，以自贸试验区这一开放矩阵凝聚最强力量、承载最强资源，代表中国，在事关综合国力提升的战略必争领域，提高全球竞争力和影响力。置身其中，浙江自贸试验区责无旁贷，更应拿出为全局探路的勇气，扛起国家赋予浙江自贸试验区 2.0 版的重要使命和历史担当。

破浪前行风帆劲，砥砺奋进谱新章。在这份关乎国家深化改革、扩大对外开放的扩区一周年答卷上，精彩正在上演，在改革大潮中乘风破浪的浙江自贸试验区，必将在 2.0 时代续写辉煌。期待着这份熠熠生辉的"浙江方案"，期待着这张光彩夺目的对外开放"金名片"！

是为序。

黄先海

2022 年 4 月

# 前　言

　　当今世界正经历百年未有之大变局,新一轮科技革命和产业变革深入发展,不稳定性、不确定性明显增加,新冠肺炎疫情影响广泛深远,经济全球化遭遇逆流。面对错综复杂的国际环境带来的新矛盾、新挑战,找准方位、把握规律、果敢应对,是我国新一轮改革开放的重要任务。我国始终践行着"中国开放的大门不会关闭,只会越开越大"①的承诺,加快推进规则标准等制度型开放,完善自由贸易试验区布局,建设更高水平开放型经济新体制。

　　世界自由贸易区(以下简称"自贸区")作为促进本国(地区)经济及国际贸易发展的特殊区域,最早可追溯到古希腊时代。在全球化浪潮推动下,自贸区由转口贸易型、贸易工业型发展到综合型。目前,全球自贸区呈现出多样化和综合化的发展态势。经济功能区作为中国改革开放的重要抓手,40多年来形成了经济特区、高新技术产业开发区、自贸试验区等多种类型。2013年9月29日,上海自贸试验区在浦东正式挂牌成立,标志着我国自贸试验区建设正式拉开帷幕。截至2021年,我国已陆续批准设立了21个自贸试验区,基本形成了覆盖东部沿海、中部内陆和西部沿边的全方位、多层次的自贸试验区发展格局。

　　2020年8月30日,国务院正式批复同意浙江自贸试验区扩区,形成了舟山、宁波、杭州、金义"一区四片"的新发展格局。国家战略落地在这片开放热土上激起奔腾不息的浪潮。同时,浙江省积极创建联动创新区,并推动省内联动创新区全覆盖,构建"自贸试验区＋联动创新区＋辐射带动区"的

---

　　①　习近平:开放共创繁荣　创新引领未来.人民日报,2018-04-11(3).

全面开放新格局。春华秋实，不负耕耘。赋权扩区一年来，浙江自贸试验区为改革闯新路，为发展注动能，作为新时代改革开放新高地和重要窗口的引领作用不断显现，全力打造"五大功能定位"。

本书沿着"创设背景—发展现状—战略定位—创新实践—案例分析—建设亮点—经验借鉴—问题挑战—建设展望"的逻辑思路展开，具有较强的实用性和实践意义。本书全面梳理了国内外自贸试验区的发展历程及特点，结合浙江自贸试验区发展现状，通过全面对比《关于支持中国（浙江）自由贸易试验区油气全产业链开放发展的若干措施》（国函〔2020〕32 号，以下简称《赋权方案》）、《中国（浙江）自由贸易试验区扩展区域方案》（国发〔2020〕10 号，以下简称《扩区方案》）、《中国（浙江）自由贸易试验区深化改革开放实施方案》（浙政发〔2020〕32 号，以下简称《实施方案》）提出的战略定位、发展目标、改革试点任务及其背后的深层次涵义，归纳总结浙江自贸试验区扩区一年来的经验做法和制度创新案例，并着眼未来，对标国际、国内发展前沿，分析自身在发展过程中遇到的问题与挑战，提出一些或能有利于浙江自贸试验区终极目标实现的建设推进路径，为国内其他自贸试验区发展提供参考。

本书共九章。第一章为自贸试验区创设的背景，对全球自由贸易的发展历史以及中国自贸试验区的发展历程进行了全面梳理。第二章为浙江自贸试验区发展现状，围绕大宗商品资源配置基地、新型国际贸易中心、国际航运和物流枢纽、数字经济发展示范区、先进制造业集聚区等领域，归纳总结了浙江自贸试验区建设发展情况。第三章为浙江自贸试验区战略定位和发展目标，通过对照《扩区方案》中的"五大战略定位"和发展目标，分别从典型特征、数据表征、试点任务带动、制度创新带动等四个维度对浙江自贸试验区战略定位、建设路径和相关成效进行全面梳理，随后从投资贸易便利、高端产业集聚、金融服务完善、监管高效便捷等自贸试验区共性目标领域展开分析。第四章为浙江自贸试验区改革创新实践，主要从试点任务实施率、制度创新及复制推广成效、重大项目及体制机制建设成效等四个方面展开。第五章为浙江自贸试验区制度创新案例分析，主要从投资自由化便利化、贸易便利化、金融开放创新、事中事后监管等四个方面进行归纳总结。第六章为浙江自贸试验区建设亮点，通过全面梳理扩区以来浙江自贸试验区的每一步探索、每一项创新，总结出浙江自贸试验区建设中的诸多特色与亮点。第七章为浙江自贸试验区经验借鉴，将其"五大战略定位"与国内外先进自贸区（港）对应比较。对标新加坡、鹿特丹，打造以油气为核心的大宗商品资源配置基地；对标CPTPP（全面与进步跨太平洋伙伴关系协定）、USMCA（美国—墨西哥—加拿大协定）等国际高标准经贸规则，打造新型国际贸易中心；对标新加坡港、德国杜伊斯堡港、美国孟菲斯国际机场、上海港，打造国际航运和物流枢纽；对标美国、欧盟等国际国内数字经济发展模式，打造数字经济发展示范区；对标美国、德国、韩国等发达国家先进制造业，打造先进制造业集聚区等。第八章为浙江自贸试验区面临的问题与挑战，结合国家，浙江省、舟山市、宁波市、杭州市、金华（义乌）市等各个层面情况，提出压力测试仍需加大力度、系统集成未能形成突破、竞争优势亟须发力提升、赋能建设有待持续加强等主要存在的问题。第九章为浙江自贸试验区建设展望，面向"十四五"，浙江自贸试验区应以新担当回应新时代——争取更大赋能支持，以油气自贸区建设诠释开路先锋担当；强化数字创新赋能，下好数字自贸区"先手棋"；畅通全球高端要素，以"硬核"力量推进枢纽自贸区建设；营造最优服务生态，在探索制度型开放上发挥更大作用；培育引进自贸人才，推进高能级人才平台提能造峰。

# 目　录

# 第一章　自贸试验区创设的背景

## 第一节　全球自由贸易区的发展

随着全球化浪潮风起云涌和国际贸易的迅猛发展,世界自由贸易区的发展日新月异,逐渐成为各国贸易发展的重要平台。

### 一、第一阶段:转口贸易型

第二次世界大战前,以关税减免为主要特征的古典、传统自贸区横空出世。1547 年,意大利在热那亚港建立雷格亨自由港,这是世界上第一个正式命名的自由港。其发展数量与规模有限,经营活动相对单一,带有浓厚的殖民特色。事实上,自贸区最早可追溯到古希腊时代。当时腓尼基人将泰尔和迦太基两个港口划为特区,对外来的商船尽量保证其安全航行,不受任何干扰,这即为自由港区的雏形。1228 年,法国南部马赛港在港区内划出特定区域,规定外国货物可以在不征收任何税赋的情况下出入这一区域。1367年,德意志北部的几个自由市联合起来,建立了历史上称之为"汉萨同盟"的自由贸易联盟。16 世纪末至 18 世纪初,随着资本主义手工业和航海业的进步,国际贸易迅速发展,欧洲自由城市和自由港大量出现,主要集中在地中海沿岸,而后向西欧沿海和波罗的海扩散。从自贸港区问世至第二次世界大战前夕,自贸区经营活动相对单一,主要从事对外贸易和转口贸易,允许外国商船自由进出,但各国对区内经营的业务范围普遍都有比较严格的规定,因此被称为"古典和传统的自贸区"。

## 二、第二阶段：贸易工业型

第二次世界大战后至 20 世纪 60 年代,出口加工区异军突起。这是因为第二次世界大战后世界范围内众多殖民地附属国相继独立,要求发展民族经济的呼声日益高涨。在经济社会发展的探索实践中,很多国家和地区纷纷开始划定隔离区域同外商合作发展出口工业,并以当地丰富廉价的劳动力和各种优惠待遇,吸引客商的资金和技术。1958 年,爱尔兰设立的香农出口自由区,是最早从事出口加工的自由港。出口加工区作为一种自贸区的新形式和发展的新形态登上历史舞台。这类出口加工区的共同点是设立于港口附近、行政手续较区外简化、由区外输入原物料或零组件,再以非技术劳力来产生附加价值,区内企业享有税收及投资政策优惠,以"两头在外"为主要发展模式,发展出口工业产品。

## 三、第三阶段：综合型

20 世纪 60 年代后期,贸易、生产、资本国际合作不断深化,发达国家产业转移日益加速,发展中国家工业化进程迅猛推进,全球自贸区呈现出多样化和综合化的发展态势,多种类型自贸区共同发展。特别是发展中国家利用这一形式,建成特殊工业区,逐步发展成出口加工区,其成为不少发展中国家经济起飞的"助推器"。目前世界上多数自贸区都具有进出口贸易、转口贸易、仓储、加工、商品展示、金融等多种功能,实行境内关外的一系列海关特殊监管政策。

进入 21 世纪后,依托优越的地理位置或港口优势,香港、新加坡、迪拜、鹿特丹等发展成为全球公认的高水平自由贸易港城市,推进了贸易、投资、金融、人员流动等领域的自由化、便利化。经过长期发展,其产业结构不断优化,监管体系更加完善,成为全球开放水平最高的特殊经济功能区城市。

## 专栏 1-1 香港:打造"全要素"自由贸易港

香港自由港是集金融、贸易、工业、航运、旅游、信息等于一体的综合型自由港,成立于 1841 年,总面积为 1045.7 平方公里。美国传统基金会和《华尔街日报》2013 年联合报告显示,中国香港连续 19 年位列"全球最自由经济体"榜首。目前,香港自由港已由单一的转口贸易港发展成为包括金融、贸易、工业、航运、旅游、信息等多方面的综合型自由港。这类综合型自由港模式的特点包括中转贸易、出口加工区的免税功能,使城市特区成为庞大的国际免税购物中心,以较完备的自由市场体系为基础,带动区内工业、金融、商贸、房地产、科技、旅游业全面发展。

## 专栏 1-2　新加坡:优质软硬件环境带来活力

新加坡国土面积仅 700 余平方公里,扼守马六甲海峡出入口,地理位置得天独厚,拥有天然良港。自 1969 年在裕廊工业区划设了第一个自由贸易区以来,截至 2021 年底,新加坡共有 9 个自由贸易园区、6 个商业园和 13 个特殊工业园。新加坡自由贸易园区在性质上属于海关特殊监管区域,以发展转口贸易、提供物流服务为主。新加坡实行的自由港政策,实现了自由通航、允许境外货物与资金自由进出,对大部分货物免除关税,并在 1990 年投资建立了全国 EDI 贸易服务网,通过垂直联合与 5000 多家公司的管理信息系统实现联网,确保物流信息畅通,因此,新加坡港也成为世界上最繁忙的港口之一。当前新加坡已发展成为世界重要的航运中心、贸易中心和金融中心。

## 专栏 1-3　迪拜：自由港战略驱动经济转型

20 世纪 80 年代起，迪拜逐步确立了不再单纯依靠石油出口、努力实现经济多元化发展的战略，兴建了一批独具特色的专业化自由贸易区。迪拜陆续建立了互联网城、迪拜国际金融中心、专注物流运输的迪拜机场自由区、专注教育培训的迪拜知识村、专注半导体发展的迪拜硅谷、服务全球一流媒体的迪拜媒体城等。截至 2019 年 8 月，迪拜共有 28 个自由贸易区，这些各具特色的专业产业集群，进一步丰富了迪拜多样化产业结构的内涵。迪拜政府推行了高标准的自由贸易区政策，推出外资可 100% 独资、可享受 50 年免除所得税、无个人所得税、进口完全免税、资本和利润可自由汇出等政策性优惠。

## 专栏 1-4　鹿特丹：欧洲第一大港口

荷兰鹿特丹港有 700 多年的港口贸易历史，是欧洲第一大港，是欧洲连接美、亚、非、澳四大洲的重要通道，是欧洲最大的原油、石油产品和谷物等散货转运地，也是世界最大的集装箱转运港之一，素有"欧洲门户"之称。鹿特丹港实施贸易投资便利、金融开放、低税免税等政策措施，在管理机制上实行储、运、销一体化的管理模式。鹿特丹港依托优越的港口资源，促进港口产业集聚，推动以原材料输入、产成品输出为特征的临港大工业和出口加工业迅猛发展。集炼油、石化和船舶维修、港口机械等为一体的临港工业带构成了鹿特丹港的核心竞争优势。

# 第二节　中国自由贸易区的发展

## 一、中国自贸试验区及自贸港的探索

1985 年制定的《1985—2000 年厦门经济社会发展战略》提出实施自由港某些政策的具体构想,明确采取渐进式、经"三步走",把厦门建设为"自由港型的经济特区":第一步在象屿建保税区;第二步把保税区扩大到全岛,转为自由贸易区;第三步有限度地在全岛放开自由港。中国对外开放逐步深化的历史轨迹可分为:保税区—自贸试验区—自贸港。

经济功能区是中国经济迅速发展的重要抓手。我国改革开放后出现的经济功能区主要包括经济特区、经济技术开发区、高新技术产业开发区、海关特殊监管区域、边(跨)境经济合作区、国家级新区、国家自主创新示范区、全面创新改革试验区、自贸试验区、社会主义先行示范区等多种类型。其中,海关特殊监管区域又涵盖 6 种形态:保税区、出口加工区、保税物流园区、跨境工业园区、保税港区、综合保税。其中,保税区被称为自贸试验区的雏形。1990 年,内地第一个保税区——上海外高桥保税区成立,其被赋予保税仓储、出口加工、国际贸易和商品展示四大经济功能。至 1996 年我国内地已陆续设立 15 个保税区,并取消了保税区国内货物入区退税政策,改为货物实际离境后退税。

2013 年,为应对国际投资贸易规则变迁和国内经济新常态,加之出于中美双边投资协定谈判需要,我国设立了自贸试验区,赋予其制度创新的核心任务,要求地方"大胆试、大胆闯、自主改",建设以投资管理体制、贸易便利化、金融开放创新、政府职能转变、法治化建设为主要内容的制度创新体系。2018 年,《中共中央 国务院关于支持海南全面深化改革开放的指导意见》确定了中国特色自贸港的发展目标:到 2025 年,自贸港制度初步建立;到 2035 年,自贸港的制度体系和运作模式更加成熟。应该说,自贸港作为当今世界最高水平的开放形态，并不仅仅是自贸试验区的简单升级版，而是我国高质量构建全面开放新格局、积极参与全球经济治理、促进世界经济增长以及推进经济全球化的重大举措，其对外开放的战略意义不容置疑。

## 二、中国自贸试验区的发展历程

2013年，设立中国（上海）自由贸易试验区，包括外高桥保税区、外高桥保税物流园区、洋山保税港区、上海浦东机场综合保税区。

2015年，设立中国（广东、天津、福建）自由贸易试验区。中国（广东）自由贸易试验区，包括广州南沙新区片区、深圳前海蛇口片区、珠海横琴新区片区；中国（天津）自由贸易试验区，包括天津港片区、天津机场片区、滨海新区中心商务片区；中国（福建）自由贸易试验区，包括平潭片区、厦门片区、福州片区。

2017年，设立中国（辽宁、浙江、河南、湖北、重庆、四川、陕西）自由贸易试验区。中国（辽宁）自由贸易试验区，包括大连片区、沈阳片区、营口片区；中国（浙江）自由贸易试验区，包括舟山离岛片区、舟山岛北部片区、舟山岛南部片区；中国（河南）自由贸易试验区，包括郑州片区、开封片区、洛阳片区；中国（湖北）自由贸易试验区，包括武汉片区、襄阳片区、宜昌片区；中国（重庆）自由贸易试验区，包括两江片区、西永片区、果园港片区；中国（四川）自由贸易试验区，包括成都天府新区片区、成都青白江铁路港片区、川南临港片区；中国（陕西）自由贸易试验区，包括中心片区、西安国际港务区片区、杨凌示范区片区。

2018年，设立中国（海南）自由贸易试验区，实施范围为海南岛全岛。

2019年，设立中国（山东、江苏、广西、河北、云南、黑龙江）自由贸易试验区和中国（上海）自由贸易试验区临港新片区。中国（山东）自由贸易试验区，包括济南片区、青岛片区、烟台片区；中国（江苏）自由贸易试验区，包括南京片区、苏州片区、连云港片区；中国（广西）自由贸易试验区，包括南宁片区、钦州港片区、崇左片区；中国（河北）自由贸易试验区，包括雄安片区、正定片区、曹妃甸片区、大兴机场片区；中国（云南）自由贸易试验区,包括昆明片区、红河片区、德宏片区;中国(黑龙江)自由贸易试验区,包括哈尔滨片区、黑河片区、绥芬河片区;中国(上海)自由贸易试验区临港新片区,包括上海大治河以南、金汇港以东以及小洋山岛、浦东国际机场南侧区域。

2020年,中共中央、国务院印发《海南自由贸易港建设总体方案》,该方案涵括海南岛全域;国务院印发《中国(北京)自由贸易试验区总体方案》《中国(湖南)自由贸易试验区总体方案》《中国(安徽)自由贸易试验区总体方案》和《中国(浙江)自由贸易试验区扩展区域方案》。中国(北京)自由贸易试验区,包括科技创新片区、国际商务服务片区、高端产业片区;中国(湖南)自由贸易试验区,包括长沙片区、岳阳片区、郴州片区;中国(安徽)自由贸易试验区,包括合肥片区、芜湖片区、蚌埠片区。中国(浙江)自由贸易试验区扩展区域,新增宁波片区、杭州片区、金义片区。

目前国内自贸试验区数量已扩容至21个,有序分布在华东、华南、华北、华中、东北、西南地区,基本实现了对沿海省份的全覆盖。各自贸试验区基于地理优势和产业特点建构的功能定位都各有特色。比如,上海自贸试验区旨在进一步探索金融开放创新;广东自贸试验区突出粤港澳深度合作目标;福建自贸试验区则彰显对台特色;陕西自贸试验区响应国家的"一带一路"倡议;辽宁自贸试验区为东北工业基地转型提供经验探索;浙江自贸试验区则在海洋贸易制度创新上充当排头兵;广西、云南、黑龙江自贸试验区的设立,有利于推动沿边地区开放,辐射带动沿边发展,进一步密切同周边国家的经贸合作,提升沿边地区的开放开发水平。

八年来,各自贸试验区认真贯彻落实党中央、国务院决策部署,围绕制度创新这一核心任务,坚持以问题为导向,聚焦体制机制障碍,着力打通难点、堵点,在投资自由化便利化、贸易便利化、金融开放创新、事中事后监管、人员流动便利等多个领域深入探索、大胆尝试,取得了丰硕成果。在国家层面,自贸试验区已经探索形成了278项制度创新成果在全国或特定区域复制推广。在地方层面,有关省份积极自主释放自贸试验区改革红利。据不完全统计,前18个自贸试验区已在本省份内推广了约1400项制度创新成果。各省份建立了复制推广工作机制,扎实推动成果落地实施,使这些"制度良种"生根发芽,促进了贸易、投资、金融等领域管理制度的进一步优化和开放水平的进一步提升,带动各地的改革意识、开放水平、行政效率、发展动能、经济活力不断提升,形成了改革红利共享、开放成果普惠的局面。

# 三、浙江自贸试验区的发展

## (一)战略意义

### 1.对贯彻落实习近平总书记考察浙江时重要讲话精神,成为全面展示新时代中国特色社会主义制度优越性的重要窗口具有重要意义

2020年3月29日至4月1日,习近平总书记到浙江考察,赋予浙江努力成为新时代全面展示中国特色社会主义制度优越性的重要窗口的使命担当①。增设浙江新的片区,有利于浙江省加大改革力度,完善改革举措,加快取得更多实质性、突破性、系统性成果,为全国改革探索路子、贡献经验,面向全球展示新时代我国改革开放成果。

### 2.对在新冠肺炎疫情影响下重构全球产业链、形成以数字经济为驱动的战略性新兴产业集群具有战略意义

新冠肺炎疫情对全球经济造成巨大冲击,也带来全球产业链重构机遇,特别是数字经济将成为引领新一轮产业变革的重要力量。增设浙江新的片区,可以通过政策叠加和先行先试,放大浙江数字经济优势,推动集成电路、芯片等产业"补链",新兴信息产业、智能制造、油气等产业"强链",新材料、生物医药等产业"扩链",形成以数字经济为驱动的战略性新兴产业集群,推动我国产业链迈向中高端,并为"保粮食能源安全、保产业链供应链稳定"做出贡献。

---

① 习近平在浙江考察时强调:统筹推进疫情防控和经济社会发展工作 奋力实现今年经济社会发展目标任务.人民日报,2020-04-02(1).

### 3.对支撑"一带一路"、长江经济带和长三角区域一体化发展形成全方位开放新格局具有重要意义

浙江地处长江经济带"龙眼"、"一带一路"交汇点和长三角"金南翼",海港、陆港、空港、信息港发达。增设浙江新的片区,有利于发挥宁波舟山港通江达海、陆海统筹的功能,并通过义甬舟开放大通道耦合义乌国际陆港,对内服务长三角一体化建设,辐射长江经济带和中西部地区,对外连接"一带一路"沿线国家,打造连接内外、辐射纵深的开放桥头堡;有利于推动 eWTP(Electronic World Trade Platform,全球数字贸易平台)全球布局,构建完善的国际贸易体系,推动中小企业突破贸易壁垒,拓展海外市场。

### 4.对主动适应、参与制定国际经贸规则和开展全球竞争具有重要意义

当前全球贸易重心逐步从工业制成品转向中间品及相关服务,贸易数字化、数字贸易化的趋势日益明显,对原有的国际经贸规则提出重大挑战。国际经贸新规则正成为新一轮大国关系调整和深化的焦点。增设浙江新的片区,有利于依托浙江扎实的数字贸易基础、活跃的贸易业态模式创新,为国家试新规则,为全球出新规则,从而令我国在国际新型贸易中掌握规则话语权。

## (二)浙江自贸试验区发展历程

中国(浙江)自由贸易试验区建设坚持以"八八战略"为统领,发挥"一带一路"建设、长江经济带发展、长三角区域一体化发展等叠加优势,着力打造以油气为核心的大宗商品资源配置基地、新型国际贸易中心、国际航运和物流枢纽、数字经济发展示范区和先进制造业集聚区。到2025年,基本建立以投资贸易自由化便利化为核心的制度体系,营商环境便利度位居全国前列,油气资源全球配置能力显著提升,国际航运和物流枢纽地位进一步增强,数字经济全球示范引领作用彰显,先进制造业综合实力全面跃升,成为引领开

放型经济高质量发展的先行区和增长极。到 2035 年,实现更高水平的投资贸易自由化,全面建成新型国际贸易中心,使其成为原始创新高端制造的重要策源地、推动国际经济交往的新高地,成为新时代全面展示中国特色社会主义制度优越性的重要窗口(见表 1.1)。

表 1.1　浙江自贸试验区发展历程

| 时间 | 重要事件 |
| --- | --- |
| 2017 年 3 月 15 日 | 国务院批复同意设立中国(浙江)自由贸易试验区 |
| 2017 年 4 月 1 日 | 浙江省委、省政府在杭州召开中国(浙江)自由贸易试验区挂牌暨建设动员大会 |
| 2019 年 12 月 9 日 | 浙江省人民政府批复杭州、宁波、温州、嘉兴、金华、台州 6 个市设立浙江自贸试验区联动创新区 |
| 2020 年 3 月 26 日 | 国务院批复同意《关于支持中国(浙江)自由贸易试验区油气全产业链开放发展的若干措施》 |
| 2020 年 8 月 30 日 | 国务院批复同意设立浙江自贸试验区扩展区域,浙江是全国第一个真正明确扩展区域的自贸试验区 |
| 2020 年 9 月 24 日 | 中国(浙江)自由贸易试验区扩展区域挂牌仪式在杭州举行,标志着浙江自贸试验区扩展区域正式启动运作 |
| 2020 年 11 月 26 日 | 中国(浙江)自由贸易试验区建设推进大会在杭州召开 |
| 2021 年 6 月 2 日 | 浙江省人民政府批复同意湖州、绍兴、衢州、丽水 4 个市设立浙江自贸试验区联动创新区,实现省内联动创新区全覆盖 |

舟山片区总面积 119.95 平方公里,涵盖 3 个子片区:舟山离岛片区78.98 平方公里(含舟山港综合保税区区块二 3.02 平方公里),舟山岛北部片区 15.62 平方公里(含舟山港综合保税区区块一 2.83 平方公里),舟山岛南部片区 25.35 平方公里。目标是建设成为中国东部地区重要海上开放门户示范区、国际大宗商品贸易自由化先导区和具有国际影响力的资源配置

基地。围绕以油气全产业链为核心的大宗商品投资便利化、贸易自由化,全力推进"一中心三基地一示范区"建设。2021年上半年,共新设企业5453家,实际利用外资2亿美元,外贸进出口额增长92%;油气线上交易额193亿元;油气贸易额3903亿元,同比增长65%;船用燃料油加注量244万吨,同比增长22%;外轮供应货值15亿美元,同比增长34%;石化基地加工原油1382万吨,实现产值651亿元,同比增长95%;大宗商品跨境人民币结算708.3亿元,增长40%。

宁波片区46平方公里(含宁波梅山综合保税区5.69平方公里、宁波北仑港综合保税区2.99平方公里、宁波保税区2.3平方公里)。目标是建设连接内外、多式联运、辐射力强、成链集群的国际航运枢纽,打造具有国际影响力的油气资源配置中心、国际供应链创新中心、全球新材料科创中心、智能制造高质量发展示范区。2021年上半年,实现地区生产总值1075.7亿元,同比增长11.6%;实际到位外资5.64亿美元,高于全省12.1个百分点;1—5月,实现进出口总额1121亿元,同比增长58.2%,总量位居全省第一。新增注册企业2273家,其中税收收入338.63亿元;实际使用外资3.8亿美元;完成货物吞吐量3.2亿吨,完成集装箱吞吐量1514.04万标箱。

杭州片区37.51平方公里(含杭州综合保税区2.01平方公里)。目标是打造全国领先的新一代人工智能创新发展试验区、国家金融科技创新发展试验区和全球一流的跨境电商示范中心,建设数字经济高质量发展示范区。2021年上半年,新增注册企业4258家,累计建设重点项目97个,总投资754亿元,吸引了采埃孚、松下、ABB等6个世界500强企业新项目落地。实际利用外资5.9亿美元,同比增长33%,进出口总额520.6亿美元,同比增长31.2%。国际(地区)航空货运量9.24万吨,同比增长98.2%。

金义片区35.99平方公里(含义乌综合保税区1.34平方公里、金义综合保税区1.26平方公里)。目标是打造世界"小商品之都",建设国际小商品自由贸易中心、数字贸易创新中心、内陆国际物流枢纽港、制造创新示范地和"一带一路"开放合作重要平台。2021年上半年,实现进出口477.3亿元,同比增长67.2%。实际使用外资0.44亿美元,同比增长266.4%。新增企业12843家(其中外商投资企业数377家,同比增长41倍),跨境人民币结算金额达299亿元,大宗商品进出口额14.7亿美元。

# 第二章　浙江自贸试验区发展现状

## 第一节　大宗商品资源配置基地建设情况

### 一、油气储备规模居全国前列,港口运输条件基础扎实

#### (一)油气储备规模居全国前列

截至 2021 年 6 月底,浙江省自贸试验区现有原油储备能力 5048 万方(4543 万吨),占全国原油储备能力的 18.9%,其中,国储 1320 万方(1188 万吨),占全国国储能力的 31%,位居全国各省份首位;商储 3728 万方(3355 万吨),占全国商储能力的 18%。同时,浙江省自贸试验区还拥有 LNG(液化天然气)和 LPG(液化石油气)储备能力合计 162 万方,其中,LNG 储罐 102 万方,LPG 地下洞库 50 万方,LNG 接卸能力 600 万吨,宁波片区和舟山片区各 300 万吨规模。从油气储备设施的运营主体来看,主要是大型企业自有仓储设施,其中,宁波片区仓储能力集中在中石化镇海炼化、中海油等企业,舟山片区仓储能力集中在浙石化、新奥 LNG 等企业。

## (二)港口运输条件基础扎实

宁波舟山港作为国际最重要的油气枢纽港之一,拥有万吨级以上原油码头泊位 67 个,其中,宁波片区 11 个,舟山片区 56 个;拥有液化气和化工品码头泊位 27 个,其中,宁波片区 20 个,舟山片区 7 个。浙江省自贸试验区油气管网主要连接在宁波片区,拥有的原油外输管道、成品油输送管道、天然气长输管道分别为 4 条、17 条、14 条,合计油气长输管道近 1200 公里,其中,天然气年输出能力占全省管道气 50% 以上。舟山片区目前已建成册子岛—镇海海底原油管道,与宁波原油管网对接,供应国内市场,管线设计输量为1500 万吨/年,同时正在建设舟山到镇海的天然气管线,外输能力将达到1247 万吨/年(见表 2.1)。

表 2.1　宁波、舟山油气储运设施基本情况

| 基础设施 | 宁波 | 舟山 |
| --- | --- | --- |
| 港口码头 | ●万吨级以上原油码头 11 个,其中 25 万吨级以上原油码头 5 个<br>●5 万吨级以上液体化工码头和液化气码头 20 个 | ●万吨级以上油品码头泊位 80 个 |
| 仓储设施 | ●原油储罐 172 座,原油存储能力已达 1515 万吨<br>●LNG(液化天然气)储罐 48 万方<br>●LPG(液化石油气)地下洞库 50 万方 | ●油品储备能力达到 2790 万吨<br>●LNG 储存能力 64 万方 |
| 油气管道 | ●油气长输管道近 1200 公里,原油外输管道 4 条、成品油输送管道 17 条、天然气长输管道 14 条 | ●已建成册子岛—镇海海底原油管道,正在建设舟山到镇海的天然气管线 |

## 二、能源贸易产业逐步集聚，油气交易平台初成体系

### （一）能源贸易产业逐步集聚

2020 年，浙江省自贸试验区油气国际贸易量 1.59 亿吨，其中宁波片区 7102 万吨、舟山片区 8810 万吨；油气贸易额约为 8080 亿元，宁波片区 2500 亿元，舟山片区 5580 亿元。舟山、宁波两个片区在油气与化工品贸易领域各有侧重，舟山片区是我国油气贸易企业最集聚的区域，四年来已吸引集聚 BP、托克等油气企业 8171 家；2020 年实现油气贸易额 5580 亿元，年均增长 104％；宁波片区化工品贸易位居国家前列，PTA、PPE、PPC（聚氯乙烯）、ABS、MDI（异氰酸酯）等化工品贸易量在国内占有较大市场份额（见表 2.2）。

表 2.2 宁波、舟山主要能源化工产业贸易情况

| 指标 | 宁波 | 舟山 |
|---|---|---|
| 原油进口量 | 6242 万吨 | 8810 万吨 |
| LNG 进口量 | 550 万吨 | |
| LPG 进口量 | 310 万吨 | |
| 油品贸易额 | 2500 亿元 | 5580 亿元 |
| 主要化工品贸易量 | PTA、PPE、PPC、ABS、MDI、PX 等化工品贸易量居全国前列 | 依托浙石化，化学品生产仅聚焦芳烃产业链，且产品多集中在产业链中上游，其中芳烃产能达到 1040 万吨/年、聚丙烯产能 180 万吨/年、聚碳酸酯 52 万吨/年、丙烯腈 26 万吨/年；产品主要供给舟山企业内部生产需求，对外贸易量较小 |

## （二）油气交易平台初成体系

国际油气交易中心作为浙江省自贸试验区构建油气全产业链"一中心三基地一示范区"的重要组成部分，目前已拥有燃料油、橡胶、沥青等 9 大类 22 个交易品种，聚集会员企业超 1500 家，实现贸易量 3200 多万吨，同比增长超过 50％，实现贸易额超过 1400 亿元，同比增长超过 16％。浙江国际油气交易中心成功引入了上海期货交易所战略入股，合作设立的浙油中心报价专区在上期所标准仓单交易平台上线，目前，浙油中心报价专区报价品种已包含汽油、柴油、燃料油、橡胶和沥青五个大类，累计报价超过 2500 笔，进一步拓展了油气交易平台的期现结合服务，逐步扩大了浙江省自贸试验区油气贸易国际价格发现功能。

### 专栏 2-1　我国成品油出口资质出现新变化

2020 年 7 月，商务部下发加急批复，赋予浙江石油化工有限公司（简称浙石化）成品油非国营贸易出口资格。浙石化成为除五大央企之外首个获得成品油出口权的民营企业，也成为 2017 年取消民营企业出口资格后，首家获得成品油出口资质的民营炼化一体化炼厂。10 月，浙石化与北方华锦化学工业集团获得成品油出口配额，所得配额通过四大国有石油企业 2020 年未使用完的余量进行调配，这也是首次将出口配额临时转移给民营炼化企业。

## 三、燃料油加注量快速增长，政策实施效果逐步显现

浙江省自贸试验区燃料油加注业务集中于舟山片区，全国 7 条国际航线

中有 6 条经过舟山海域,每年通过国际航行船舶约 10 万艘次,基本与新加坡相当。自从 2017 年挂牌以来,舟山片区率先试点保税船用燃料油经营资质审批,突破燃料油混兑调和政策,并探索建立了"中国燃料油价格指数",在全国自贸试验区中产生较大影响。舟山片区围绕保税船用燃料油加注主体、油源供应、贸易交易、通关监管等全领域,积极打造东北亚保税船用燃料油供应中心并取得显著成效。目前,舟山片区有 9 家企业获批地方燃料油加注资质,可以在虾峙门、秀山东、条帚门、马峙等四大锚地开展供油业务,2020 年舟山片区燃料油供应量和结算量分别为 472.4 万吨和 848.9 万吨,占全国 28% 和 50% 以上,已成为全国供油体量最大、市场主体最丰富、市场竞争最充分的区域,也是 2020 年全球第六大加油港,加油价格从高于新加坡 20 美元左右/吨到 2020 年的基本持平(见图 2.1)。

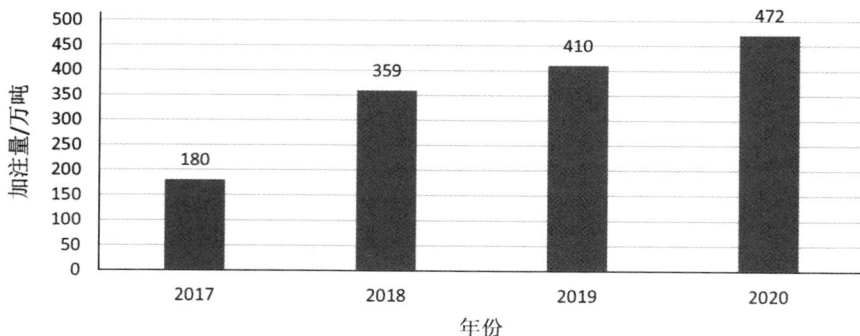

图 2.1　2017—2020 年舟山保税船用燃料油加注业务量统计

## 四、绿色石化规模效应递增,产业链条升级趋势凸显

2020 年,浙江省自贸试验区原油炼化能力达 5100 万吨/年,其中,镇海炼化 2300 万吨/年、浙石化一期 2000 万吨/年、中海油大榭 800 万吨/年,已成为我国最大的石化产业基地之一。叠加正在建设的浙石化二期新增炼油

能力 2000 万吨/年、镇海炼化扩建新增炼油能力 1500 万吨/年、中海油大榭扩建新增炼油能力 400 万吨/年,在 2025 年区域总炼油能力将达到 9000 万吨/年,将成为世界规模最大的石化产业集群之一。

宁波片区石化产业基础雄厚,是国家七大石化产业基地之一,拥有镇海石化经济技术开发区、北仑经济技术开发区、大榭开发区三大石化产业集聚区,形成了以炼油乙烯为龙头,发展芳烃、MDI 等原料向化工新材料延伸的石化产业体系,2020 年完成工业总产值 3609.7 亿元,占全市工业总产值的 20.4%,原油加工量、成品油、石油焦、PTA、聚丙烯等多种主要石化产品规模居国内领先地位(见表 2.3)。

## 专栏 2-2　"十三五"时期我国炼油能力变化趋势

　　2016 年以来,随着云南石化、惠炼二期、中科炼化、恒力石化、浙石化等主营的多家炼厂建成/改扩建,我国共计增长 1.62 亿吨/年炼油能力。综合看,国内炼油能力保持快速增长,合计净增炼油能力 0.94 亿吨/年。2016—2020 年,中国炼油能力从 7.92 亿吨/年增长至 8.86 亿吨/年,年均增幅达 2.8%,较"十二五"期间小幅下滑。

表 2.3　2015 年与 2020 年中国炼油行业变化情况

| 生产指标 | 2015 年 | 2020 年 |
|---|---|---|
| 炼油能力(万吨/年) | 79131 | 88570 |
| 原油加工量(万吨) | 52199 | 67441 |
| 汽煤柴油实际产量(万吨) | 34826 | 42557 |
| 汽煤柴油实际需求(万吨) | 32426 | 38027 |
| 千万吨级炼厂数量(个) | 24 | 32 |

续表

| 生产指标 | 2015 年 | 2020 年 |
|---|---|---|
| 炼油企业平均规模（万吨/年） | 400 | 443 |
| 中石油、中石化和中海油炼能（亿吨/年） | 4.85 | 5.36 |
| 中石油、中石化和中海油炼能占比（%） | 61.3 | 60.5 |
| 深加工能力占比（%） | 90.69 | 115.9 |
| 开工率 | 66.0 | 76.1 |
| 炼油单位能量因数能耗［千克标准油/（吨·因数）］ | 7.07 | 6.73 |
| 乙烯综合能耗（千克标准油/吨） | 594.2 | 580.5 |

舟山片区以浙石化为龙头，形成了舟山绿色石化基地，包括舟山大、小鱼山岛和其周边区域，总面积41平方公里，其中浙石化以4000万吨/年的炼油能力成为国内第一大、全球第五大世界级炼厂。但舟山片区石化产业的中下游化工中间品与工业制成品、合成材料等产品的生产制造环节薄弱，产业生态尚未形成（见表2.4）。

**表 2.4　宁波、舟山石化产业链比较分析**

| 类别 | 宁波 | 舟山 |
|---|---|---|
| 产业布局 | 镇海石化经济技术开发区、北仑经济技术开发区、大榭开发区三大石化产业集聚区 | 舟山绿色石化基地，包括舟山大、小鱼山岛和其周边区域 |

| 类别 | | 宁波 | 舟山 |
|---|---|---|---|
| 重点产品 | 上游 | 成品油、乙烯、丙烯、丁二烯、C5、C9、甲苯等石化原材料 | 上游产品相对单一,包括成品油、丙烯等石化原材料 |
| | 中游 | 品种多、产业大,涉及烯烃、芳烃等多条产业链,包括苯乙烯、环氧丙烷、PTA、异辛烷、MDI 等上百种石化中间产品 | 品种较少,产量小,集中于芳烃产业链,包括苯、对二甲苯、苯乙烯、乙苯、丁烯-1 等产品 |
| | 下游 | 下游工业制品需求旺盛,包括聚丙烯热塑性弹性体、工程塑料、合成树脂、合成橡胶等多种产品 | 基本没有涉及 |
| 重点企业 | | 镇海炼化、大榭石化、荷兰阿克苏诺贝尔、韩国 LG 甬兴、逸盛石化、中金石化、台塑关系、日本大赛璐化学、万华化学、金发新材料等 | 浙石化 |

## 五、铁矿石集疏运体系完备,中转枢纽功能不断提升

浙江省自贸试验区形成了以铁矿石为主要货种的"海港＋江港"中转分拨和全程物流服务体系。宁波舟山港拥有综合能力领先的铁矿石海进江码头体系,涵盖 5 万吨级至 40 万吨级的大中小配套泊位,形成了以舟山鼠浪湖码头为核心,联动宁波北仑矿石码头、中宅码头、舟山老塘山五期码头、太仓武港码头、南京明州码头的"海港＋江港"港口服务体系,根据各码头的资源条件和功能要素合理明确分工,实现"深水深用、浅水浅用",提高矿石码头体系整体资源利用率和服务保障能力;同时,不断完善铁矿石运输体系服务功能,培育形成了集铁矿石接卸、堆存、混配矿和全程物流于一体的服务功

能。2020年,鼠浪湖磨矿中心建成投产,淡水河谷投资项目签约落户,铁矿石混配量达1656万吨;浙江省海港集团完成铁矿石接卸量1.43亿吨,成为全国最大的铁矿石中转基地,铁矿石全程物流业务量首次突破2000万吨。

## 六、人民币国际化成效初显,油气结算话语权仍缺乏

大宗商品跨境贸易使人民币国际化成效初显,舟山片区跨境结算量年均增长212%,惠及省内800多家企业,业务覆盖52个国家和地区。目前,国内中石化、中海油等央企和浙石化等民营企业基本都在新加坡开展原油贸易、交易和结算,燃料油、原油等油品仍基本参照新加坡现货价格指数定价,离发挥国际定价话语权的发展目标还有很长距离。舟山片区油品离岸贸易、转口贸易发展较慢。对此,我们认为主要原因在于我国大宗商品相关制度政策体系开放程度和贸易投资自由便利程度还需进一步提升。

## 第二节　新型国际贸易中心建设情况

## 一、跨境电商发展全国领先

## (一)杭州跨境电商引领发展

2015年,杭州作为中国首个跨境电商综试区城市,会同关、汇、税等监管部门深入开展"先行先试",拥有1210、9610、9710、9810① 跨境电商模式,集

---

① 海关监管代码,1210为网购保税,9610为直购B2C,9710为B2B直接出口,9810为出口海外仓。

聚了淘宝、速卖通、阿里巴巴国际站、天猫国际、网易考拉、PingPong 等跨境电商龙头平台和企业,积累了以"六体系两平台"为核心的跨境电商"杭州经验",现已在全国 100 多个综试区复制推广,并参与跨境电商标准规则制定,发布《跨境电子商务平台商家信用评价规范》国家标准。2020 年,跨境电商进出口额达 146.9 亿元,拉动全省跨境电商出口增长 101.6 个百分点,占全省跨境出口总值的 33.7%。杭州成为自贸试验区扩展区域,以"打造跨境电商全国第一城、全球第一流"为目标任务,进一步加大创新、优化服务、完善生态,目前已形成"保税进口+零售加工"进口模式、跨境电商行业数字化信用监管场景等标志性成果。

## (二)宁波跨境电商迅猛发展

2016 年,宁波获批第二批跨境电商综试区城市之一,拥有 15 个跨境电商产业园区、9 个省级跨境电商产业集群。通过打造"互联网+外贸"新优势,先后开展 9610、9710、9810 模式,吸引了一批宁波传统大型外贸企业及中小企业,截至 2020 年累计完成交易货值 772.2 亿元,聚集跨境电商企业 1185 家,支付企业 62 家,仓储企业 75 家,物流企业 65 家,其中跨境电商出口海外仓累计布局了 191 个,货物货值突破 10 亿元,位居全国第一。此外,成功举办第二届中国(宁波)跨境电子商务发展大会、中国(宁波)跨境电商出海联盟产业对接会、宁波"一带一品"跨境电商沙龙等,持续扩大了宁波跨境电商综试区影响力。宁波成为自贸试验区扩展区域,进一步提升跨境电商发展能级,加快推进以跨境电商为核心的供应链建设,积极与亚马逊等全球知名电商企业合作推进前置仓,为宁波跨境电商发展注入新动能。

## (三)义乌跨境电商快速发展

2018 年,义乌作为全国唯一一个县级市获批跨境电商综试区城市,目前已集聚 170 个跨境电商平台,1210、9610、9710、保税存储、转口贸易、简单加工、国际中转、全球采购拼箱等多种业态齐头并进，基本实现"一仓发全网，一仓发全国"。2020 年，跨境电商网购保税进口货值 42 亿元，同比增长 248.1%；跨境电商零售进口商品正面清单增加了 92 类 100 个税号商品。义乌成为自贸试验区扩展区域，进一步发挥了全球最大的小商品集散中心和采购基地优势，通过创新跨境电商贸易形态，促进了跨境电商进出口突破式发展。

## 二、数字服务贸易优势明显

### （一）数字服务贸易市场广泛

浙江数字服务贸易主要出口美国、德国、日本等发达国家和地区，数字服务贸易出口供应链位于全球高端市场，2020 年数字服务进出口额为 1807.39 亿元，同比增长 27.7%，占服务贸易总额的 42.1%。杭州是浙江数字服务贸易的领头雁，2020 年杭州数字服务贸易进出口额为 1695.51 亿元，占全省比重为 93.81%，宁波数字服务贸易进出口额占全省比重为 3.35%，金华、舟山占比较小，数字服务贸易处于起步阶段。

### （二）数字服务贸易业态丰富

浙江服务贸易涉及电信、计算机和信息服务，专业管理咨询，文化服务，金融服务等新兴服务行业，其中，以软件研发、集成电路和电子电路设计服务、大数据服务为代表的电信、计算机和信息服务占主导地位，2020 年实现进出口额 1319.65 亿元，占比跃升至 30.8%。杭州集聚了吉利、海亮、海康威视、大华技术、阿里云计算等一批具有国际竞争力和行业领导力的数字服务贸易领军企业，数字化服务外包和技术贸易的规模不断扩大，并融合线下线上优势，创新推出"网展贸"服务新模式，实现贸易展会线上化。

## （三）数字服务贸易平台效益凸显

杭州是全国服务贸易创新发展试点，其物联网产业园凭借以数字技术为支撑、高端服务为先导的"服务＋"整体出口优势，不断扩大数字化服务外包和技术贸易规模，于 2020 年 3 月获批首批国家数字服务出口基地，形成数字服务贸易竞争新优势。同时，在全国率先推出了"数字服务贸易云展会"线上平台，已实现国内 80 余家和国外 180 余家企业的线上参展，为国内外数字服务贸易企业搭建了有效的经贸合作和技术交流平台。

# 三、市场采购贸易基础夯实

## （一）市场采购贸易试点量质齐进

浙江已形成高效便捷的市场采购贸易新体制和新机制。截至 2019 年，浙江共获批义乌、海宁、温州鹿城三个国家级市场采购贸易方式试点。2020 年，试点范围扩大至绍兴、台州和湖州。其中，2019 年义乌市场采购出口 2324.9 亿元，同比增长 14.1％；2018 年 9 月，商务部等七部委正式同意温州（鹿城）轻工产品交易中心开展市场采购试点，2019 年温州鹿城市场采购出口 272.9 亿元，占同期温州市出口总值的 16.2％，有效提升了浙江市场采购贸易出口能级。

## （二）市场采购贸易创新求变

浙江会同阿里巴巴国际站首创数字化市场采购模式（TAP1039），通过履约服务全程线上数字化助力中小企业，大幅提升市场采购贸易环节的便利性。义乌创新"市场采购＋跨境电商"出口模式，带动对美市场采购出口增长 70％，探索"市场采购＋海外仓"，全市建成省级公共海外仓 7 个，小商品城海外仓 40 个，设立捷克、阿联酋、卢旺达等海外展厅。同时推动"市场采购＋空运""市场采购＋卡航"等全国首创举措，首创"市场采购＋出口信保"，对市场采购全部出口额政府托底保障。温州通过市场采购贸易网络直播平台开展政策"云推介"、外贸企业"云招引"，联合阿里巴巴、亚马逊、速卖通等跨境电商平台，形成"企帮企、企带企"招商模式。

## 四、新型贸易业态创新发展

### （一）进口贸易创新发展

宁波保税区、义乌分别于 2012 年、2020 年获批国家进口贸易促进创新示范区，进一步推动进口便利和规模扩大。多年来，宁波国家进口贸易促进创新示范区建设持续发力，目前集聚各类企业 1.23 万余家，主要从中东欧市场进口铁矿砂、初级塑料、液晶显示板等，2020 年进口贸易规模居全市第一，占全市进口总值的 26％，同比增长 5.2％。2021 年 2 月，义乌印发《义乌市加快进口贸易促进创新示范区建设实施方案》，开展新型易货贸易试点、二手车出口试点。

### （二）易货贸易突破发展

浙江在宁波、义乌、杭州等地试点易货贸易，推动企业拓展海外市场，降低企业汇兑成本，服务国家"一带一路"倡议大局。2019 年 6 月，宁波保税区启动开展跨境易货贸易业务试点，于 2021 年 2 月完成对伊朗农产品进口与汽配出口的易货贸易业务，出口伊朗汽配产品总货值 200 万美元，并以同等价值进口伊朗的开心果。2021 年 3 月，杭州钱塘新区建设易货贸易服务平台，依托"浙非服务中心"产业资源完成中非易货贸易，出口 3 箱国产假发换回等价值的非洲金豹青铜雕塑。

## （三）世界电子贸易快速发展

近年来,我国杭州、义乌与马来西亚、泰国、卢旺达、比利时、埃塞俄比亚等国家和地区参与建设世界电子贸易平台(eWTP),共建数字商业基础设施,推动企业"走出去"参与全球贸易。2017 年,马来西亚率先成为 eWTP 首个海外共建国,与我国企业在贸易、技术、培训等方面展开广泛合作,99.9%在线申报的包裹"秒级通关"。2018 年,比利时成为欧洲首个 eWTP 共建国,合作开展欧盟 TS90 保税备货进口模式,减轻了国内企业出口税收负担。杭州搭建全球首个 eWTP 公共服务平台,顺利落地 eWTP 数字清关项目。同时,eWTP 全球创新中心落户义乌,并开行了长三角地区首条跨境电商"义新欧"(义乌—列日)eWTP 菜鸟号。

# 第三节　国际航运和物流枢纽建设情况

## 一、宁波舟山港的硬核力量初显

## （一）地理交通环境优势明显

宁波舟山港作为浙江自贸试验区的主要港口,地处我国大陆海岸线中部、"21 世纪海上丝绸之路"和长江经济带的交汇处,紧邻亚太国际主航道要冲位置,对内辐射长江流域,海铁联运连通中西部地区,对外面向东亚、东南亚及整个环太平洋地区。宁波舟山港离岛资源丰富,主要航道水深在 22.5 米以上,是中国进出 10 万吨级以上船舶最多的港口,拥有 5 万吨级以上集装箱专用泊位 31 座,其中 15 万吨级以上泊位 14 座。2020 年宁波舟山港完成货物吞吐量 11.72 亿吨,同比增长 4.7%,连续 12 年位居全球第一;集装箱吞吐量 2872.2 万 TEU，同比增长 4.3％，位居全球第三。全年可作业天数达 350 天以上，是国内一流、国际少有的天然良港。

## （二）港口物流基础扎实推进

宁波舟山港为全球货物吞吐量第一大港、现代化综合性枢纽港。物流基础的核心是航运便利化，具体包括以下方面：一是通关便利化程度较高。宁波舟山港依托浙江国际贸易"单一窗口"、国际海事服务网络电子商务平台，加强航运信息共享，降低通关成本。二是航线覆盖面广。宁波舟山港目前拥有 260 条航线，其中，国际航线 208 条，覆盖全球 100 多个国家和地区的 600 多个港口；拥有班列化运作海铁联运线路 19 条，业务已辐射至 15 个省区市，所涉城市（地级市）达 56 个。三是集疏运网络完善。宁波舟山港拥有畅通的集疏运网络，水水中转、江海联运、海铁联运、海空联运等多式联运快速发展。2020 年，集装箱海铁联运业务量首次突破 100 万标准箱，同比增长 24.2％。

## （三）多式联运体系基本形成

宁波舟山港口集疏运体系逐步完善，多种运输方式直达港区，形成了以"一环六射"高速公路网为骨架，铁、公、水、管道、航空共同组成的海陆空立体式对外集疏运交通网络结构，并逐步建立起了以海铁联运、江海联运和海河联运为特色的多式联运体系。

## （四）航运服务能力持续提升

航运服务包括传统和新兴服务两类，传统服务以货物集散、加工增值为代表；新兴服务以资本、信息、技术等资源的配置为代表，是航运服务业未来发展的方向。宁波舟山港在两类航运服务领域都取得积极进展：一是以油气产业作为传统服务突破口。2020 年，以保税燃料油加注为重点，打造国际海事服务基地，保税油年供应量突破 400 万吨，年均增长 57％，跃升为全国第一、全球第八大加油港。建设亚太地区最大铁矿石分销中心，铁矿石年混配量全国第一。二是积极探索新型服务。发布宁波航运交易所"海上丝路集装箱指数",为航运业发展提供数据支持;挂牌成立全国首家海事法律服务中心,探索航运法律服务。

# 二、义乌陆港国际地位全面提升

## (一)国际商贸中心地位稳步提升

2020 年,义乌国际小商品市场实现交易额 4875.8 亿元,同比增长6.4%,连续 27 年蝉联中国专业市场冠军。自 2011 年确立改革试点以来,出口总额增长了 11 倍。2020 年,义乌实现进出口总额 3129.5 亿元,增长5.4%,进出口额占浙江省进出口总额的 9.3%。海关监管集装箱突破 100万标箱,快递业务量占全国 7.5%。新增义乌、绍兴、衢州跨境电子商务综合试验区和绍兴柯桥中国轻纺城市场采购贸易方式试点,世界电子贸易平台eWTP 全球创新中心落地义乌,沿线地区全年实现跨境电商网络零售出口额620 亿元,占全省比重超六成。大宗商品交易中心建设初见成效,自贸试验区2020 年大宗商品交易额 6550 亿元。2020 年,义乌入选国家进口贸易促进创新示范区,将围绕贸易促进和贸易创新两大功能,着力提升进口便利化水平,促进进口商品流通,实现中国扩大进口的开放承诺。同时将扩大技术设备和原材料进口,促进进口与产业深度融合、高效联动。2019 年 7 月,义乌入选浙江省物流示范县(市、区)综合改革创新试点,国内公路港、红狮物流园入选第三批浙江省级物流示范园区,义新欧贸易服务集团有限公司入选浙江省物流新业态新模式发展试点。身处改革前沿地带,义乌物流业不断创新体制,持续探索新型模式,坚持服务导向,营造更加现代化、智能化的物流服务体系。

## (二)"义新欧"中欧班列顺利开通

近年来,义乌充分利用国际贸易综合改革试点等政策红利,主动融入和服务"一带一路"建设，大力推进"义新欧""义甬舟"两条国际贸易大通道双向开放，培育扶持国内、国际、快递物流三种业态健康发展，已初步形成通达全国、连接世界的综合物流体系。2014 年 9 月，"义新欧"铁路计划首次提出，同年 11 月 18 日，"义新欧"中欧班列正式投运。"义新欧"金华、义乌双平台运营线路总计 28 条，联通亚欧大陆 59 个国家和地区，运输货物涵盖五金器具、纺织用品、汽车配件、生活用品、工程设备等广泛领域，成为全国运营方向最多、载重率最高、跨越国家最多、运输线路最长的中欧班列运营线之一。2020 年，"义新欧"班列共开行 1399 列、联通亚欧大陆 49 个国家和地区，占全国比重为 11.3%，仅次于西安、成都、重庆，成为中欧班列全国第四城。发运货物达到 115534 标箱，同比增长 129.6%。其中，义乌平台共开行 974 列，共发运 80392 标箱，同比增长 90.2%。义乌通过不断开辟转口贸易发展新通道，为国际中转贸易提供了更多的物流中转方案，极大提高了转口贸易效率，加强了货物中转安全性保障，不断织密"一带一路"沿线贸易服务网络，为企业降本增效提供优质渠道。

## （三）港口物流枢纽功能更加突出

2019 年，金华（义乌）入选首批国家物流枢纽。自新冠肺炎疫情防控形势趋稳后，义乌抢抓快干，稳步推进国家物流枢纽网络建设，不断整合集聚各类存量物流资源，持续促进义乌物流进一步向规模化、集约化、高质量发展，有效提升服务地方经济的能力。2020 年，义乌物流高地集聚辐射功能显著增强，陆港完成集装箱吞吐量 200 万标箱，多式联运能力大幅跃升，义乌是浙江省唯一的全国 17 个国际陆港城市之一，浙江省唯一的全国首批 20 个现代物流创新发展试点城市之一，全国最大的零担货物配载中心。2019 年，义乌入围全国首批 23 个国家物流枢纽建设名单，被商务部、工信部等 8 部门确定为国家供应链创新与应用试点城市。同时，"义乌港"被评为国家级示范物流园、全国优秀物流园区。

# 三、萧山、宁波国际机场潜力强劲

## （一）杭州萧山国际机场枢纽地位增强

### 1.地理交通航线优势明显

萧山国际机场以杭州为中心，覆盖全国，辐射东北亚、东南亚、南亚，连接中东，直通美洲、欧洲和大洋洲，航线通达 99 个国内城市、35 个国际城市、6 个地区城市。拥有国内外通航点 140 个，参与运营的航空公司 54 家。全货机航线通达亚洲及欧美多个城市，包括俄罗斯新西伯利亚、莫斯科，拉脱维亚里加，比利时列日，美国纽约，菲律宾马尼拉，孟加拉国达卡等。国内布局方面，萧山国际机场对长三角地区的广大航空客户群具有独特凝聚力与吸引力。长三角现代化综合交通网络和物流网络的不断完善，也为杭州萧山国际机场未来的发展创造了良好的条件。杭州萧山国际机场直接与沪杭甬、杭金衢高速公路相连，与乍嘉苏、苏嘉杭高速公路相通，至苏州路程 1.5 小时，至无锡 2 小时，至上海 2.5 小时，至温州 3.5 小时，交通条件便捷、顺畅，是空港经济发展的理想之地。

### 2.航空配套基础设施完善

机场占地 10 平方公里，拥有三座航站楼，分别为 T1、T3（国内）航站楼和 T2（国际及港澳台）航站楼，共 37 万平方米；共有两条跑道，长度分别为 3600 米和 3400 米，可满足 A380 及以下机型备降要求；客机停机坪 110 万平方米，登机桥 49 座，货机停机坪 5.2 万平方米。可满足年旅客吞吐量 4000 万人次、货邮吞吐量 80.5 万吨、航班起降量 26 万架次的保障需求。

### 3.国际门户枢纽地位显著

杭州萧山国际机场是国内发展最快且最具发展潜力的机场之一，是华东地区枢纽机场、国际定期航班机场和对外开放的一类航空口岸。2016年，杭州萧山国际机场旅客吞吐量和货邮吞吐量分别达到3160万人次与48.8万吨，分别位列全国第十、第六。2019年底，杭州萧山国际机场年旅客吞吐量突破4000万人次，跃升至4000万级全球最繁忙机场行列，同比增长4.9%，三年内同比增长26.6%，已成为全国十强客货运机场、五强国际航空口岸。2020年，受新冠肺炎疫情的影响，萧山机场的旅客吞吐量为2822万人次，但是排名依旧保持不变，仍处在第10位。近年来，杭州萧山国际机场不断加大与货运航空公司的合作力度，搭建全货机网络通道，打造立足华东、辐射全国、通达全球的国际门户枢纽机场和全国航空快件中心。

### 4.临空产业发展基础扎实

萧山国际机场位于正蓬勃发展的杭州湾产业带，航空服务范围辐射浙江全省。以"互联网＋"为特色的创业创新高地已经形成，杭州市已获批建设全国自主创新示范区，拥有阿里巴巴等一批创新企业以及杭州高新区、未来科技城等重大创新大平台，为临空经济发展提供高端要素保障。以电子商务为支撑的快递物流业发展迅速，拥有以"四通一达"为代表的快递物流龙头企业，为航空快递物流业的进一步发展奠定了良好基础。依托中国（杭州）跨境电子商务综合试验区、杭州国家现代服务业产业化基地，示范区初步形成以航空服务、跨境电商、临空物流等为重点的临空产业；建有中国（杭州）跨境电子商务试验区空港园区，引进了京东全球购、丰趣海淘等知名跨境电商平台；建有保税物流中心（B型）。2018年，累计实现进出口货值43.3亿美元，主要指标在全国27个保税物流中心中位列前三以内，顺丰速运、圆通速递、申通快递等物流企业相继入驻，被授予"中国快递产业示范基地"称号。

## （二）宁波栎社国际机场枢纽潜力无限

### 1.硬件基础设施提质扩容

宁波栎社国际机场为4E级民用机场，位于国内航线网络和东北亚、东南亚航线网络的中枢节点区域,它既是内陆城市旅客的"出海口",也是东北亚及其他地区旅客进入中国的"桥头堡"。截至 2021 年 5 月,宁波栎社国际机场航站楼面积为 11.24 万平方米,民航站坪设 45 个机位,跑道长 3200 米,机场地下车库达 1.34 万平方米,地面停车场 4.73 万平方米。2021 年 2 月,三期扩建工程建设内容全部实施完毕,T2 航站楼的投入使用一方面大幅减轻了超负荷的旅客保障压力,另一方面大幅增加了货运硬件基础设施,从客货层面双管齐下增强机场运输保障能力。同月,宁波栎社国际机场四期扩建工程预可研报告预评估会在宁波召开,就新建 3 号航站楼和第二跑道等相关问题进行交流。

### 2. 交通网络衔接便捷顺畅

截至 2021 年 5 月,宁波栎社国际机场共开通航线 143 条,通航城市 96 个,日韩、东南亚等为宁波机场重点出境航线,现已形成了覆盖全国、辐射东南亚、连接全球的空中网络。宁波是全国交通运输重要的节点城市,对外而言,随着沿海南北大通道、沿江东西大通道、甬昆西南大通道的打通,宁波都市圈形成"一小时交通圈",并紧密联系上海、杭州等其他都市圈发展。对内而言,宁波栎社国际机场距市区仅 12 公里,机场高架路与甬金高速出口相连接,2015 年,宁波轨道交通地铁 2 号线开通,将机场与市内火车站、汽车客运中心相连,并通过巴士接驳的方式实现机场候机楼与地铁机场站之间的无缝对接。2017 年,机场在原有地面班线的基础上,根据周边客源需求,对周边较远地区有一定客源且能支持长期运营的开通地面直达大巴,目前已设置机场至宁波市区、舟山、余姚、慈溪、金华、杭州湾新区、新昌等多条往返线路,覆盖周边大部分地区,极大地满足乘客的出行需求。同时,在已有空轨连接的基础上,宁波拟新建宁波西站来实现空铁一体化,占据空港经济发展的制高点。

### 3. 航空运输规模稳步提升

在客运方面,2018 年,宁波栎社国际机场旅客吞吐量突破 1000 万人次,正式迈入国际大型繁忙机场行列;2019 年,机场完成旅客吞吐量 1241.4 万人次,排名全国第 33 位;受到新冠肺炎疫情影响,2020 年,机场旅客吞吐量为 897 万人次,航班起降 7.5 万架次。在货运方面,2019 年,机场完成货邮吞吐量 10.6 万吨,排名全国第 29 位;2020 年,在航班数量和客运流量受新冠肺炎疫情冲击、大幅下滑的非常之时,宁波栎社国际机场精准实施"以货补客",准确把握有利时机,大力发展航空货运,货邮吞吐量达到 11.92 万吨,同比增长 12.28%;2021 年 2 月,机场三期扩建工程的最后一个子项——货运区冷链库工程顺利通过竣工验收,为机场货物运输量的持续增长夯实了基础。

### 4.临空产业体系逐步完善

宁波栎社国际机场位于宁波市临空经济示范区内,区内临空产业体系较为完整,聚集了一批航空运输、高新技术、现代制造等高精尖企业。宁波是全国重要的先进制造业基地、全球最大的石化产业基地和新材料产业基地,2020 年实现工业增加值 5045.6 亿元,比上年增长 3.6%,规模以上工业增加值增长 5.2%。宁波拥有较好的工业基础,外向型的经济特点为航空运输发展提供了良好契机,宁波的电子、纺织服装产品等通过货运航班运往世界各地。同时,宁波借助"互联网＋"向智能制造转型,成为全国首个"中国制造 2025"试点示范城市、全国首批科技成果转移转化示范区,正同步开展国家保险创新综合试验区建设,智能制造带动生产性服务尤其是金融服务业快速增长,为空港建设提供了重要保障和持久动力。此外,宁波市政府规划了"一主六副"七大物流园区,宁波空港物流园区是其中的重要组成部分,是集航空物流、保税物流、临港物流及综合服务于一体的综合性现代化物流园区,联动北仑港和周边交通网络,成为宁波市临空经济发展的着力点。

## 第四节　数字经济发展示范区建设情况

## 一、浙江数字经济发展现状

浙江是我国数字经济发展的桥头堡。2003 年,习近平总书记在浙江工作期间前瞻性地开启"数字浙江"建设,此后,浙江抢抓新一轮科技革命和产业变革加速演进的战略机遇期,部署实施数字经济"一号工程",以加快建设国家数字经济示范省为引领,深入实施数字经济五年倍增计划,加强政策供给,出台地方立法,全方位、系统性地推进数字经济创新蓬勃发展。2016—2020 年,浙江数字经济年均增长 16.2％。2020 年,浙江数字经济增加值达30218 亿元,占浙江省地区生产总值比重达 46.8％,总量居全国第四,数字经济现已成为全省经济高质量发展的主引擎、转型升级的主动能和创业创新的主阵地。进入新发展阶段,国际国内发展环境变化深刻复杂。2020年,浙江充分把握新发展阶段新要求,提出谋划数字经济"一号工程"2.0版,浙江数字经济发展能级不断提高。2021 年初,浙江全面启动数字化改革进程,力争 2022 年全省数字经济总量达到 4 万亿元以上,占 GDP 的比重达到 55％以上,有望建成全方位、深层次、高质量的全球数字经济高地(见图 2.2)。

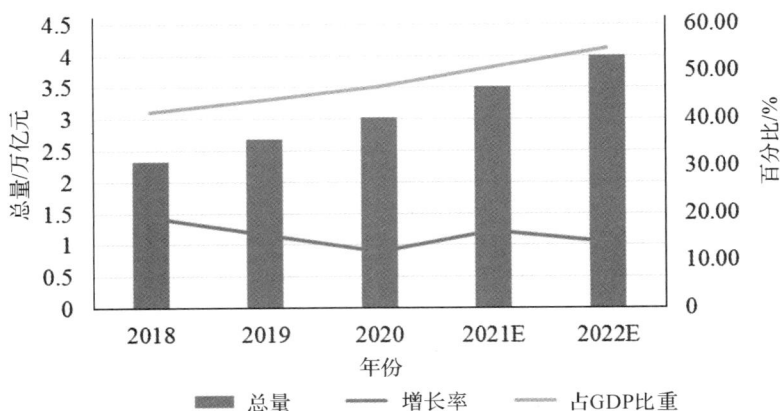

图 2.2　浙江数字经济总量、增长率及占 GDP 比重

数据来源:浙江省统计局。

# （一）数字产业化多点开花

2016—2020 年,全省数字经济核心产业增加值年均增长 15.2%,增速比 GDP 高 6.7 个百分点。2020 年,全省数字经济核心产业增加值总量达 7020 亿元,对 GDP 增长贡献率达 34.9%。2016—2020 年,数字经济核心产业增加值占 GDP 的比重分别为 8.4%、9.4%、9.9%、10.0% 和 10.9%,数字经济对经济增长的贡献率进一步提高。电子信息制造业、软件业规模分别位列全国第三、第四,软件和信息服务业对全省数字经济核心产业营收和利润增长贡献率达 58.3% 和 73.3%;数字安防、云计算、大数据等特色优势行业国际影响力持续增强,数字安防产业入选国家先进制造业产业集群;2020 年,全省数字经济核心产业规模以上企业 6241 家,比 2015 年的 4486 家净增加 1755 家;培育出 1 家千亿元企业、25 家百亿元企业、129 家上市企业、16 家全国电子信息百强、9 家全国软件百强企业(见图 2.3)。

图 2.3　浙江数字经济核心产业增加值总量、增长率及占 GDP 比重
数据来源:历年浙江省国民经济和社会发展统计公报。

## （二）产业数字化全面推进

浙江"产业数字化"指数跃升全国第一，有力赋能制造业提质增效。据中国信息通信研究院研究报告显示，2019年浙江产业数字化增加值规模达到21538亿元，占数字经济比重为79.8%。数字经济总量从2015年的14839亿元增加到2019年的26994亿元，居全国第三位，比2015年增长81.9%，占GDP比重从34.6%提升至43.3%，居全国前四位以内。数字赋能产业转型进程迅猛，累计培育创建数字化车间/智能工厂263家、未来工厂12家、在役工业机器人11.1万台；初步构建"1＋N"工业互联网平台体系，犀牛智造入选全球首个服装领域"灯塔工厂"，培育省级工业互联网平台210个，累计上云企业超43万家。

## （三）数字创新源头活水迸发

2016—2019年，全省拥有数字经济核心产业有效发明专利数逐年递增，分别为2.8万、3.6万、4.4万和4.9万件。2019年，数字经济核心产业R&D经费支出占比为2.14%，高出全省规模以上工业R&D经费支出占比0.46个百分点。数字科技创新活力不断增强，高能级创新平台建设实现突破，之江实验室获批建设智能计算研究院并纳入国家实验室体系，之江、湖畔等省实验室正式挂牌。实施数字经济重大科技专项，部署实施132项技术攻关项目，类脑计算芯片、飞天2.0操作系统、玄铁910智能芯片等创新成果不断涌现，有效发明专利累计达6.5万件。杭州、德清成为国家新一代人工智能创新发展试验区，世界互联网大会、云栖大会、世界地理信息大会影响力不断扩大，成为数字经济创业创新首选地（见图2.4）。

图 2.4　浙江数字经济有效发明专利数及增长率
数据来源：浙江省统计局。

## （四）数字基础设施优化升级

浙江宽带网络基础设施建设全国领先，网民规模和互联网普及率都高于全国平均水平。截至 2020 年 12 月，浙江省网民规模达到 5321.8 万人，互联网普及率为 82.4%，手机网民规模占全省网民总数的 99.7%。5G 基站建设"一件事"集成改革取得突破，累计建成 5G 基站 6.26 万座，全省网络基础设施基本实现 IPv6 改造；国家（杭州）新型互联网交换中心启用，杭州国家级互联网骨干直联点网间带宽达到 690G。新技术基础设施加快部署，6 个工业互联网标识解析二级节点相继上线，建成数据中心 193 个，联合国大数据全球平台中国区域中心落户，城市大脑、视频感知等平台入选国家新一代人工智能开放创新平台。

## （五）新业态新模式蓬勃发展

跨境电商、新零售、数字金融、在线经济等"非接触经济"、新业态新模式蓬勃发展，淘宝网和支付宝分别成为全球最大的网络零售和网上支付平台。

2020 年,全省实现网络零售额(见图 2.5)、居民网络消费和跨境网络零售出口额分别为 22608 亿元、11072 亿元和 1023 亿元,比 2019 年分别增长 14.3％、10.9％和 31.6％。网络零售额是 2015 年的 2.6 倍,网络零售额占社会消费品零售总额的比重达 84.9％,比 2015 年提高 46.4 个百分点。截至 2020 年底,全省移动支付活跃用户数 4387 万户,普及率达 75％,全年共发生移动支付业务金额 67.8 亿元,比上年增长 31.7％。数字生活新服务总指数涨幅达 21.8％,杭州、湖州入选国家信息消费示范城市,数字生活和信息消费全国领先。世界银行全球数字金融中心、国家"互联网＋医疗健康"示范省、国家短视频基地相继落地建设运营。

图 2.5　浙江网络零售额及增长率

数据来源:历年浙江省国民经济和社会发展统计公报。

## (六)数字集聚优势显现

"十三五"期间,全省各地积极推进数字科技创新中心、"城市大脑"、数字大湾区等行动方案的实施,高质量建设物联网小镇、人工智能小镇等数字经济特色小镇和产业聚集区,加速数字产业集聚、培育壮大数字经济产业集群优势,逐渐形成以杭州为首的数字产业化发展引领地和数字经济企业聚集地。杭州市数字经济核心产业增加值 2016—2019 年四年年均增长 19.3%,明显高于全省平均水平,占全省核心产业增加值比重由 2015 年的 55.0% 提高到 2019 年的 60.9%;杭州致力于打造全国数字经济第一城,在电子商务、人工智能、金融科技等诸多领域集聚人才,产业基础雄厚,积极参与长三角一体化发展战略,大力推进数字长三角建设,强化产业链协同和产业生态构建,加快建设数字大湾区,对推动各地数字经济特色发展和协同发展起到了良好的带头引领作用。

## (七)数字治理系统初步成型

杭州"城市大脑"建设经验在全国广泛复制推广,"掌上办事之省""掌上办公之省"建设取得新进展,机关内部"最多跑一次"系统应用不断深化,"浙里办"实名注册用户超 5500 万,全省依申请政务服务办件"一网通办"率超过 80%,政府社会治理和民生服务数字化水平不断提升,数字政府建设排名全国第一。公共数据开放共享成效显著,累计共享调用 15.5 亿次,开放数据 7.9 亿条。疫情精密智控"一图一码一指数"、企业码已成为展示浙江数字化治理成果的重要标志。

## (八)数字经济标准化全国领先

据不完全统计,浙江企业共主导制定数字经济领域国际标准约 19 项;2019 年制定数字经济领域"浙江制造"标准 69 项;2020 年浙江主导制定数字经济领域国家标准 34 项。2016 年以来,浙江重点围绕智能制造、人工智能、电子商务、产业数字化等领域实施包括 7 项重大试点项目在内的数十项省级标准化项目。全国电子商务质量管理标技委(SAC/TC 563)与国际标准化组织电商交易保障标技委(ISO/TC 321)秘书处落户杭州。

## （九）开放性数字经济根基牢固

作为最高能级开放平台，浙江自贸试验区是浙江省新时代改革开放新高地。2020年，浙江自贸试验区扩区，面向世界、走向未来，率先推进数字赋能现代化，已开启建设高标准自贸试验区新征程。区内贸易、投资、资金、运输、人员往来以及数据流动自由化便利化水平大幅提升。浙江"最多跑一次"改革和政府数字化转型不断迭代深化，全省尤其是自贸试验区内数字化改革已全面启动。同时，数字贸易先行示范区、服务贸易创新发展试点等高能级平台稳步建设，跨境电商综试区基本实现全省覆盖，eWTP（世界电子贸易平台）全球布局加快，试点国家数量达到5个，数字经济、互联网等领域持续扩大开放。

## 二、深化数字经济发展示范区建设的优势

世界经济发展进入全新赛道，"技术—经济范式"正加速从工业化向数字化演进，数字经济必将成为推动我国经济持续稳定增长的重要引擎，全国各地也迎来数字经济竞争优势的全面重构。虽然浙江传统工业发展基础偏弱，但随着习近平总书记2003年在浙江工作期间提出建设"数字浙江"①，浙江超远前瞻性布局数字经济，为浙江成为全国数字经济发展高地筑牢根基，随后浙江大力推进"数字经济一号工程"1.0和2.0版，擘画出浙江数字经济发展宏伟蓝图，最终实现了工业化向数字化转型的弯道超车。多年来，浙江全面调整发展战略、产业政策，坚持辩证思维，抓好数字经济发展的顶层设计、核心产业、开放合作、制度创新，使数字经济在浙江落地生根、蓬勃发展，为浙江依托自贸试验区这一最高能级开放平台进一步建设数字经济发展示范区打牢优势。

---

① 习近平.不断做强做优做大我国数字经济.求是，2022(2).

## （一）布局谋划横纵结合，顶层设计周密严谨

浙江"数字经济一号工程"是一项涉及数据要素、技术创新、平台企业、产业生态、智慧政府、创新制度的系统工程。浙江系统性地顶层设计，为数字经济发展搭好架构。浙江一方面通过"最多跑一次"改革和政府数字化转型不断迭代深化，形成"纵向到底、横向到边"的组织领导格局。通过成立全省数字经济发展领导小组，统筹各级政府、各级部门的组织协调机制，统筹部署推进数字经济重大改革、重大政策、重大工程；另一方面形成"纵向到底、横向到边"的规划发展格局。坚持"资金跟着项目走、项目跟着规划走"，落实数字经济发展相关规划，一张蓝图干到底，形成"数字经济总体规划＋专项规划＋行动计划＋实施方案"的路线图、任务书、时间表，强化数字经济规划，实施刚性约束。浙江系统性进行顶层设计，为数字经济发展画好蓝图优势。

## （二）存量增量两手抓牢，核心产业根基牢固

浙江抢抓数字经济发展机遇，从提出建设"数字浙江"开始，浙江既注重通过数字技术赋能推动传统产业稳步转型，又做好超前布局培育以数字安防、大数据、云计算等为代表的数字化产业。一方面，浙江优化产业存量，积极推动传统产业数字化改革，推进"上云用数赋智"，在若干传统支柱产业领域推进电子商务等数字化应用。2019 年，全省规模以上工业企业已凭信息化与数字化进行购销存管理、生产制造管理和物流配送管理，其普及率分别达到 71.20％、44.60％和 15.60％（见图 2.6），分别比 2015 年提高 15.5、7.8 和 3.8 个百分点。全省产业数字化向更深层次、更广领域探索，数字技术带动传统产业产出增长、效率提升的作用进一步强化，产业数字化深入推进，为数字经济发展注入源源不断的动力。另一方面，浙江培育产业增量，利用全产业链门类、海量应用场景推动数字技术创新与转化应用。"十三五"期间，浙江加快推进 5G、人工智能、云计算、大数据、物联网等新技术广泛应用，初步形成通信、计算机及网络、电子元器件及材料、信息机电、应用电子以及

软件与信息服务业等多个特色优势产业,并涌现出以阿里巴巴、网易、海康威视、浙江大华、浙大中控等为代表的一大批龙头企业,在信息服务、数字安防、智能计算、人工智能、工业互联网等领域的优势地位不断巩固。从数字经济核心产业七大行业看,2020年,软件和信息技术服务业与互联网及其相关服务业两个行业对核心产业的增长推动作用明显,初步测算合计对数字经济核心产业的营业收入和利润增长贡献率分别达到58.3％和73.3％。重点产品生产能力大幅提升。2020年,工业机器人、碳纤维及其复合材料、自动售货机售票机、太阳能电池(光伏电池)和集成电路等新产品产量分别是2015年的65.5倍、19.2倍、11.2倍、4.1倍和2.7倍。浙江全面培育核心产业,为数字经济发展打牢根基优势。

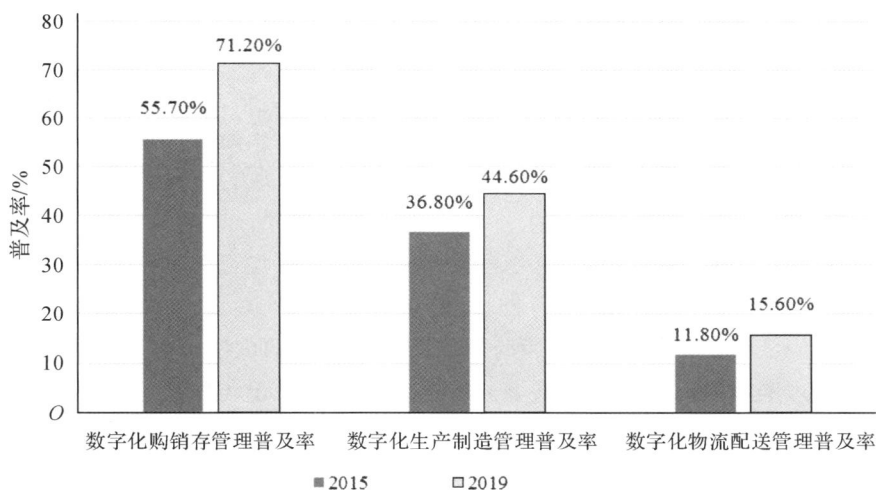

图2.6　浙江规模以上企业数字化普及率

数据来源:浙江省商务厅。

## (三)聚合融入渠道全面,开放合作畅通无阻

省内开放合作方面,浙江依托顶层设计,建立全省整体智治体系,省市

县（市、区）数据共享、流程再造和业务协同，构建省市县（市、区）一体、部门间协作的协同高效运转体制，打破行政区之间的恶性竞争，破除地域市场分割。省外开放合作方面，一方面，浙江引进共享要素资源，引导数字经济领域的知名企业、院校、科研机构与本地企业共同成立数字经济发展智库联盟，深化与国际数字经济领域的合作交流，聚合各类数据要素、数字技术、平台企业，携手合作推动数字经济高质量发展。另一方面，利用"走出去"加快融入长三角，推动长三角数字化基础设施、公共数据资源和服务平台共建共享，积极参与长三角一体化发展战略，大力推进数字长三角建设，强化产业链协同和产业生态构建，加快建设数字大湾区。浙江强调包容性开放合作，为数字经济发展贯通渠道优势。

## （四）破除桎梏坚守底线，制度创新全国领先

迄今为止，数字经济是浙江发展最快、创新最活跃的经济活动，新技术、新产业、新业态、新模式层出不穷，但也存在一些被简单套用原有的监管制度而捆住手脚的问题，暴露出了一些违法违规的现象。为解决好这一问题，浙江以制度创新为核心，以数字变革为动力，在公平监管的基础上把制度政策搞活，在集成性制度创新、首创性制度创新上大胆试验。一方面，浙江鼓励数字经济制度创新，把握好以跨境电商等为代表的数字经济先行经验，已基本实现跨境电商综试区全覆盖，深化"放管服"改革，建立和完善补位性、保障性的制度和规范，及时出台、修改和完善相关法律法规，破除不合理的行业壁垒。另一方面，筑牢数字经济发展的底线红线，研究制定以用户安全保障为底线的准入政策，对涉众类的新业态新模式强化审慎监管，并探索新型监管模式。浙江科学推进制度创新发展，为数字经济发展发扬制度优势。

## 三、深化数字经济发展示范区建设的短板

建设自贸试验区，深化数字经济发展示范区，本质上是一场涉及思想观念、开放格局、要素配置、体制机制的深层次变革。自贸试验区作为浙江最

高能级开放平台,承担着国内大循环战略支点、国内国际双循环战略枢纽的重大使命,依托自贸试验区打造数字经济发展示范区,旨在更好地引领全省数字经济发展质量变革、效率变革、动力变革。然而,这些变革要求生产关系更好地适应数字化时代发展的规律和特点,要求市场在资源配置中更充分发挥决定性作用,要求政府在参与数字经济发展中发挥更积极的服务性作用。在更高标准的要求下,浙江数字经济发展示范区建设仍存在一些短板和进步空间。

## (一)在科技创新方面,浙江数字经济重大创新与基础研究能力薄弱

浙江缺乏国际一流研发平台落地,缺少"国字号"重大创新平台布局。浙江目前并非国家重大科技基础设施项目尤其是重大数字科技基础设施项目首选研发地,虽然浙江数字新基建建设应用速度较快,但是以自主深度算法、超强低耗算力和高速广域网络为代表的新一代数字基础设施和以 IPv6、卫星互联网、北斗等为代表的网络基础设施的研发环节缺少体制机制支撑。数字科技基础研究能力与领先地区差距较大,数字技术创新成果的标准转化率不高,技术标准制定主体与科技研发主体分离,缺乏促进技术标准制订与科技研发相互融合的体制机制。2018 年,浙江授权发明专利 32550 项,获得国家科技奖和省科技进步奖的项目共 277 项,但同年提出并立项的各类标准计划数仅 40 项。数字经济重大创新与基础研究高精尖人才、跨界人才、复合型人才较短缺,育才招才引才留才还有待提升。需要打造全球人才蓄水池,集聚更多全球高端人才到浙江来。

## (二)在产业布局方面,浙江数字经济产业链供应链稳定性与竞争力创新力较低

浙江产业链供应链的稳定性有待提升,产业链自主控制力、抗风险能力和发展韧性需要加强,市场对接、产业对接、规则对接衔接紧密度需要重视。

浙江产业链供应链的竞争力有待提高，国内外顶尖企业与产业链龙头企业布局数量远远不够，产业链核心环节能级需要提升，关键零部件国内国际供应渠道需要打通，全球供应链协同和配置资源能力需要提高，缺少像上海洋山和海南洋浦特殊综保区等同等能级的平台，缺乏类似进博会、广交会等国家级最高展会平台，不利于建设投资避风港和"买全球、卖全球"世界级市场平台。浙江以消费互联网为主，产业链供应链的创新力有待加强，工业互联网亟须建成，操作系统、高端芯片、工业软件等关键核心短板有待补齐，需要集聚更多全球高端产业、先进技术和金融资本到浙江来。

## （三）在产业数字化方面，浙江数字经济行业间企业间发展失衡

浙江行业间数字化转型分化程度明显。互联网、金融、电信、零售等服务业的数字化转型成效较为显著，而制造业的数字化转型要相对滞后、缓慢，浙江工业互联网发展缺位。不同行业领域融合创新能力和水平参差不齐，对数字化转型的需求各异，融合创新路径需要结合产业进行针对性的研究。浙江企业间数字化转型关联严重割裂。中小企业数字化转型有待提升，浙江特色是大平台企业引领中小企业数字化转型，但需要站在政府角度考虑如何治理大平台企业无序扩张，挤压中小企业生存和转型空间等问题，需要考虑如何建立大平台与中小企业联动发展体制机制，更好助推中小企业数字化转型等问题。

## （四）在数字治理方面，浙江数字经济数据要素资源价值转化低效

基于更高层次更高水平上容纳、释放数据积极因素的考量，浙江仍面临着数据要素流动不畅、资源配置效率不高等制约数字经济高质量发展的瓶颈，数据资源价值有待释放，数据要素市场有待培育，尤其是数据交易所、数据资源清单管理机制、"数字离岛"等国际先进经验有待落实。浙江目前仍

以传统监管模式为主,还不能适应数字化生产力发展,网络安全建设较差,打破数据壁垒、消除数据鸿沟势必会带来数据安全风险的大幅增加,网络和数据安全底线有待定性研究,数据合规能力与欧盟存在差距,数字跨境合规备受质疑,浙江跨境数字经济合规的行业自律组织建设尚在起步阶段,统一客观、可操作性强的数据跨境流动法规仍处于缺位状态。

# 第五节　先进制造业集聚区建设情况

## 一、产业集群规模优势显现

以杭州、宁波、金华、舟山为核心的绿色石化、数字安防、汽车制造三大产业集群全国领先。绿色石化已形成以宁波、舟山为主导的空间发展格局,宁波石化产业基地规模位居全国七大石化产业基地前列,舟山万亿级石化产业集群正在形成。2020年,全省规模以上石化工业企业实现工业总产值10456亿元,占规模以上工业的13.5%;数字安防已形成"全国监控看浙江,浙江监控看杭州"的产业格局,实现年主营业务收入超2000亿元,核心领域视频监控占国际市场近一半份额,处于全国领先地位;汽车制造已形成了杭州、宁波、金华等重点整车制造基地以及十余个百亿级规模的汽车零部件产业基地,是全省第二大制造行业。

## 二、龙头企业集聚引领

绿色石化、数字安防、汽车制造、智能装备制造、新材料、生命健康等领域形成一定的产业链优势,集聚了一批竞争力强的龙头企业。绿色石化领域,集聚了浙石化、宁波镇海炼化、宁波中金石化、恒逸、荣盛、龙盛、华峰等龙头企业,逐渐形成"原油加工—有机化学品—合成材料"的完整产业链;数字安防领域,海康威视、大华股份和宇视科技已成为全球安防企业标杆,分别以 26.8%、14.9% 和 3.2% 的市场占有率居全球视频监控设备第一、二、四位，在芯片和算法研发、安防设备制造、系统集成应用等方面具有较强竞争优势；汽车制造领域，涌现出吉利、万向、均胜、微宏动力等一批龙头企业，吉利集团多年居浙江制造业百强企业第一位；智能装备制造领域，智能空分设备、数控机床、DCS 控制系统等领域已涌现出一批在行业中具有明显竞争优势的龙头企业；新材料领域，已形成稀土永磁材料、含氟新材料、高性能纤维、光伏材料等特色产业链和全国最大的产业基地；生命健康领域，拥有浙江医药、中美华东、贝达药业、阿里健康等代表企业，已形成包含中间体与原料药环节、制剂环节、流通和终端使用环节的较为完备的化学药产业链。

## 三、技术创新具有前沿性

绿色石化集群内建成了宁波镇海精细化工、上虞绿色环保化工和衢州氟硅钴新材料三大石化产业领域的省级创新服务综合体，掌握了卤化丁基橡胶、乙丙橡胶、异戊橡胶、氢化丁腈橡胶等一批高性能合成橡胶生产技术，新产品产值率处于全国领先水平；数字安防是创新最活跃的领域之一，企业创新投入达到国际先进水平，建有国家级企业技术中心 12 家、省级重点企业研究院 27 家，以及城市大脑人工智能开放创新平台、视频感知人工智能开放创新平台、智慧视频安防制造业创新中心、网络信息技术产业创新服务综合体等公共服务平台。拥有有效发明专利 7262 件，境外授权专利 470 件，参与制定国际、国家标准 33 件。以杭州市滨江区数字安防产业集群为例，企业 R&D 投入占主营业务收入比重达到 8.5%。汽车制造是最能体现一个地区工业制造水平的核心领域，行业利润率、研发投入占主营业务收入比重、新产品产值率分别达到 9.54%、2.67%、59.50%。

## （四）产业平台载体丰富

绿色石化已累计建成化工领域各类产学研创新平台超 700 家，拥有国际油品交易中心、国际石化基地、国际油品储运基地等石化平台，聚焦发展油气特色全产业链;数字安防产业拥有国家级企业技术中心 12 家、省级重点企业研究院 27 家,主要有中国 V 谷、杭州滨江物联网小镇、杭州桐庐智慧安防小镇/海康威视桐庐基地、杭州富阳大华股份基地等产业平台,以及城市大脑人工智能开放创新平台、视频感知人工智能开放创新平台、智慧视频安防制造业创新中心、网络信息技术产业创新服务综合体等公共服务平台;汽车制造拥有国家新型工业化产业示范基地 1 家(汽车产业·宁波杭州湾新区)、省级新型工业化产业示范基地 1 家(永康市汽车制造业－新能源汽车)、国家火炬计划特色产业基地 1 家(宁波鄞州汽车零部件特色产业基地)、省级高新技术特色产业基地 2 家(永康汽车摩托车零部件省级高新技术特色产业基地、宁海汽车橡胶零部件省级高新技术特色产业基地)等。

## (五)融合应用成效突出

绿色石化走在全国前列,持续推进智能化、清洁化改造,致力以推进舟山绿色石化基地建设为重点打造全球领先的绿色石化产业集群。数字安防、机器视觉技术及产品正加速在城市管理、工业制造、文教娱乐、医疗诊断等领域渗透,发展融合型新产品新业态新模式,如宇视科技联手阿里云推出 AIoT 联合解决方案,将在智慧交通、智慧园区、智慧小区等细分场景落地。杭州数字视网膜空天地一体化融合感知与智能联动应用以及超高清 8K 数字转播技术与系统项目将在"智能亚运"重点项目中进行应用。基于宽带移动互联网的智能汽车、智慧交通应用示范的部省合作,杭州云栖小镇初步建设成了 5G 车联网应用示范项目,实现了基于 LTE-V 车联网标准的智能汽车的车车、车路信息交互场景。

# 第三章　浙江自贸试验区战略定位和发展目标

　　浙江自贸试验区建设取得阶段性成果，总体达到预期目标。新阶段承担新使命，2020年8月30日，国务院同意设立中国（浙江）自由贸易试验区扩展区域，从原本局限在舟山，扩展到了宁波、杭州和金华（义乌），覆盖面积翻倍。扩区成功的事实也告诉我们，浙江自贸试验区正由"雁阵"的"跟随者"逐渐向"领头雁"转型，将为全面深化改革、推动高水平对外开放注入更多的动力和活力。

　　作为中国深化改革、扩大开放全局中的"关键一子"，提升全球资源配置能力，是党和国家赋予自贸试验区的重大使命。在这一方面，多年来，北京、上海、广东等分别在文化资源、金融资源、科技创新资源等领域不断探索全球资源配置能力的提升，而提升油气等大宗商品资源全球配置能力，一直以来都是浙江自贸试验区的使命担当。扩区一年来，浙江自贸试验区"不忘初心"，坚持将"打造以油气为核心的国际大宗商品资源配置基地"作为扩区建设的重要战略定位，深化差异化探索，突出试点特色，坚持甬舟一体化发展思路，赋予油气全产业链创新发展更多的应用场景，共同打造"油气自贸区"，国际国内影响力大幅度提升。

　　扩区一年来，浙江自贸试验区深入贯彻落实习近平总书记2020年3月份视察浙江时的讲话精神，依托宁波舟山港"硬核"力量，深入推进"国际航运和物流枢纽"建设，航运基础设施和物流服务环境明显提升。作为对外开放的"排头兵"，浙江自贸试验区结合跨境电商、数字服务贸易、市场采购、离岸贸易等新型贸易业态，推动贸易监管模式创新和监管制度改革，建设更高标准的"新型国际贸易中心"。此外,浙江自贸试验区结合省委书记袁家军部署的数字化改革,深入推动"数字自贸区"建设,高质量建设"数字经济发展示范区",同时以智能化为引领,聚焦"卡脖子"关键核心技术突破,推动建设"先进制造业集聚区"。

浙江自贸试验区围绕"五大功能定位",以制度型开放为引领,以"投资贸易便利、高端产业集聚、金融服务完善、监管高效便捷"为发展目标,将国家《扩区方案》分解成 78 项改革试点任务,不断扩大外延,深化任务分工,出台了涵盖 193 项改革试点任务的《实施方案》,构建了"四体系、三机制"的保障体系,推进浙江自贸试验区各项改革任务全面落实。

奋楫击水、砥砺前行。如果要用一个字总结浙江自贸试验区扩区一周年的建设历程,那就是"更"。首先,浙江自贸试验区坚持"更高标准"的对外开放,对标 CPTPP、RCEP 等高标准国际经贸投资规则,推动浙江自贸试验区全方位扩大开放,从商品贸易监管制度开放、投资自由化便利化逐渐向资本、人才、数据、信息等要素市场开放转型,并呈现出向规则、标准等制度型开放升级趋势。其次,浙江自贸试验区坚持"更深层次"的改革创新,既坚持在油气全产业链领域加强系统集成创新,又进一步加强在国际航运和物流枢纽、新型国际贸易、数字经济、先进制造业等领域的制度突破,推动了一批改革试点经验和创新实践案例在"浙"里落地。最后,浙江自贸试验区坚持"更广领域"的辐射带动作用,依托海关特殊监管区、经济开发区、高新区等特殊经济功能区的"政策叠加",赋能自贸试验区的制度创新功能,加强产业联动与区域统筹协调,在全省范围内形成"自贸试验区＋联动创新区＋辐射带动区"的改革创新发展新格局。自贸试验区扩区能够让浙江在更多场景、更多领域开展风险压力测试,充分发挥国家制度创新"试验田"的作用;设立联动创新区能够让浙江更加充分利用自贸试验区创新红利,推动在更广区域进行改革试点的复制推广,最终助力全省推动共同富裕,为国家创造出更多的先进经验。

# 第一节　战略定位与路径选择

对照《扩区方案》提出的战略定位来看,浙江自贸试验区扩区始终把服务国家战略作为根本出发点和落脚点,以制度创新为核心,以可复制可推广为基本要求,探索出新途径,闯出了新路子。浙江自贸试验区从代表国家参与国际市场竞争的高度来推进改革创新,加快向具有国际影响力的"以油气为核心的大宗商品资源配置基地"迈进,以高标准国际经贸规则为对标对象,依托自身的特色优势,已初步建设成为引领我国全方位扩大开放的"新型国际贸易中心",具有较强辐射力的"国际航运和物流枢纽"与智能化数字化特征明显的"先进制造业集聚区"。顺应数字化全球发展最新趋势,浙江自贸试验区正加快向全国领先、国际一流的"数字经济发展示范区"持续推进。

## 一、立足我国供应链稳定大局,加快向具有国际影响力的"以油气为核心的大宗商品资源配置基地"迈进

资源配置基地的基本要求是对全球战略性资源、战略性产业和战略性通道具有较强控制力与影响力,其基础在于本地形成稳健而有韧性的产业体系,路径在于推进全球人才、资本、信息、技术等战略资源加速集聚,促进战略资源的交流、交换、交易,增强对资源要素流量的管控和增值能力,推动本地在全球产业链、价值链、创新链、人才链、服务链中占据更多的高端环节,成为全球资金、信息、人才、科技等要素流动的重要枢纽。高效的制度供给是全球高端资源要素配置功能的最重要保障。

浙江自贸试验区立足我国供应链稳定的大局,按照李克强总理 2021 年 5 月考察宁波舟山港时提出的"打造大宗商品战略中转基地"的要求,以保障油气能源安全为核心要务,积极探索以高水平制度供给破除油气等大宗商品资源要素配置的制约因素和瓶颈难题,以好的制度促成好的资源配置方

向、提高资源配置效率,推动大宗商品要素流动自由化便利化程度进一步提高,油气等大宗商品的资源配置能力明显提升,资源要素本区域增值能力大幅度增强(见表 3.1)。

表 3.1　"以油气为核心的大宗商品资源配置基地"建设路径和建设成效梳理①

| 路径 | 高效流动 | 高效配置 | 高效增值 |
|---|---|---|---|
| 典型特征 | ●大宗商品贸易自由化便利化程度进一步提高<br>●金融服务大宗商品贸易能力显著增强 | ●油气等大宗商品资源储备能力明显提升<br>绿色石化和新材料成为国内一流产业集群,丰富油气全产业链资源配置体系 | ●资源要素本地增值效益大幅度增强<br>●本地辐射带动作用日益增加 |
| 数据表征 | ●宁波舟山港大宗货物进出口整体通关时间分别压缩至30小时、2小时以内;国际航行船舶进境/港申报到准予进港时间缩短至 1.5 天;出境/港申报到准予出港时间缩短至 1 天;大宗货物抵港到提离花费平均降低 27% | ●2021 年上半年,舟山片区实现油气贸易额近 3903 亿元,同比增长 65%。船用燃料油供应量、混兑量分别达到 244 万吨和 144 万吨,分别同比增长 22%、115%。保税船用燃料油加注和结算量分别约占全国 1/4、1/2<br>●截至 2021 年 6 月底,宁波片区拥有炼油能力 3100 万吨/年与乙烯产能 100 万吨/年,随着重大项目陆续布局建设,预计 2021 年底拥有炼油能力 3500 万吨/年与乙烯产能 220 万吨/年 | ●2021 年 1—6 月,舟山片区油品企业实现税收 34 亿元,同比增长 2.3 倍;赋权批复以来国内各大炼厂通过舟山口岸累计出口 150 余万吨低硫油<br>●宁波片区建成了以企业为主体,科研院所为支撑的产学研协同创新体系,创新研发加速引领石化产业转型升级 |

①　表 3.1,基于第三方视角对于浙江自贸试验区战略定位内涵的理解,提出对其"典型特征"的解析;再在浙江自贸试验区扩区以来建设成效数据库和信息库中进行查询,寻求与之相关的"数据表征""试点任务带动""制度创新推动"等内容作为佐证,进而综合分析战略定位情况;换个角度,也可以通过本表看到有待进一步提升的领域和方向。

续表

| 路径 | 高效流动 | 高效配置 | 高效增值 |
|------|----------|----------|----------|
| 试点任务带动 | ●人民银行总行批复舟山片区在全国率先获批油品贸易结算便利化试点政策，支持参照国际惯例开展油品转口贸易，实施高水平油品贸易便利化试点<br><br>●2020 年 11 月，宁波舟山港集团与巴西淡水河谷公司签约组建合资公司 | ●浙石化公司获批全国首张成品油非国营贸易出口资质；浙石油原油非国营贸易牌照获批。浙石化获批 2 批原油进口配额共 2000 万吨，并累计获批 300 万吨成品油、139 万吨低硫燃料油出口配额<br><br>●宁波片区加快扩链延链化工新材料项目建设，万华化学高端 MDI 原料项目等项目正式投产，金发新材料 120 万吨/年，聚丙烯热塑性弹性体及改性新材料一体化项目、英力士 60 万吨/年，ABS 项目等一批化工新材料项目相继开建 | ●舟山片区一批重大石化中下游产业项目落地<br><br>●宁波片区着力创新研发机构招引，相继引进建设了天津大学浙江研究院、大连理工宁波研究院等产业技术研究院，以及中石化宁波新材料研究院、万华宁波高性能材料研究院等企业研究院 |
| 制度创新推动 | ●舟山片区落地船用低硫燃料油出口退税政策，完成全国首单全流程低硫油出口退税业务<br><br>●2021 年 6 月，宁波片区开通了浙江省首家 LNG 的保税仓，并完成首票货物进入保税库 | ●舟山片区落地全国首单自贸区油品贸易跨境人民币结算便利化试点业务<br><br>●舟山片区首笔保税油品仓单质押融资业务已于 2021 年 1 月 15 日试点正式落地 | ●浙油中心与上期所探索共建基于区块链技术保税商品登记转让平台已开始建设<br><br>●宁波片区完成全国首笔数字仓单质押融资业务 |

　　下一步，浙江自贸试验区可继续对标新加坡等国际油气大宗商品贸易中心，逐步扫除油气等大宗商品储运、贸易、交易等环节中存在的体制机制障碍。一方面"练好内功"，以油气全产业链协同联动为突破口，进一步推动宁波、舟山一体化向纵深领域发展，夯实码头、堆场、仓储、管网

等基础设施建设,不断优化营商环境,做好"筑巢引凤"工作,积极引进一批有全球资源配置功能的市场主体和总部机构,做大做强"油头化尾",促进油气产业链价值链向高端延伸。另一方面做好制度集成创新工作,争取获得更大力度的政策突破,在国储商储转换、贸易管理体制、金融政策等更广领域、更深层次推进油气等大宗商品领域改革创新,为国家做好压力测试工作,按照"高端产业聚集—平台功能聚合—制度集成创新"的路径,打造具有更大国际影响力的"以油气为核心的大宗商品资源配置基地"。

## 二、对标高水平国际经贸规则,建设成为引领我国全方位扩大开放的"新型国际贸易中心"

新型国际贸易中心必然是区别于传统的建立在要素资源禀赋、规模经济基础上的贸易模式,其建设路径是培育新型国际贸易业态,集聚新型国际贸易企业,突破贸易政策创新壁垒,壮大新型国际贸易规模,进一步集聚关键要素资源,提升贸易发展质量,引领新型国际贸易规则。2018 年,中央经济工作会议指出:"要适应新形势、把握新特点,推动由商品和要素流动型开放向规则等制度型开放转变。"实质上,中国改革开放 40 多年来,政策壁垒不断突破引致商品贸易自由化便利化,国内一些先进自贸试验区已开始逐步探索要素市场的扩大开放,并争取在规则等制度型开放中"先行先试"。目前,中国的新一轮开放仍应对标高标准国际经贸规则,尤其是作为改革开放"试验田"的自贸试验区更应该自我加压,努力在要素开放和规则开放中探索可复制、可推广的制度创新成果。

扩区一年来,浙江自贸试验区从顶层设计出发,推动新型国际贸易的政策壁垒逐步突破。2020 年 10 月,浙江省商务厅与浙江省网信办率先发布"数字贸易先行示范区"建设方案,构建跨境电商、数字服务贸易、市场采购、离岸贸易等多层次、立体化的新型国际贸易体系,依托阿里巴巴、亚马逊等高能级新型贸易主体,促使数据、信息、资本等要素市场开放步伐日益加快,以 eWTP 为标志的数字贸易规则初步建立,显现出从商品、要素市场型开放向规则制度开放的转变趋势，新型贸易中心已经初具雏形，对中国全方位扩大开放的引领作用日益凸显（见表 3.2）。

表 3.2  "新型国际贸易中心"建设路径和建设成效梳理

| 路径 | 政策先导 | 要素先导 | 规则先导 |
|---|---|---|---|
| 典型特征 | ●贸易投资自由化便利化政策成效显著<br>●新型国际贸易业态集聚度较高 | ●数据、信息、人才等要素市场开放不断扩大<br>●在金融、信息等要素开放的支持下，跨境电商、离岸贸易快速发展 | ●规则、标准等制度型开放崭露头角<br>●数字贸易探索推动新规则发展 |
| 数据表征 | ●2020 年 10 月，浙江省商务厅与浙江省网信办率先发布数字贸易先行示范区建设方案，部署数字自贸区工作<br>●2021 年 6 月，省政府办公厅印发《浙江跨境电子商务高质量发展行动计划》，提出"335"发展目标，明确用 3 年时间，实现跨境电商年均增长30％以上，跨境电商占消费品进出口 30％左右 | ●宁波片区完善跨境易货贸易综合服务平台建设，将易货进口商品拓展到矿产品等大宗商品，2021 年上半年已实现易货贸易出口金额达3000 万元，预计全年可突破2 亿元<br>●杭州片区构建跨境电商行业数字化信用监管场景，汇集 28 个部门数据，完成对所在区域 1.7 万余家跨境电商企业的信用评级 | ●eWTP 秘书处建成使用，在推动 eWTP在埃塞俄比亚、卢旺达、比利时、泰国、马来西亚等 5 国落地的基础上，积极向中东欧、南美等地拓展，目前正在与匈牙利、波兰、智利等 3 国洽谈合作 |

| 路径 | 政策先导 | 要素先导 | 规则先导 |
|---|---|---|---|
| 试点任务带动 | ●宁波片区入选首批全国供应链创新与应用示范城市。积极发展跨境电商,加快部署海外仓和前置仓,推进新型国际贸易监管优化和综合服务平台完善 | ●2021年7月,省外汇管理局、省自贸办联合出台指导意见,支持开展新型离岸国际贸易。杭州片区率先完成首笔新型离岸转口业务<br>●2021年3月,金义片区上线全省首个电商平台信用监管系统,实现对企业信用自动打分、评级和公示,加强对电商平台的事中事后监管,打造公平竞争的网络市场环境 | ●中国—中东欧国家博览会采用"保税展示＋跨境电商"会展业务新模式。进口商品保税展示中心以"保税展示＋直播"的新模式,打造全新的数字新零售业态 |
| 制度创新推动 | ●杭州片区创新全球中心仓模式,实现非保税货物与保税货物同仓存储、B2B与B2C同仓发货、内贸与外贸同仓存储、出口与进口同仓调拨 | ●宁波片区打造全国首个中东欧商品防伪追溯平台,实现了数字经济下进口商品的"源头可追溯、数据可集成、信用可查询"<br>●金义片区深入推进全省外国人来华工作、居留许可"一件事办理"改革,实现外国人办事"最多跑一次",办结时限压缩80％,申请材料减少50％,惠及金义片区所在区域5400余名外国人 | ●杭州片区全国首创"保税进口＋零售加工"进口模式,2021年2月,咖啡进口原料保税加工业务在杭州片区落地。国内消费者可通过跨境电商平台下单购买,咖啡成品次日即可送达 |

资料来源:浙江自贸试验区各片区管委会,浙江省新时代自贸港研究院分析整理。

　　下一步,浙江自贸试验区将全面对标 CPTPP、RCEP 等高标准国际经贸投资规则以及海南自贸港、上海临港新片区等国内最有竞争力的自贸试验区制度开放体系,推动跨境服务贸易负面清单制度早日落地,着力培育和引进高能级新型国际贸易主体,建立以投资贸易自由化便利化为核心的更高水平开放制度体系,不断推动资本、数据、人才等要素市场开放,逐步过渡到制定贸易规则等制度型开放阶段,探索新型国际贸易规则体系,提升国际市场话语权,建设成为具有更高开放标准的"新型国际贸易中心"。

## 三、依托宁波舟山港硬核力量,建设成为具有较强辐射力的"国际航运和物流枢纽"

国际航运和物流枢纽是一个功能性的综合概念,是融合发达的航运市场、完善的物流集疏运体系、密集的航线航班于一体,具备航线稠密的枢纽港、深水航道、仓储设施、疏运网络等硬件设施,并拥有为航运业服务的金融、贸易、信息等软件功能,强调港口基础设施和航运服务业"双轮驱动"。建设国际航运和物流枢纽分为三个阶段:第一阶段是要素集聚,即集聚航运基础设施和航运服务要素;第二阶段是功能升级,即聚焦内涵提升与创新发展,提升航运服务能级;第三阶段是标准引领,即全面引领与话语权提升阶段,航运全产业链向现代治理、制定标准、提升话语权转变。

扩区一年来,浙江自贸试验区航运资源要素快速集聚,宁波舟山港、义乌国际陆港、杭州萧山机场、宁波栎社机场等航运基础设施快速发展,以"四港联动"为引领的港口信息化、智能化水平显著提升,物流服务水平逐步增强,航运服务本地增值能力日益提高,一系列制度创新成果纷纷落地,以宁波舟山港为中转港的中资非五星旗船舶沿海捎带业务试点落地实施,"义新欧"班列国际运输便利化水平明显提升,国际航运标准引领功能初步显现(见表3.3)。

表 3.3 "国际航运和物流枢纽"建设路径和建设成效梳理

| 路径 | 要素集聚 | 功能升级 | 标准引领 |
|---|---|---|---|
| 典型特征 | ●航运基础设施和物流运输能力位居世界前列 | ●国际航运和服务产业本土增值能力显著提升 | ●国际航运标准引领功能初步显现 |

| 路径 | 要素集聚 | 功能升级 | 标准引领 |
|---|---|---|---|
| 数据表征 | ●2021年1月至7月,宁波舟山港完成货物吞吐量7.18亿吨,同比增长5.6%;完成集装箱吞吐量1868.4万标准箱,同比增长17.1%<br>●2021年1—6月,中欧班列金义新区平台已累计开行345列,同比增长491%,海铁联运班列共开行197列19754标箱,同比增长9.4% | ●宁波舟山港已拥有20条海铁联运班列,业务辐射中国15个省(自治区、直辖市)60个地级市,2021年上半年海铁联运业务量同比增长超28%<br>●截至2021年7月底,宁波舟山港航线总数达278条,保持历史最高位,与"一带一路"沿线国家和地区相关航线数量增至112条 | ●2021年7月,发布"2021新华·波罗的海国际航运中心发展指数",在全球43个航运中心城市(城市群)综合实力排名中,宁波舟山首次跻身全球航运中心城市前十强,较2015年排名上升13位,较2020年上升1位 |
| 试点任务带动 | ●杭州片区开工总投资24亿元的杭州萧山国际机场改扩建工程项目,这是国内第一个"多层结构＋智能化"的机场货站,同时萧山国际机场获批成为浙江省离境退税政策首个实施口岸,大大增强了杭州机场国际航空物流服务能力<br>●义乌—宁波舟山港海铁联运专列成功开行,实现了电商海铁联运专列与船公司电商航运快线的无缝衔接 | ●2020年11月,国家邮政局将国际快递业务经营许可审批事项从舟山扩展到宁波、杭州、金义等三个新片区,金义片区带动金华(义乌)市快递业务量首次跃居全国第一<br>●推进"四港"联动发展,配合宁波舟山港推进智慧物流云平台推广升级<br>●金义片区推动"物流＋产业"总部经济、装备制造、科创研发、加工贸易、金融服务、城市生活等业态融合发展,打造一批物流城、物流小镇,实现物流枢纽向枢纽经济转型升级 | ●2021年3月,全国首艘多功能海事服务"舟山船型"成功下水。船舶总长35.4米,载货量约95吨,实现"物资配送、人员交通"功能整合<br>●宁波片区打造航运公共信息大数据云平台,推动海上丝绸之路指数成为全球航运物流的风向标 |

续表

| 路径 | 要素集聚 | 功能升级 | 标准引领 |
|---|---|---|---|
| 制度创新推动 | ●2020 年 12 月，浙江自贸试验区宁波片区首次开展中资非五星旗船舶沿海捎带业务<br>●宁波舟山港首条出口跨境电商海铁联运专列开行，实现跨境电商铁路专列与航运快线无缝衔接 | ●抵港外国籍船舶"港口国监督远程复查"创新机制已在全国及亚太地区 21 个成员国（地区）运行，"宁波方案"在国际范围内运转良好<br>●义乌区块开出长三角首趟"中吉乌"公铁联运中欧班列，签发多式联运"一单制"提运单，迈出了实现国际陆路联运提单"物权化"的关键一步 | ●"义新欧"班列运营机制进一步创新，首张 CIFA 多式联运提单顺利签发，为浙江省探索"一带一路"跨境运输物权化、创建金融新规则提供了积极的实践经验 |

资料来源：浙江自贸试验区各片区管委会，浙江省新时代自贸港研究院分析整理。

下一步，浙江自贸试验区应立足宁波舟山港"硬核"力量，夯实"基础设施＋航运服务"的"双轮驱动"模式，进一步招引国际航运和物流巨头落户，通过制度创新和辐射引领，基本建成航运资源要素集聚、航运服务功能完善、航运市场环境优良、航运物流服务高效的国际航运和物流枢纽，提升全球航运资源配置能力。

## 四、顺应数字化全球发展最新趋势，加快向全国领先、国际一流的"数字经济发展示范区"推进

数字经济以数字资源为基本要素，以网络资源为平台载体，通过信息技术和移动技术加快要素流动和使用效率，最终实现资源优化配置，提升经济运行效率。打造数字经济发展示范区，第一阶段要"练好内功"，依托产业要素资源，集聚数字经济优质主体，做大数字经济规模；第二阶段要"提质增效"，不断优化数字经济结构，提升数字经济发展质量，推动资源配置模式创新；第三阶段要强调规则引领，不同于传统的工业生产与商贸流通领域，数

字经济属于"新生事物",缺乏权威性的国际通用规则,数字经济发展示范区建设的最高层次应该着力推进规则探索,创新政策举措,增强数字经济发展的"规则样本"功能。

浙江自贸试验区扩区一年来,以实现跨境数据安全有序流动为着眼点,加快推动试点示范和政策创新,促进数字经济的各类要素快速集聚,积极做大产业规模,培育数字经济的龙头企业,探索数字信息领域创新突破,逐步接轨国际最高水平的要素市场开放标准,推动数字经济实现高质量发展,汇集国际优质数字企业主体,实现数字经济各类业态"百花齐放",畅通数字全产业链,先行先试探索数字规则,不断扩大数字经济的国际影响力(见表 3.4)。

表 3.4 "数字经济发展示范区"建设路径和建设成效梳理

| 路径 | 规模扩张 | 质量升级 | 规则引领 |
|---|---|---|---|
| 典型特征 | ●数字经济要素资源集聚,经济规模快速扩张 | ●数字经济逐步向高质量阶段跨越 | ●先行先试探索数字经济规则 |
| 数据表征 | ●截至 2020 年底浙江省移动支付活跃用户数 4387 万户,普及率达 75%,全年共发生移动支付业务金额 67.8 亿元,同比增长 31.7%<br>●杭州片区推进数字制造创新发展,制定实施《关于加快建设"未来工厂"的若干意见》,大力培育"聚能工厂""链主工厂""智能工厂""数字化车间""云端工厂"五类"未来工厂"形态 | ●2020 年,杭州片区有 136 项人工智能类项目获省重大科技专项支持<br>●金义片区积极谋划多跨场景应用项目,市场采购全数字化治理应用、自贸试验区数据集成平台、出口退税备案单证数字化管理系统 3 个项目揭榜浙江自贸试验区态势感知中心第一批应用项目 | ●2020 年,浙江主导制定数字经济领域国家标准 34 项<br>●舟山片区江海联运数据中心已打通长江沿岸港口、政府、企业等跨区域、跨行业、跨部门数据壁垒,归集港口、船舶等 35 家单位、10 大类、2200 项、10.5 亿条数据,实现"海进江、江出海"数据共享,实现了数据多跑路,企业少跑腿,船舶进出港,时效最多可提高 97% |

续表

| 路径 | 规模扩张 | 质量升级 | 规则引领 |
|---|---|---|---|
| 试点任务带动 | ●金义片区依托中国移动信息通信产业园、龙芯智慧产业园，围绕信息技术，以数字贸易和科技创新为主要方向，打造数字信息产业集群，提升对国内外创新资源的吸引集聚能力，强化"万亩千亿"新产业平台作用 | ●杭州片区建成"2＋3＋2"人工智能开源开放平台体系，创建阿里云"城市大脑"、海康威视"视频感知"2个国家新一代人工智能开放创新平台<br>●对标进博会、广交会、服博会，创新办会模式，打造全球数字贸易交流平台 | ●杭州片区全面制定城市大脑建设系列标准，发布《个人健康信息码》系列国家标准，邀请企业参与起草并发布《社会治理要素统一地址规范》及数据资源管理政务数据共享流程分类分级、安全监管、安全责任的杭州地方标准 |
| 制度创新推动 | ●宁波片区以"六六云链"的区块链数字仓单平台为依托，落地首笔区块链数字仓单质押融资业务，为企业开立4张可信数字仓单，走通了以数字信用拓展企业融资渠道的新路径 | ●在数字治理方面，杭州片区扩大互联网领域对外开放实现突破，创新数据安全便捷流动新机制，争取集中赋权与系统集成创新<br>●浙江自贸试验区推动中立机构承担省安防标技委建设工作，联合企业提升行业标准话语权，创新标准提升新模式 | |

资料来源：浙江自贸试验区各片区管委会，浙江省新时代自贸港研究院分析整理。

下一步，浙江自贸试验区应继续在做大做强数字经济规模基础上，全面推动数字经济质量升级，深入探索数字贸易规则与标准，提升数字经济治理能力与水平，促进数字产业化与产业数字化融合发展，加强系统集成创新，推出更多改革试点经验，建成全国领先、国际一流的"数字经济发展示范区"，争取将数字经济打造成浙江自贸试验区的"金名片"。

## 五、着眼"卡脖子"关键技术突破，建设成为智能化数字化特征明显的先进制造业集聚区

产业集聚区是指相互关联的产业或企业根据自身发展要求，按照市场运行规律集聚在特定区域的产业组织实体，核心特征是"四集"，即产业集群发展、项目集中布局、资源集约利用、功能集合构建。先进制造业集聚区从低到高涵盖三个层次：第一个层次是产业规模上"先进"，通过项目集中、产业集群打造产业规模居于国内前列、具有较大影响力的产业集聚区；第二个层次是技术创新上"先进"，开展自主创新和制度创新，突破"卡脖子"关键技术，形成技术领先的产业集聚区；第三个层次是产业标准上"先进"，通过自主创新和国际竞争，在全球产业链处于"链主"地位，具备输出产业标准的国际影响力。

扩区一年来，浙江自贸试验区在集聚生产要素、优化资源配置、加快制度创新、营造产业生态环境等方面加大工作力度，先进制造业集聚区的重大项目加快推进，初步形成了绿色石化、数字安防、汽车制造等产业集群规模全国领先的局面，制度创新与技术创新"齐头并进"，聚焦"卡脖子"关键技术领域，建立特色产业链"链长制"，推动创建"产业大脑"公共研发平台，自主创新能力显著提升，产业标准引领功能日益显现（见表3.5）。

表3.5 "先进制造业集聚区"建设路径和建设成效梳理

| 路径 | 产业规模领先 | 技术创新领先 | 产业标准领先 |
|---|---|---|---|
| 典型特征 | ●特色产业集群总体规模全国领先<br>●产业链条的生态系统趋于完善 | ●主导产业技术创新能力持续增强<br>●各片区陆续出台了相关的支持政策，引导补链强链 | ●部分产业创新能力具有国际竞争力，产业标准逐步形成 |

续表

| 路径 | 产业规模领先 | 技术创新领先 | 产业标准领先 |
|---|---|---|---|
| 数据表征 | ●2020 年,舟山片区和宁波片区原油炼化能力达 5100 万吨/年,其中镇海炼化 2300 万吨/年、浙石化一期 2000 万吨/年、中海油大榭 800 万吨/年,已成为我国最大的石化产业基地之一<br>●汽车制造已形成了杭州、宁波、金华等重点整车制造基地以及十余个百亿级规模的汽车零部件产业基地<br>●金义片区推动大数据、物联网、人工智能等新一代信息技术在制造业领域的应用创新,谋划形成产业集群数字化整体解决方案 | ●2021 年,宁波片区绿色石化、汽车零部件、磁性材料入围国家先进制造业集群培育名单<br>●2021 年 7 月,杭州片区发布加快生物医药产业高质量发展的政策文件,明确在药品研发、境外上市销售等领域给予支持。<br>●金义片区获批建设长三角地区首家国家级产业知识产权运营中心、国家海外知识产权纠纷应对指导中心地方分中心。两大知识产权平台的相继落地,将提升自贸试验区知识产权保护、运营、服务水平 | ●宁波片区汽车制造拥有国家新型工业化产业示范基地 1 家、省级新型工业化产业示范基地 1 家、国家火炬计划特色产业基地 1 家、省级高新技术特色产业基地 2 家<br>●杭州片区数字安防已形成"全国监控看浙江,浙江监控看杭州"的产业格局,核心领域视频监控占国际市场近一半份额,处于全国领先地位 |
| 试点任务带动 | ●宁波片区总投资 67 亿元吉利汽车梅山项目、42.6 亿元中国海油浙江 LNG 二期等大项目完成建成投产<br>●大项目推进顺利,两家世界 500 强企业项目落户杭州片区,总投资 1.6 亿美元的美国开市客浙江首店,落户萧山区块;总投资 3 亿元的松下 EP 智慧家电项目在钱塘区块开工 | ●2021 年上半年,宁波片区十大标志性产业链工业增加值 1261.4 亿元,同比增长 16.3%<br>●钱塘区块中科院基础医学与肿瘤研究所签约合成生物学、材料学领域两大院士团队,助力打造产、学、研一体化的全球一流生物医药产业基地 | ●宁波片区加强质量品牌标准专利建设,推动新产品实施国产化替代,突破"卡脖子"关键技术环节,打造单项冠军产品<br>●全球产业科技发现与科创服务平台落地自贸试验区杭州片区滨江区块,平台可实现技术、数据、资本要素的深度融合与自由流动,为企业开展知识产权投融资运营活动和拓宽融资渠道提供有效支撑 |

续表

| 路径 | 产业规模领先 | 技术创新领先 | 产业标准领先 |
|------|------------|------------|------------|
| 制度创新推动 | ●舟山片区以浙石化为龙头,突破油气贸易监管政策,打造集油气储备、贸易、交易、生产制造于一体的油气全产业链示范基地 | ●宁波片区出台《推进创新链产业链深度融合改革实施方案》,提出两链融合重点改革方向和重点领域两链融合示范项目。迭代编制关键核心技术"三色图",建立关键核心技术滚动排摸机制 | ●杭州云栖小镇初步建设成了5G车联网应用示范项目,实现了基于LTE-V车联网标准的智能汽车的车车、车路信息交互场景 |

资料来源:浙江自贸试验区各片区管委会,浙江省新时代自贸港研究院分析整理。

下一步,浙江自贸试验区应继续夯实特色产业链融合发展根基,深入实施产业链补链、强链、延链工程,进一步突出制度创新引领技术创新功能,以产业技术创新平台为功能载体,以数字化、智能化为产业创新主要方向,培育产业自主创新的生态环境和激励机制,形成一批普适性的制度创新经验,推动建立特色产业的生产标准,促进由"中国制造"向"中国智造"转型。

# 第二节　发展目标与实施成效

中国自贸试验区是一个复合型、动态化改革创新系统。对照《扩区方案》提出的发展目标来看,浙江自贸试验区经过一年非常有特色的改革探索,在投资贸易便利、高端产业集聚、金融服务完善、监管高效便捷等领域,通过一批重大政策、重大制度、重大项目、重大平台突破,形成了较多目标导向、企业需求导向的解决方案,交出了靓丽成绩单。2021年1—6月,浙江自贸试验区以占全省不到1/400的面积贡献了全省8.6%的新增市场主体、7.7%的税收、18.7%的进出口额和11.4%的外资。浙江自贸试验区10个所在县市区地区生产总值总量5276亿元,同比增长13.4%;进出口总额2902.1亿元,同比增长51.1%;实际使用外资金额12.1亿美元,同比增长

88.4％;新增注册企业 24827 家,同比增长 100.7％(见表 3.6 和表 3.7)。

**表 3.6　综合性开放型经济指标半年度完成情况**

| 序号 | 指标内容 | 半年度完成情况 |
|------|---------|---------------|
| 1 | GDP 增速高于全省平均 2％以上 | 上半年自贸试验区所在 10 个县市区地区生产总值 5276 亿元,同比增长 13.4％,与全省增速保持同步 |
| 2 | 规模以上工业企业研发经费支出增速高于全省平均 2％以上 | 上半年自贸试验区所在 10 个县市区规模以上工业增加值 1808 亿元,同比增长 18.6％,略低于全省平均 |
| 3 | 外贸进出口总额增速高于全省平均 3％以上 | 1—5 月浙江自贸试验区四至范围进出口总额 2902.1 亿元,同比增长 51.1％,增速高于全省平均 15.3 个百分点 |
| 4 | 实际利用外资总额增速高于全省平均 3％以上 | 上半年浙江自贸试验区四至范围实际使用外资金额 12.1 亿美元,同比增长 88.4％,高于全省 46.8 个百分点 |
| 5 | 自贸试验区各片区统筹各类专项资金、土地出让收入、基础设施配套费、各类政府债券等,用于各片区内产业扶持、创新创业、人才引进培养、基础设施和公共设施建设等,五年累计总额不低于 1000 亿元 | 待省财政厅统计 |

资料来源:中国(浙江)自由贸易试验区工作领导小组办公室。

表 3.7　特色性指标半年度完成情况

| 序号 | 指标内容 | 半年度完成情况 | 年度目标 | 完成率(%) |
|------|----------|----------------|----------|-----------|
| 1 | 油品储备能力(万吨) | 4543 | 4660 | 97.49 |
| 2 | 炼油能力(万吨/年) | 5100 | 7100 | 71.83 |
| 3 | 铁矿石混配矿量(万吨/年) | 836.2 | 1700 | 49.19 |
| 4 | 液化天然气(LNG)接收规模(万吨/年) | 1100 | 1100 | 100.00 |
| 5 | 跨境人民币结算量(亿元) | 4551 | 8100 | 56.19 |
| 6 | 集装箱泊位总长度(米) | 9900 | 9865 | 100.35 |
| 7 | 集装箱吞吐量(万标箱) | 1613.5 | 2950 | 54.69 |
| 8 | 航空货运量(万吨) | 53.3 | 97 | 54.95 |
| 9 | 快递业务量(亿件) | 77.2 | 131.22 | 58.83 |

资料来源:中国(浙江)自由贸易试验区工作领导小组办公室。

# 一、投资贸易便利领域

扩区一年来,通过改革创新实践,浙江自贸试验区形成了相对成熟的投资贸易便利化制度体系,营造了高效、透明和可预期的投资贸易环境。相比自贸试验区扩区前,投资贸易便利化程度显著提升,企业注册、项目审批、货物通关等事项的工作效率大幅提升,人员进出更加便利,不断向新加坡等自由港的开放标准靠拢,与境内同类型开放性区域相比居于一流水平。浙江自贸试验区立足自身基础,结合企业需求,在商事服务效率、工作手续、费用标准等方面持续改善。但浙江自贸试验区仍需自我加压,对标国际最高标准推进更广领域、更深层次的投资贸易便利化自由化改革探索(见表 3.8)。

表 3.8 "投资贸易便利"发展目标相关成效梳理

| 分析维度 | 亮点成效 | 提升空间 |
|---|---|---|
| 对标国际一流 | ●浙江自贸试验区内企业开办实现常态化 4 小时办结，工程建设项目全生命周期政府审批时间小于 40 天<br>●舟山片区实施船舶转港数据复用、"一船多能"出口转关货物"一次验封，监管互认"、边检"临时入境许可"长三角互认等通关便利化改革举措<br>●宁波舟山港国际航行船舶进境/港申报到准予进港时间从 2 天缩短至 1.5 天，出境/港申报到准予出港时间从 2 天缩短至 1 天，接近新加坡、中国香港等国际最佳营商经济体水平<br>●宁波舟山首次跻身 2021 年全球航运中心综合实力城市排名前十位 | 全方位对标新加坡、鹿特丹等自由港，进一步提升国际贸易投资自由化便利化水平 |
| 对表国家要求 | ●舟山片区外国人工作许可、居留许可办理总时限由 25 个工作日缩至最短 3 个工作日，效率全国领先；外籍船员办证由 7 个工作日缩减为 24 小时，效率位居国内沿海城市前列；探索长三角一体化口岸签证服务，创新实施外国人口岸签证代转服务工作机制<br>●宁波片区深入实施"单一窗口"功能向口岸物流和贸易服务拓展<br>●杭州片区推广"两步申报""提前申报"和"两段准入"机制，2020 年，杭州进出口货物通关时间同比压缩 50%以上<br>●金义片区实施外资登记信用承诺制，通过开展信用承诺，促进登记便利化 | 数据、信息、人员、资本要素自由充分流动尚存巨大进步空间 |

续表

| 分析维度 | 亮点成效 | 提升空间 |
|---|---|---|
| 对照自身基础 | ●浙江自贸试验区各片区均实现了企业投资低风险小型建筑工程项目审批环节从 3 个缩减为 2 个,审批时间从 20 天缩短至 15 天<br>●舟山片区纵深推进"证照分离"改革全覆盖试点,全面落实"一表一书"最简审批,在全国深化商事制度改革成效显著<br>●金义片区涉企经营许可"承诺即入"改革进一步压减申请材料、压缩办理时限、优化审批服务,并上线数字化网办系统 | 自我加压,在上级部门关注和考核的领域之外,寻求更大幅提升 |
| 对接企业需求 | ●推动《浙江自贸试验区营商环境特色指标体系》出台2.0 版<br>●舟山片区在坚持"预约通关"制度基础上,简化保税燃料油加注船舶查验、船舶国内续驶申报<br>●宁波片区优化跨境电商进口退货监管,在海关特殊监管区域内设立"退货中心仓",开展退货集中理货,实现"分批入区、集中理货、准确申报";优化"出口海外仓辅助管理系统"<br>●杭州片区率先在杭州开通"CCC 免办自我承诺便捷通道"功能,对信誉良好、免办需求大的部分企业开设 CCC 免办自我承诺便捷通道,实现企业自主提交、核对、获证 | 继续深化投资贸易便利化以及行政审批改革,推进企业减负增效 |

资料来源:浙江自贸试验区各片区管委会,浙江省新时代自贸港研究院分析整理。

# 二、高端产业集聚领域

浙江自贸试验区扩区一年来,聚焦油气全产业链、生物医药、高端装备、数字安防、人工智能等数字化、智能化产业，产业政策和制度创新持续加码，产业集聚度快速提升。数字安防等产业领域全球领先，生物医药、高端装备等产业在国内具有较大影响力，油气全产业链建设特色突出，绿色石化产业具备国际一流水平，极具特色的产业发展环境对集聚特定市场主体起到了重要支撑作用，集聚了油气储备与贸易领域世界知名跨国公司和国内行业巨头（见表3.9）。

表 3.9 "高端产业集聚"发展目标相关成效梳理

| 分析维度 | 亮点成效 | 提升空间 |
|---|---|---|
| 对标国际一流 | ●宁波片区拥有浙江省首个新冠疫苗生产基地——艾美荣病毒疫苗产业化基地，重点领域技术创新能力国际一流，并引进了一批以默沙东、康达洲际、双成药业等为代表的国际化优质企业<br>●杭州片区安防产业居于国际一流水平，在文字与生物识别、多维感知技术、大数据存储和分析技术等技术领域全球领先，海康威视、大华股份、宇视科技分别位列全球安防企业排名第1、2、6位 | ●高端产业的全球产业链"链主"型企业培育机制可以进一步完善，特色产业的自主创新能力仍有进步空间 |
| 对表国家要求 | ●舟山片区新落地韩国SK等一批国际知名油品贸易商以及中化能源、中船燃、物产中大、浙能集团等国内知名企业油品贸易板块<br>●2021年，宁波片区磁性材料产业集群在工信部先进制造业集群决赛取得优胜，成为代表我国参与全球竞争合作的国家先进制造业集群之一<br>●杭州片区谋划建设"中国视谷"，编制印发《"中国视谷"建设方案》，实施视觉智能产业链提升工程。<br>●金义片区电子商务交易全省第一。2021年上半年，电子商务交易额1894.43亿元，同比增长38.64%；全市开展网红直播带货10.87万场，完成零售额149.47亿元，同比增长52% | ●先进制造业集聚区的国内影响力、辐射力空间有待加强，国际国内的产业标准是努力方向 |

| 分析维度 | 亮点成效 | 提升空间 |
|---|---|---|
| 对照自身基础 | ●浙江国际油气交易中心充分利用自贸区优势,创新期货现货融合机制,已集聚会员企业超过2000家,2021年上半年完成原油、成品油、燃料油等线上交易额近200亿元,同比增长近1倍<br>●2021年上半年,宁波片区新材料产业规模以上企业完成工业总产值1575.4亿元、增加值263.9亿元、利润总额152.0亿元,同比分别增加56.0%、30.2%和119.9%<br>●金义新区信息技术应用创新产业平台入选浙江省第三批"万亩千亿"新产业平台培育名单 | ●多数产业空间集聚、自主创新能力提升明显,仍有部分产业自贸试验区的影响效应有待释放 |
| 对接企业需求 | ●舟山片区围绕船用保税燃料油加注,推出集成化制度创新,涵盖供应、调和、仓储、交易等环节,达成准入门槛降低、要素配置加速、助力价格竞争力提升等制度效果<br>●宁波片区成功创建浙江省第二个医疗器械生产企业共享资源试点城市,搭建了医、药、研、产对接交流平台,推动国产替代、提高甬产比例<br>●杭州片区立足中小型企业创新平台需求,建设数字安防产业大脑,形成行业大数据中心、公共服务中心和视觉数据开放中心,为企业提供信息、数据服务、政务服务 | ●制度创新、营商环境的改善需要更多地从企业需求角度出发,让企业感受到自贸区红利 |

资料来源:浙江自贸试验区各片区管委会,浙江省新时代自贸港研究院分析整理。

# 三、金融服务完善领域

浙江自贸试验区扩区一年来,积极探索在大宗商品贸易领域开展跨境人民币结算业务,国际金融服务体系逐渐向国际标准靠拢,本外币合一账户结算体系、QFLP 业务试点、新型离岸贸易支持政策等一批金融创新业务纷纷落地，金融开放程度显著提升，达到国内先行自贸试验区的开放水准，金融服务实体经济成效显著，在促进贸易投资便利化方面发挥着越来越重要的作用（见表 3.10）。

表 3.10 "金融服务完善"发展目标相关成效梳理

| 分析维度 | 亮点成效 | 提升空间 |
| --- | --- | --- |
| 对标国际一流 | ●上期所与浙油中心联合发布"中国舟山低硫燃料油保税船供报价"，成为首个以国内期货市场价格为定价基础的保税燃料油人民币报价机制<br>●宁波片区推进大宗商品贸易人民币结算，支持优质可信企业参照国际惯例探索开展油品转口贸易跨境人民币结算业务 | ●以油气为核心的金融国际化特色凸显，科技金融成效显著，其他领域的金融服务具有提升空间 |
| 对表国家要求 | ●舟山片区落地全国首单自贸区油品贸易跨境人民币结算便利化试点业务；全国率先开展首单自贸区境外船供油业务<br>●2021 年 4 月，宁波片区成为继海南、苏州之后全国第三个获批支持新型离岸国际贸易发展的试点地区<br>●人民银行总行批准杭州为第二批金融科技创新监管试点城市。2020 年 10 月，首批 5 个创新应用获人民银行批复并入盒测试；2021 年 5 月，第二批试点 4 个应用项目也顺利获批<br>●金义片区先行先试开展跨境人民币结算便利化试点、资本项目收入结汇支付便利化试点 | ●扩区之后金融开放试点纷纷落地，但服务实体经济成效有待提升 |

| 分析维度 | 亮点成效 | 提升空间 |
| --- | --- | --- |
| 对照自身基础 | ●舟山片区外债签约登记办结耗时从 3—5 个工作日,缩短至 1 个工作日<br>●宁波片区新型离岸国际贸易试点显成效。2021 年上半年,全辖 19 家银行共为 90 家宁波企业办理新型离岸国际贸易收支总额 60.87 亿美元,同比增长 76.7%,超过 2020 年全年总额<br>●2021 年上半年,杭州片区跨境人民币结算量 2672 亿元,同比增长 25%,占浙江省的 49% | ●深入挖掘区域金融创新试点,以产业促金融开放,以金融创新服务实体经济发展 |
| 对接企业需求 | ●舟山片区建立油品跨境人民币结算"白名单"企业目录,累计支持 21 家贸易优质"白名单"企业办理便利化结算 188 笔、金额 27.04 亿元<br>●杭州片区落地本外币合一银行结算账户体系试点,为涉外企业提供便利化的本外币银行结算账户服务,降低企业资金管理成本<br>●金义片区"铁路提单信用证融资结算""自贸通"事项改革顺利落地,创新"外贸贷"等金融产品 | ●继续以企业需求为根本出发点,探索推动金融服务创新,推动金融开放试点落地 |

资料来源:浙江自贸试验区各片区管委会,浙江省新时代自贸港研究院分析整理。

# 四、监管高效便捷领域

扩区一年来,通过改革创新实践,浙江自贸试验区商事领域不断深化,突破要素资源国际流动壁垒,贸易投资便利化水平向国际一流看齐,更多行政资源从事前审批转到事中事后监管上来,进一步深化"证照分离"和"最多跑一次"改革,优化审批流程,精简审批环节,创新监管方式,健全监管规则,四个片区营商环境持续改善(见表 3.11)。

表 3.11 "监管高效便捷"发展目标相关成效梳理

| 分析维度 | 亮点成效 | 提升空间 |
|---|---|---|
| 对标国际一流 | ●舟山片区江海联运数据中心实现与国际贸易"单一窗口"信息交换共享<br>●宁波片区探索税收征管改革,税收征管便利化程度接轨国际一流,纳税服务排名全国第一<br>●杭州片区建成商事登记"准入准营一网通"平台,形成一站式、全链条、一网通办、闭环管理、放管结合的证照集成数字化办理新模式<br>●义乌贸促会成为全国首个拥有优惠原产地证自主签发权限的基层贸促机构,全国首创市场采购"双抬头"原产地证改革试点 | ●继续对标高标准国际经贸投资规则,推动数字化赋能监管制度创新 |
| 对表国家要求 | ●创新国际中转集拼业务模式,2021 年 4 月完成宁波口岸首票国际中转集拼业务<br>●杭州片区进一步加大"证照分离"改革试点力度,与国家清单相比,增加实行告知承诺事项 39 项<br>●金义片区成功运用自贸区"数字地图"、金义新区招商地图,推动招商、统计等工作数字化识别 | ●全面推动国家、省级试点任务落地,更加深入开展监管制度创新,深化"最多跑一次"改革,树立更多全国"标杆" |
| 对照自身基础 | ●舟山片区实施大宗商品跨境贸易金融领域事中事后监管、油气领域"双随机、一公开"监管,探索"沙盒"监管模式和容错机制<br>●宁波片区优化跨境电商进口退货监管,在海关特殊监管区域内设立"退货中心仓",开展退货集中理货,实现"分批入区、集中理货、准确申报"<br>●义乌首创出口退税备案单证数字化管理模式 | ●结合自身产业特色和功能定位,挖掘每个片区"特色和亮点",推动监管制度创新覆盖全产业链 |

续表

| 分析维度 | 亮点成效 | 提升空间 |
|---|---|---|
| 对接企业需求 | ●宁波片区建立符合大宗商品贸易特性的税务管理体系,"信用＋风险"动态化数字管理已惠及片区内大宗商品贸易企业<br>●杭州片区利用上链赋码,服务贸易新业态,实现跨境电商1210进口超期退货快速通关,已通过溯源系统实现5万余个超期退货包裹快速放行<br>●金义片区推行工业投资项目"极简极速"审批改革,优化审批流程、精简审批环节,实现工业项目审批监管更高效便捷 | ●夯实前期监管改革基础,逐渐向"无感监管"迈进 |

资料来源:浙江自贸试验区各片区管委会,浙江省新时代自贸港研究院分析整理。

# 第四章　浙江自贸试验区
# 改革创新实践

## 第一节　试点任务实施率

2020年3月，国家领导人到浙江视察时极具智慧的谆谆嘱托，为浙江自贸试验区提出了新的方向性指引，送来了高质量发展的又一个春天。从舟山一域扩展至宁波、杭州、金华（义乌），浙江自贸试验区自扩区以来，围绕《赋权方案》《扩区方案》《实施方案》，大胆试、大胆闯、自主改，将国家顶层设计的务实落实与省级层面"自主改"的创造力相结合，各项试点任务保持了高实施率，取得了高质量任务落实效果。

## 一、高质量建立改革创新统筹机制

"为国家试制度，为地方谋发展。"浙江自贸试验区扩区一年来，汇聚了国家级、浙江省级、舟山、宁波、杭州、金义等多层次改革合力，形成了各级协同、各方合力的良好局面。在原有基础上新增浙江自贸试验区宁波、杭州、金义片区管委会，协调推动解决了浙江自贸试验区"五大功能定位"发展的重大政策突破问题。建立了自贸试验区信息发布机制、评估推广机制、项目推进机制。根据三大机制要求，各片区主动作为、全力推进，把自贸试验区建设放在各地市工作重要位置,定期研究部署推进自贸试验区建设重点任务,形成了协调推进的改革创新新势头。

## (一)高质量推进《赋权方案》《扩区方案》《实施方案》试点任务

对于浙江自贸试验区而言,国家及省级层面的《赋权方案》《扩区方案》《实施方案》就是实实在在的"路线图""时间表"。扩区一年来,浙江自贸试验区就三份方案提出的各项任务,逐项分解落实,聚焦重点突破,不断推动各项任务高质量完成。

### 1.《赋权方案》有效实施率达96%

自2020年3月《赋权方案》出台以来,浙江自贸试验区坚持全面贯彻落实《赋权方案》,抓紧释放政策红利,围绕油气全产业链全面部署、集中攻坚,推动《赋权方案》转化为具体任务、政策需求、专项规划和产业项目,加快《赋权方案》落地见效。至此,国务院《赋权方案》11方面26项措施100%启动,并在实施层面细化为257项重点任务,已落地见效246项,有效实施率达96%。

### 2.《扩区方案》实施率达94.9%

扩区一年来,浙江自贸试验区就全力推进《扩区方案》提出的各项任务,聚焦"以油气为核心的大宗商品资源配置基地、新型国际贸易中心、国际航运和物流枢纽、数字经济发展示范区和先进制造业集聚区"五大功能定位逐项落实,力争高质量完成。至此,《扩区方案》78项改革试点任务已落地74项,实施率达94.9%,其中,42项国家级试点任务有38项落地,实施率达90.5%。

### 3.《实施方案》实施率达94.8%

2020年8月30日,浙江自贸试验区成功实现扩区。同年11月26日,浙江自贸试验区建设推进大会召开。扩区一年来，浙江自贸区始终坚持国家所需、浙江所能、群众所盼、未来所向，聚焦"五大功能定位"，把自贸试验区打造成"国内大循环的战略支点和国内国际双循环的重要枢纽"，对《扩区方案》进行深入研究、细化分解。至此，《实施方案》193 项改革试点中有 183 项已落地，实施率达 94.8％。

## 二、高质量推出"自主改"制度创新成果

"大胆试、大胆闯、自主改"，是对自贸试验区之魂的最佳诠释。浙江自贸试验区经过一年的扩区建设，将对《扩区方案》和《实施方案》等顶层设计的务实落实与地方"自主改"创造力的激发相结合，积极发挥在一线接触市场主体、敏捷解决现实问题的作用，一年来陆续推出了 64 项制度创新成果。主要集于 5 个领域，分别是"贸易便利化"29 项，"投资便利化"14 项，"事中事后监管"10 项，"金融开放创新"7 项，"人力资源服务"4 项。所涉及领域与试点任务措施要求高度吻合，为试点任务措施的落地见效提供了实践方法和系统方案（见表 4.1）。

表 4.1　浙江自贸试验区扩区一周年制度创新成果

| 创新领域 | 数量/项 | 占比/％ |
|---|---|---|
| 贸易便利化 | 29 | 45.3 |
| 投资便利化 | 14 | 21.9 |
| 事中事后监管 | 10 | 15.6 |
| 金融开放创新 | 7 | 10.9 |
| 人力资源服务 | 4 | 6.3 |
| 合计 | 64 | 100 |

注：数据由浙江省新时代自贸港研究院分析整理。

# 第二节　制度创新及复制推广成效

浙江自贸试验区根据《扩区方案》和《实施方案》赋予的任务使命,将发展目标与实际问题相结合,针对企业、社会亟须解决、寻求突破的领域,持续推出高质量的首创性、集成性制度创新成果。

## 一、第一家、第一单、第一例,全国首创制度贡献较多

扩区一年来,浙江自贸试验区创出 23 项首创制度创新成果,具有较强的全局和典型示范意义,主要可以分为三类。

第一类是因放开了一些"过去不能做"的领域,实现了"从 0 到 1"的突破而涌现出的具有突破意义的全国"第一家"创新成果;第二类是因浙江自贸试验区在客观条件上具备一些国家重大改革试点落地的承载能力,也勇于担当、积极向国家争取,获得了国家赋予的"先行先试"权而完成的多个全国"第一单"测试;第三类是推出的具有国家级、行业级标准意义的"第一例"试行条例、监管办法、标准规范等,通过对接国际最高水平、最高标准,为以"标准化"促进中国政府治理能力现代化做出了贡献(见表 4.2、表 4.3和表 4.4)。

表 4.2　浙江自贸试验区扩区一周年全国"第一家"制度创新

| 序号 | 分类 | 全国"第一家"制度创新成果 |
|---|---|---|
| 1 | 金融开放创新 | "外汇金管家"线上一站式服务(宁波片区) |
| 2 | 贸易便利化 | 货物分类监管模式创新(宁波片区) |
| 3 | 投资便利化 | 施工图审查自审备案制(宁波片区) |

续表

| 序号 | 分类 | 全国"第一家"制度创新成果 |
|---|---|---|
| 4 | 贸易便利化 | 跨境零售进口售后服务中心（杭州片区） |
| 5 | 贸易便利化 | 创新"保税＋零售加工"模式（杭州片区） |
| 6 | 贸易便利化 | 全球中心仓（杭州片区） |
| 7 | 人力资源服务 | 外籍商友卡2.0版（外籍人员移动支付服务）（金义片区） |
| 8 | 贸易便利化 | 出口退税备案单证数字化管理试点（金义片区） |

注：制度创新成果经各片区上报分析整理。

表4.3　浙江自贸试验区扩区一周年全国"第一单"制度创新

| 序号 | 分类 | 全国"第一单"制度创新成果 |
|---|---|---|
| 1 | 贸易便利化 | 全国第一单燃料油一般贸易出口退税（舟山片区） |
| 2 | 贸易便利化 | 中资非五星红旗船舶开展沿海捎带业务（宁波片区） |
| 3 | 贸易便利化 | 打造"义新欧"班列双平台（金义片区） |

注：制度创新成果经各片区上报分析整理。

表4.4　浙江自贸试验区扩区一周年全国"第一例"制度创新

| 序号 | 分类 | 全国"第一例"制度创新成果 |
|---|---|---|
| 1 | 事中事后监管 | 出台首部自贸试验区油储行业地方反恐防范标准（舟山片区） |
| 2 | 投资便利化 | 工业社区集成服务模式（宁波片区） |
| 3 | 人力资源服务 | 海船船员劳资纠纷调解和履约协作机制（宁波片区） |
| 4 | 金融开放创新 | 企业创新积分制（杭州片区） |

| 序号 | 分类 | 全国"第一例"制度创新成果 |
|---|---|---|
| 5 | 投资便利化 | 知识产权集成服务改革（杭州片区） |
| 6 | 贸易便利化 | 出口退税备案单证数字化管理试点（金义片区） |

注：制度创新成果经各片区上报分析整理。

## 二、跨部门、跨区域、跨层级，系统集成制度作用突出

浙江自贸试验区秉持"整体智治、唯实惟先"的治理理念，推出了一系列跨部门、跨区域、跨层级的制度创新成果，这也是浙江自贸试验区扩区一年来制度创新实践的最大亮点之一。跨部门联合服务、联合监管，织密市场运行的保障网络；跨区域联动服务、联动监管，为市场主体更大区域范围内自主开展业务保驾护航；跨层级事权下放、信息资源共享，为全面激发市场活力带来新动能、新力量（见表4.5、表4.6和表4.7）。

表4.5　浙江自贸试验区扩区一周年"跨部门"制度创新成果举例

| 序号 | 分类 | "跨部门"制度创新成果 |
|---|---|---|
| 1 | 投资便利化 | 首创沿海船舶证书跨部门"多证联办"机制（舟山片区） |
| 2 | 贸易便利化 | 保税船用燃料油供应驳船和仓储资源共建共享（舟山片区） |
| 3 | 贸易便利化 | 以人民币计价的跨境易货贸易模式（宁波片区） |
| 4 | 投资便利化 | 知识产权集成服务改革（杭州片区） |
| 5 | 金融开放创新 | 市场采购＋数字贸易"货款宝"项目（金义片区） |

注：制度创新成果经各片区上报分析整理。

表 4.6　浙江自贸试验区扩区一周年"跨区域"制度创新成果举例

| 序号 | 分类 | "跨区域"制度创新成果 |
|------|------|------|
| 1 | 事中事后监管 | 实现长三角地区港口间边检查验数据复用、监管互认（舟山片区） |
| 2 | 贸易便利化 | 浙沪跨港区供油助推长三角海事服务一体化（舟山片区） |
| 3 | 贸易便利化 | 首创国际航行船舶转港数据复用模式（舟山片区） |
| 4 | 贸易便利化 | 长三角区域一体化进口散货重量鉴定监管互认（宁波片区） |
| 5 | 贸易便利化 | 宁波舟山港核心港区船舶交通组织一体化工作模式（宁波片区） |
| 6 | 贸易便利化 | 打造"义新欧"班列双平台（金义片区） |

注：制度创新成果经各片区上报分析整理。

表 4.7　浙江自贸试验区扩区一周年"跨层级"制度创新成果举例

| 序号 | 分类 | "跨层级"制度创新成果 |
|------|------|------|
| 1 | 投资便利化 | 工业社区集成服务模式（宁波片区） |
| 2 | 贸易便利化 | 打造"义新欧"班列双平台（金义片区） |

注：制度创新成果经各片区上报分析整理。

## 三、被复制、被推广、被借鉴，制度创新辐射效益显现

对自贸试验区来说，制度创新是核心任务，可复制、可推广是基本要求，只有这样，才能将改革开放"试验田"所培育的制度创新"种子"，渐次播撒到全国其他区域。

扩区一年来,浙江自贸试验区已有 2 项制度创新举措在全国复制推广:"优化国际航行船舶进出境监管改革创新"成功入选商务部自贸试验区第四批"最佳实践案例","数智化"在线商事调解模式入选国务院服务贸易创新发展试点"最佳实践案例",为全国其他地区提供了良好范本;浙江自贸试验区围绕贸易便利化、投资便利化、金融开放创新、事中事后监管、人力资源服务等领域积极探索制度创新,共收集 64 个改革试点经验,评选出第一批"十佳制度创新成果",省域制度创新辐射带动作用凸显(见表 4.8 和表 4.9)。

表 4.8 浙江自贸试验区扩区一周年全国范围复制推广的制度创新成果

| 序号 | 分类 | 全国范围复制推广的制度创新成果 |
|------|------|-------------------------------|
| 1 | 贸易便利化 | 优化国际航行船舶进出境监管改革创新(舟山片区) |
| 2 | 贸易便利化 | "数智化"在线商事调解模式(杭州片区) |

注:来源于经国务院、商务部发文复制推广的各批次制度创新成果及最佳实践案例。

表 4.9 浙江自贸试验区扩区一周年第一批"十佳制度创新成果"

| 序号 | 扩区一周年浙江自贸试验区第一批"十佳制度创新成果" | 片区 |
|------|--------------------------------------------------|------|
| 1 | 浙沪跨港区供油助推长三角海事服务一体化 | 舟山片区 |
| 2 | 抵港外国籍船舶"港口国监督远程复查"创新机制 | 宁波片区 |
| 3 | 出口退税备案单证数字化管理模式 | 金义片区 |
| 4 | 国际航行船舶转港数据复用模式 | 舟山片区 |
| 5 | 打造"义新欧"班列双平台 | 金义片区 |
| 6 | 自贸试验区数据集成平台 | 金义片区 |
| 7 | "全球中心仓" | 杭州片区 |
| 8 | 保税船用燃油供应驳船和仓储资源共建共享 | 舟山片区 |

**续表**

| 序号 | 扩区一周年浙江自贸试验区第一批"十佳制度创新成果" | 片区 |
|------|--------------------------------------------------|------|
| 9 | 知识产权集成服务改革 | 杭州片区 |
| 10 | "外汇金管家"线上一站式服务 | 宁波片区 |

注：经各片区上报后，评选得出第一批"十佳制度创新成果"。

# 第三节　重大项目建设成效

高质量的重大项目建设是实现跨越式发展的重要途径，直接关系到浙江自贸试验区的发展后劲。自 2020 年 8 月 30 日扩区以来，浙江自贸试验区各片区根据重大项目建设清单，围绕培育新动能，不断推进项目建设，已取得阶段性成果。

按照"五大功能定位"，浙江自贸试验区持续加大重点产业招引力度，吸引全球技术、人才、资本等高端要素集聚，以项目建设为载体，推动自贸试验区重点产业集聚发展、优化升级，初步打造了一批标志性项目成果，如上海期货交易所战略入股浙江国际油气交易中心，签约引进巴西淡水河谷、美国GE、瑞士 ABB、德国采埃孚、法国圣戈班等一批世界 500 强企业落户自贸试验区；浙石化二期、中海油浙江 LNG 二期、大榭石化五期、萧山国际机场货站、eWTP 跨境数字清关公共服务平台、中国邮政华东物流仓储中心等一批重大项目加快推进。

2020 年，浙江自贸试验区建设推进大会共签约项目 25 个，投资总额976.6 亿元。截至 2021 年 8 月底，已开工建设项目 17 个，项目开工率 68%；已完成投资额 52 亿元。其中，片区中项目开工率最高的是宁波片区，达100%；已完成投资额最多的是杭州片区，达 23 亿元；完成总投资额进度最快的是金义片区，达 11.2%，重大项目对改革创新的龙头作用和乘数效应日益凸显（见表 4.10）。

表 4.10　浙江自贸试验区扩区一周年项目建设进度情况

| 片区/区块 | 项目数/个 | 已开工项目数/个 | 项目开工率/% | 项目总投资/亿元 | 已完成投资额/亿元 | 投资额完成率/% |
|---|---|---|---|---|---|---|
| 舟山片区 | 5 | 2 | 40 | 408.5 | 3.2 | 0.8 |
| 宁波片区 | 7 | 7 | 100 | 240.7 | 16.7 | 6.9 |
| 杭州片区 | 7 | 5 | 71.4 | 246.1 | 23 | 9.3 |
| 金义片区 | 6 | 3 | 50 | 81.3 | 9.1 | 11.2 |
| 合计 | 25 | 17 | 68 | 976.6 | 52 | 5.3 |

资料来源:浙江自贸试验区各片区管委会,浙江省新时代自贸港研究院分析整理。

# 第四节　体制机制建设成效

要打造改革开放新高地,最终还是要深入体制机制的改革创新上。浙江自贸试验区扩区以来,高度关注体制机制创新,省市层面初步建立了上下联动、高效协同、运转顺畅的工作机制。省级层面,在浙江自贸试验区工作领导小组机制下,根据"五大功能定位",成立了五个专题小组,均制定印发了小组工作方案,明确目标任务、工作职责,建立了联络员工作机制。各片区高位推进,快速落地片区管理机构,并由市委、市政府主要领导亲自谋划、亲自推动,形成了各级协同、各方合力的良好局面。"四体系、三机制"全面落实,构建了权责明晰,制度化、规范化的高效率工作推进体系。

# 一、"四体系"全面推进，保障自贸试验区行稳致远

## （一）目标体系层层分解

按照国家《扩区方案》赋予的功能定位和发展目标，以及省政府印发的《实施方案》中围绕"五大功能定位"明确界定的到 2025 年的发展目标和 2035 年的中长期建设目标，浙江自贸试验区四个片区结合自身的功能定位和产业特色，将一系列建设发展目标进行逐一分解，压实工作责任，并定期向浙江省自贸办报送建设目标的推进情况，引进"赛马"机制，倒逼各片区围绕建设目标高效推进试点任务落地。

## （二）政策体系日益完善

为加快浙江自贸试验区扩区建设的启动步伐，浙江省委、省政府印发了《关于支持中国(浙江)自由贸易试验区高质量发展的政策意见》，四个片区也相继出台了"1＋X"的政策体系，即从全市层面出台支持片区发展的若干意见，各市级部门围绕自身的职能分工编制相应的支持政策或意见，形成政策支持合力，共同推动自贸试验区高质量发展。

## （三）工作体系加快构建

由于起步较早，舟山片区已经构建了较为成熟的工作体系，并且在建设成效中显示出工作体系的稳健性和高度适应性。其他三个片区自扩区以来，也结合自身的实际情况，着手推进工作体系构建，初步形成了领导小组下设"自贸办＋片区管委会"的工作体制，并在工作推进中不断进行管理体制机制修正，形成了"各有分工、各司其职"的稳定态势。

## (四)督查考核体系高效落实

浙江自贸试验区将督查考核机制作为推动建设目标和试点任务全面落实的重要抓手,定期通报四个片区的建设成绩,导入竞争机制,并从省级层面组建督导组对片区建设情况进行全面督查。四个片区也相继按照省里要求,着手建立考核评价机制,实施全程跟踪督查,并将考核结果上墙通报、"晾晒"成绩。

# 二、"三机制"运营良好,推动自贸试验区高质量发展

## (一)信息通报机制作用凸显

为加强浙江自贸试验区发展共识,浙江省自贸办定期发布《浙江自贸》,发布全省自贸试验区的建设成果和工作亮点,每两个月向全省通报"十大标志性成果"。四个片区也逐步构建了信息通报机制,通过专刊、公众号、短视频、互联网等多种形式向市级领导和全社会发布自贸试验区建设成就,最大程度凝聚建设合力,共同推动浙江自贸试验区高质量发展。

## (二)项目推进机制有效运转

重大项目建设是推动浙江自贸试验区高质量发展的强劲动力,浙江省自贸办对全省自贸试验区重大项目进行"张榜挂帅",形成"比学赶超、争先进位"的建设氛围。四个片区每月对项目实施精细化管理,形成专人负责、专项跟踪、专业指导的工作体系,每月形成汇总表,全程服务跟进重大项目签约落地和推进建设情况。

## （三）评估推广机制成效显著

改革试点经验的复制推广是自贸试验区的"创新红利"的重要体现，能推出更多可复制、可推广的制度创新成果也是国家赋予自贸试验区建设的"核心任务"。扩区一年来，浙江自贸试验区围绕"五大功能定位"，组织了两次制度创新案例评选，并将评选结果广泛宣传推广。四个片区同样高度关注制度创新，提早谋划制度创新和评估推广工作，深入各职能部门、相关企业、社会基层开展创新调研摸排，理清阶段性重点发展方向。

# 第五章 浙江自贸试验区制度创新案例分析

## 第一节 投资自由化便利化

投资自由化便利化是自贸试验区制度创新成果最集中的领域之一。浙江自贸试验区以数字化改革为牵引,不断丰富集成性创新实践,在强化区域、部门和行业协同、精简行政审批、降低投资准入门槛等领域形成了诸多亮眼案例。

### 一、首创沿海船舶证书跨部门"多证联办"机制

#### (一)经验背景

为全面推进政务服务数字化改革,2020 年 10 月,舟山市港航和口岸管理局联合舟山海事局等部门首创沿海船舶办证一体化集成政务服务模式,共同谋划创新船舶证书"多证联办"舟山样板。

## （二）主要举措

### 1.数字赋能,实现船舶证书情形一键通办

立足需求导向,多端口上线"一窗受理、集成高效"的船舶多证联办 2.0 申报平台,由原先 1.0 平台仅涉及 3 种办件情形,扩大到目前包含舟山籍普通货船和工程船证书新申领、到期换证、登记项目变更、续租、报废、转贷 6 种办事情形,共 29 个政务服务事项,企业一次申请即可办理。

### 2.流程再造,实现各部门审批提速增效

打破条块制约格局,加强各部门协同联动,将以往各事项之间互为前置、按序逐项受理的办证模式转变为并联容缺受理,申请材料从 100 份瘦身至 55 份,办理环节从跑 30 次精简至跑 1 次,办结时限从平均 15 个工作日压缩至 2 个工作日。

### 3.数据交互,实现政企高效协同、良性互动

持续推进电子证照应用,加强各部门系统对接和数据共享,积极探索远程核验功能,推动"群众跑腿"向"数据跑路"转变,同时兼顾新冠肺炎疫情防控大局,营造线上政务服务新生态,重构集成高效的船舶办证流程,实现跨部门信息互通、数据互享、服务互联。

## （三）创新成效

舟山市港航和口岸管理局联合舟山海事局等部门首创沿海船舶办证一体化集成政务服务模式上线以来,压缩申请材料 45% 以上,精简办理环节 90% 以上,提速办结时限 86% 以上,全面解决船舶证书办理"多头跑""多次跑"难题。

# 二、工业社区集成服务模式

## （一）经验背景

传统的工业企业管理模式存在服务集成性差、中小企业服务覆盖弱、管企业与管人员统筹程度低、企业数据与资源供给难匹配等问题。为提升自贸试验区营商环境，推动地区工业企业投资经营便利化，宁波片区创新工业园区服务模式，起草制定了全国首个工业社区服务企业的《工业集聚区社区化管理和服务规范》省级地方标准，围绕集成电路、高端装备、模具汽配等重点产业领域，持续加快工业企业服务体系转型升级。

## （二）主要举措

### 1.创新协调高效的服务体系

在工业社区集成服务模式下，宁波片区共设立了15个工业社区，划分为128个服务网格，搭建起"区—街道—工业社区—企业"四级党的组织服务体系，推动跨园区、跨街道、跨行业间的各类主体互联互动、协商共决。根据各工业社区地理位置、产业类型、区域组成等的不同，制定出差异化的服务方案并发布《工业社区服务标准清单》，涵盖企业党建、公共设施服务、社区治理等十九个方面，对园区企业成长提供全覆盖的帮扶。

### 2.推出扎实有效的服务内容

在产业创新方面，强化上下游企业联动互通和大中小企业抱团发展，形成产业链供需匹配、技术对接、资源耦合、协同配套的一体化区域产业创新联盟。在人才方面，不断拓展企才信息对接、校企人才合作、人才培训等服务。在企业服务方面，创设"法管家""金融管家""亲清家"等服务载体。

### 3.打造便民惠民的服务平台

各工业社区普遍设立公共服务中心，为园区企业和职工常态化提供社会保障、综合治理、文化教育、流动人口管理等服务。搭建专业工作室、安全"互诊队"等多样化的共同体平台，提高职工参与企业建设、园区建设的积极性。

## （三）创新成效

该模式通过网格化联企、社区化服务、组团化支撑、数字化赋能，破解了中小企业服务覆盖不足、企业工人关注度不够、各方服务企业资源不协调、企业数据集成应用难的问题。工业社区模式累计联系服务 6000 余家工业企业和 30 万名产业工人，成了推动工业企业高质量发展的"润滑剂"和"助推器"。

# 三、生物医药全产业链服务新模式

## （一）经验背景

为解决生物医药普遍存在的自主创新药物少、基础研究向应用转化不畅、临床研究能力弱、关键试剂与装备依赖进口、研发投入不足等问题，杭州片区聚焦早期研究、临床试验、生产、销售等全生命周期服务，构建起创新链、生态链、人才链、政策链、金融链、服务链"六链融合"的全链式生物医药产业生态系统。

## （二）主要举措

创新链方面,以产学研合作带动成果转化,引进中科院基础医学与肿瘤研究所、浙江大学智能创新药物研究院、浙江省原料药安全研究中心等一批高端创新平台,将名所名校的智力资源转化为产业创新资源。生态链方面,针对生命健康产业特点,强化要素集聚、系统整合,构建起了涵盖临床前研究、临床试验、产业化、上市销售的全链式产业生态。人才链方面,推出高层次人才创新创业、青年人才招引等人才引育政策,建立覆盖欧美日等国家/地区的引才联络站,首创"钱塘举才官"制度,已落户海外领军型人才240名,高端人才近500人,从业人员达3.5万名。政策链方面,出台涵盖科技、人才等各领域的"1＋4＋X"政策体系,加大财政投入,针对不同类型、不同阶段、不同体量的企业,瞄准关键点给予精准支持。金融链方面,设立了50亿元的产业母基金和10亿元的生物医药产业直投基金,与社会投资机构合作设立13个生物医药子基金、总规模达52.2亿元,已投项目133个,投资总额达31.7亿元。服务链方面,强化重点资源要素和政务服务保障,建立了浙江省生物医药创新公共服务平台、生物医药MAH产业化服务平台以及特殊生物制品一体化通关平台,积极组建了跨区域生物医药产业知识产权联盟。

## （三）创新成效

"六链"融合的生物医药产业服务新模式打通了政府、高校、企业以及研究机构间的创新合作堵点,产业链创新潜能被进一步释放。例如,中科院基础医学与肿瘤研究所和凌科药业成立了新药研发中心;生物医药公共研发平台与片区内企业共享了核磁共振波谱仪、飞行质谱仪、动态光散射仪、流式细胞分析仪等200余台大型仪器设备,产业链创新实力不断增强。依托杭州医药港小镇和生物医药产业园两大承载平台,目前杭州片区钱塘区块聚集了1500余家生物医药企业,还包括强生、雅培、辉瑞、默沙东等多家世界顶级药企，以及奥泰生物、明峰医疗等一大批独角兽企业。

# 四、知识产权集成服务改革

## （一）经验背景

创新是引领发展的第一动力，保护知识产权就是保护创新。杭州作为全国首批知识产权示范城市、国家知识产权运营服务体系建设试点城市和中小企业知识产权战略推进工程试点城市，在全国率先开展知识产权"一件事"改革，以数字化改革为引领，不断强化多跨协同保护、构建运营服务体系，知识产权保护集成改革深入推进。

## （二）主要举措

### 1. 跨层级集聚服务机构

设立知识产权综合服务中心，集聚 24 家公共服务机构和 22 家市场化品牌服务机构，包括世界知识产权组织技术与创新支持中心、国家知识产权局专利局杭州代办处、商标局商标受理窗口、宣传部新闻出版窗口、浙江省知识产权研究与服务中心、中国（杭州）知识产权保护中心、杭州知识产权法庭（滨江）巡回审判庭、知识产权图书馆等机构，为创新主体提供跨层级、跨部门、跨门类"一站式"服务，解决了知识产权业务受理层级高、地点分散、流程复杂的问题。

### 2. 搭建数字化服务平台

一是开发知识产权公共服务平台，打造城市大脑知识产权中枢。在公共服务平台上集聚了 75 个办事事项、各类知识产权法律政策、专利商标查询检索通道、知识产权保护等专栏，"一张网"解决各类知识产权需求。二是开发全球产业科技发现与科创服务平台 LINKINIP，打造产业大脑知识产权中枢。平台在国内率先打造了行业首个第三方中国上市公司知识产权信息披露平台、中国专利统计端、中国专利申请质量预审系统、中国创新评价系统、中国省市区县创新全景系统等特色功能模块，以数据要素驱动技术要素与资本要素融合发展。三是构建产业知识产权运营平台，针对智能安防、人工智能、生命健康等重点产业开展产业专利导航分析，制定并发布各类专利导航 20 多项，打造了浙江首个产业专利导航数据库，并实施中小企业知识产权战略和科创企业上市知识产权加速营计划，以及开展知识产权托管、贯标等服务，从各个层面整体推进知识产权集成服务改革。

## （三）创新成效

知识产权集成服务改革覆盖知识产权创造、运用、保护、管理、服务、国际化等各个环节。近年来，改革主要承载地——高新区（滨江）培育出 14 家国家知识产权示范企业，2021 年每万人发明专利拥有量达到 479.1 件，有效发明专利拥有量达 24148 件、高价值发明专利拥有量达 14119 件、每万人高价值发明专利拥有量达 280.2 件、PCT 国际申请量达 660 件、专利授权量达 1.79 万件、发明专利授权量达 5995 件、专利质押额达 39.5 亿元。

# 第二节　贸易便利化

贸易便利化也是制度创新成果最集中的领域之一。浙江自贸试验区从不同角度探索贸易便利化的创新点，拥有诸如成品油贸易、保税燃料油加注等方面的制度创新案例，可作为未来推动贸易便利化创新的参考。

# 一、国内成品油非国营贸易出口资质和配额试点

## （一）经验背景

近年来，我国石油炼化规模增速高于成品油消费增速，国内成品油市场供过于求，中国也已经成为亚太地区主要的成品油出口大国。受政策限制，中国可以出口成品油的仅限于中石油、中石化等 5 家央企。浙石化作为浙江自贸试验区油气全产业链的核心项目，一期项目年附产成品油 900 万吨，企业亟需出口政策解决产品销路问题。

## （二）主要举措

### 1. 将出口政策写入关键性文件

将"支持浙江自贸试验区适度开展成品油出口业务，允许浙江自贸试验区内现有符合条件的炼化一体化企业开展副产的成品油非国营贸易出口先行先试，酌情按年度安排出口数量"写入《中国（浙江）自由贸易试验区油气全产业链开放发展的若干措施》（改革赋权 26 条）。

### 2. 分步推动出口试点政策落地

在浙江省商务厅领导的积极争取下，商务部正式批复浙石化成品油出口资质，浙石化成为国内首家且唯一获得成品油出口资格的民营炼化企业，在此基础之上，进一步加大出口配额政策争取力度，同年浙石化 100 万吨成品油出口配额获得商务部批复。

### 3.积极推动出口政策落地转化

舟山市商务局及时掌握浙石化项目一期产能释放和市场流通情况,组织企业向上申报。出口资质获批后第一时间指导企业开展出口业务准备工作,确保配额获批后即刻开展实际业务。出口配额获批后,协助企业打通海关、港航等部门,顺利开展成品油出口。

## (三)创新成效

浙石化获得成品油出口权,为推动今后我国油品市场进一步改革,对接国际标准提供了成功的探索经验,使浙江自贸试验区油气全产业链又一个重要环节被打通,补齐了油气全产业链短板,有力推动自贸区油气全产业链建设。得益于成品油非国营贸易出口资质和配额试点突破,舟山市外贸进出口连续保持高速增长,出口占全国比重创历史新高。2020年1—6月,全市出口同比增长35%,其中,油品出口同比增长103.0%,占全市出口比重的63%。油品进出口贸易拉动全市外贸增长明显,为全省稳外贸做出了积极贡献。同时,政策开放极大地稳定了民营和外资企业信心,截至2021年8月,实际使用外资同比增长67%。2020年以来,浙石化已累计获批成品油出口配额352万吨,低硫燃料油出口配额139万吨,为企业创收近160亿元,享受出口退税政策,大幅提高了浙石化产品的国际竞争力,为企业走出国门,主动参与国际竞争提供强有力的政策保障。

# 二、保税船用燃料油混兑调和加工贸易出口退税

## (一)经验背景

2018年7月4日,商务部以商办贸函〔2018〕223号文正式批准同意在浙江自贸试验区开展保税船用燃料油混兑调和加工贸易业务,支持注册在浙

江自贸区内的企业以物理混兑调和方式开展保税船用燃料油混兑调和加工贸易业务，支持在舟山由浙江自贸试验区管委会指定的符合监管条件的场所内，以加工贸易方式进口部分原料，进行物理混兑调和后出口燃料油。混兑调和加工贸易政策的突破有利于降低浙江自贸试验区保税船用燃料油加注价格，缩小与新加坡之间的价格差距。为了更大程度提高混兑企业积极性，提升舟山保税船用燃料油国际市场竞争能力，为建设东北亚保税船用燃料油中心奠定基础，实施混兑调和加工贸易出口退税成为做大燃料油加注规模，提升燃料油加注国际市场话语权的重点举措。

## （二）主要举措

2020 年，浙江自贸试验区实现低硫燃料油生产出口退税，对燃料油生产型企业而言是一大利好。但对于混兑企业而言，企业混兑的组分有部分可能由国内买入，也有部分从国外进口。生产出口型企业生产的低硫油能实现退税，但对于混兑的企业而言，若低硫油不能实现退税，企业的经济利润就会降低，混兑的经济性也将在很大程度上被压缩。

保税船用燃料油混兑调和加工贸易出口退税试点（创新税务征收管理模式）通过修改《浙江自贸试验区保税燃料油混兑调和试点方案》，制定《浙江自贸试验区保税燃料油混兑调和加工贸易出口退税试点方案》（以下简称《试点方案》），实现区内企业保税船用燃料油混兑调和加工贸易出口的退税安排。《试点方案》主要包括四大部分内容：一是总体思路。提出以企业需求为导向，先行先试开展保税船用燃料油混兑调和加工贸易出口退税试点，做大做强低硫燃料油混兑调和，形成低硫燃料油自主生产、保税进口、混兑调和相互促进的供应体系等。二是试点要求。明确资质认定、业务流程和其他要求等三方面内容。三是职责分工。明确浙江自贸试验区管委会对舟山行政区域内的保税船用燃料油混兑调和加工贸易出口退税试点工作实行统一管理，舟山港综合保税区管委会、舟山市商务局、舟山市税务局和舟山海关等各职能部门按照对应职责做好业务指导和管理。四是风险防控。提出风险防范和退出机制等。

## （三）创新成效

实施保税船用燃料油混兑调和加工贸易出口退税有效降低了混兑企业燃料油生产成本。为进一步做大燃料油交易规模和市场，还需进一步加强以下工作：一是加强混兑企业培育，进一步活跃市场主体；二是招引大型贸易企业入驻，做大做强燃料油贸易市场。

《试点方案》自 2020 年 10 月 30 日起施行，通过《试点方案》实施，进一步提高了燃料油混兑企业积极性，助力做大做强低硫燃料油混兑调和量，形成低硫燃料油自主生产、保税进口、混兑调和相互促进的供应体系，从而进一步增强低硫燃料油保障能力和议价能力，助力东北亚保税船用燃料油加注中心建设，提升了我国港口海事服务国际竞争力。自方案实施起到 2021 年 8 月 26 日，试点企业出口混兑加工燃料油 228817 吨，退税 4425.04 万元，免抵额 178.96 万元。

# 三、以人民币计价的跨境易货贸易模式

## （一）经验背景

据国际互换贸易协会（IRTA）统计，现代易货贸易在国际贸易中发挥着越来越重要的作用，已占到全球贸易总额 30% 左右。宁波保税区自 20 世纪 90 年代设立以来，一直致力于国际贸易发展，2021 年出口额为 540974.04 万美元，进口额为 1383877 万美元。该区外贸企业与"一带一路"沿线经济体等新兴市场贸易往来愈加频繁，存在强烈的易货贸易需求。在"逆全球化"思潮抬头、贸易壁垒增加、传统市场不确定性加大的形势下，迫切需要通过易货贸易等新型模式扩大与新兴市场的贸易往来。

## （二）主要举措

本改革试点经验所称跨境易货贸易是指在进出口环节无资金结算，直接以出口货物交换等值进口货物的贸易方式。通过与海关数据中心共建跨境易货贸易综合服务平台，实现监管部门对业务全流程信息化管控，确保贸易真实性，同时在功能上突破了传统的"一对一"易货模式，实现了"一对多""多对多"易货，易货贸易模式更加灵活。

### 1.制定办法，为合规化开展奠定基础

协调相关监管部门，形成《宁波保税区以人民币计价的跨境易货贸易试点业务操作办法》及《宁波保税区跨境易货贸易试点合格经营者操作办法》。

### 2.首单试点成功，为深入发展积累经验

2019 年 6 月，确定融泰国际作为首家跨境易货贸易试点企业开展试点。汽配产品出口与乌拉圭红酒进口完成了首单易货贸易业务，"以货易货"交易测试顺利完成。

### 3.搭建数字化平台，确保交易真实有效

联合宁波海关数据分中心开发完成跨境易货贸易综合服务平台，将试点企业和交易过程纳入联网监管。

## （三）创新成效

### 1.建成跨境易货贸易综合服务平台（一期）

实现企业交易信息和进出口凭证的电子化传输，易货交易智能比对，监管部门信息互通、实时监管。

### 2.扩大了试点企业和易货商品范围

试点企业扩大至 4 家,易货出口商品范围在汽车零配件基础上增加了家电类商品,进口商品从葡萄酒扩大至食品。

### 3.开展以人民币计价的跨境易货贸易模式

有利于进一步拓展新兴国家市场,在帮助汇困国"以卖促买"的同时,我国也扩大了进出口贸易,实现双方互利共赢。

## 四、创新"保税进口十零售加工"模式

### (一)经验背景

近年来,在国家扩大开放、扩大进口战略的有力支撑下,跨境电子商务新业态迅猛发展,已经成为数字化转型和"双循环"的具体实践,成为消费升级满足人民群众对进口商品多元化需求的具体举措,成为对外贸易稳增长的新引擎。随着国内消费者对进口商品消费观念的日渐成熟,国外商品进入中国市场存在的一些问题也越来越突出:一是一般贸易和跨境贸易模式单一;二是进口商品从海外到国内,链路冗长、环节繁杂;三是中国消费者快速的需求变化,海外品牌从设计到生产、从包装到内容,与中国消费者需求脱节。

### (二)主要举措

目前"保税进口十零售加工"模式的第一阶段是承接国内主要平台商家海外品牌生产需求,发挥特殊监管区域"保税十"优势,将原本需要在海外才能完成的成品终端加工内置到综保区内,对进口原料进行保税加工。既为

商家提供了完善的供应链服务及优质的加工基地，又创新实现面向国内消费者的零售和定制化销售，为消费者提供了更加新鲜、快捷、透明的产品供应。

"保税进口＋零售加工"模式在具体实践中，完成了一系列的集成创新：一是在业务模式层面，不再局限于原有的保税进口、保税物流的贸易链，将保税进口与产品深度加工相叠加，提升价值链。二是在制度创新层面，取得了监管上的突破。如正典燕窝拿到了由市场监管局发放的全国首个"境内关外"企业的食品生产许可证。三是在"两个市场"层面的创新，如正典燕窝项目叠加申请了"增值税一般纳税人"资质，使企业将原来单一的跨境零售业务，转变为"保税进口＋深度加工＋一厂发全球"的新模式。四是在销售模式层面，订单式生产让传统加工制造业在数字化赋能的基础上成功实现"零库存"愿景。

## （三）创新成效

杭州综保区与天猫国际于 2020 年 7 月 21 日启动"保税区工厂"项目，在全国首创"保税进口＋零售加工"大进口新模式。保税区工厂的首条生产线也正式投产。未来，消费者将以更快速度买到进口商品。如运用该模式的正典燕窝从 2020 年 7 月正式投产以来，以马来西亚进口的干燕盏原料在杭州综保区内进行鲜炖燕窝的生产加工，承接来自国内知名电商平台的订单生产任务，已累计实现近亿元的销售额。除跨境零售进口方式外，根据商品加工性质和市场需求，该模式还可通过一般贸易进口、跨境零售出口、一般贸易出口方式实现订单销售，真正实现面向全球市场的"世界工厂"定位。

又如 2021 年 2 月，隅田川咖啡项目在杭州片区落地，原料从海外进口至国内，经海关检疫后进入保税区，消费者通过跨境电商平台下单购买，原料在保税区工厂加工，咖啡成品次日即可送达国内消费者手中。通过"线上"接单、"线下"工厂实时生产内销出区，将跨境零售进口、深度加工、综保区物流优势叠加在一起，实现面向消费者零售、定制化销售。

# 五、全球中心仓(杭州片区)

## (一)经验背景

全球头部的跨境电商平台数据显示,有 70% 以上的供应链来自中国,中国已经成为全球数字贸易的供应链中心,全球货品实现全球买卖的需求日益凸显。以阿里巴巴为代表的跨境电商龙头企业,其业务版块涵盖进出口,既有跨境零售进口,也有天猫出海等依托综保区优势且市场份额不断增长的项目。为了增加库存管理的效率,降低仓储物流成本,提高商品发运的灵活度,企业对全球中心仓有实际需求。自 2017 年在全国提出全球中心仓的概念以来,分阶段探索,逐年逐个功能分步实现,业务上验证并强化,至 2020 年 10 月,全球中心仓已完成数字端的全球链接、全球管理与实物端的一盘库存买全球、卖全球的完美融合。

## (二)主要举措

全球中心仓具有"四个同仓"特征。

(1)非保税货物与保税货物在同一个仓库不同库区共同存储(2017 年 11 月实现)。

(2)2B 与 2C 的同仓发货,一般贸易交付给企业的货物与跨境电商交付给消费者的货物(包裹)在同一个仓库不同库区同仓发货(2018 年 1 月实现)。

(3)内贸与外贸的同仓一体,内贸货物与外贸货物在同一个仓库不同库区共同存储(2019 年 6 月实现)。

(4)出口货物与进口货物可在同一个仓库不同库区调拨(2020 年 8 月实现)。

全球中心仓针对 1210 保税出口模式,由跨境电商卖家或优质的中国制造企业根据市场预期提前备货入杭州综合保税区，确定完全跨境销售的库存提前完成出口手续。通过出口电商平台面向全球终端消费者，实现交易后，快速高效地完成订单处理、报关手续、搭乘杭州机场货运包机，小包快速配送至全球消费者手中，航班直达地区速度可以媲美海外仓，利用国内相对低廉的人工和仓储成本，轻小件包裹甚至能以低于海外仓的物流成本发货。"中国制造、中国品牌"产品直接出口至杭州综合保税区的保税区域，享受入仓即退税的便利，有的订单可以再打包成小包出区，还可以跟进口商品合单发运。也可以先运至综保区内的非保税区域，等有订单时再转到同仓的保税区域，完成出口，在非保税区域的库存可随时退回国内，这兼顾了国内电商订单。也有海外卖家从第三国采购商品，在中国定制包装，在全球中心仓整合成零售包装直接发往亚马逊 FBA 备货。在 FBA 的退货或者尾货可以回到综保区，经过保税维修整理重返海外市场。

全球中心仓的特点是"一区多功能，一仓多形态"，海外仓储与国内保税仓储线上线下打通融合成无国界的全球库存调拨和管理，助力数字贸易交付和售后服务畅通。创新模式满足企业同时供应国内海外两个市场、同时存在多种贸易方式的需求，使原来需要存储于多个地区、多个仓库的多种物流及贸易形态可以在区内的中心仓一站式完成。在这种模式下，允许国内非保税货物以非报关方式入区仓储，海关通过电子账册等方式实施分类监管，同时允许杭州综保区内不同管理账册下货物的互联互转，运用信息技术手段拆除了园区内非保税账册、普通保税账册、电商账册等几本贸易管理账册之间的"围墙"。并用数字交互手段直接连接了海外的物流商，提前介入交付准备。

## （三）创新成效

### 1. 全球中心仓大幅度提升了进出口贸易的便利性

非保税的商品可以按照非报关的方式进入中心仓，区内企业可改变原来要同时设立区内保税仓库、区外非保税仓库的做法，解决了以往普通商品进入综保区的不便,实现普通商品与其他商品进行集中仓储、调拨,大幅降低了管理和资金成本。

### 2.区内货物在不同账册间"结转"便利性

区内企业可以根据市场需求,混合经营内外贸易、跨境电商、保税仓储、非贸货物等不同贸易形态,实现多种贸易方式的分拨、集拼和混成,解决了原有的由于货物进出流向不同而导致的仓库分散,有效提升了物流和商品管理的集约化水平,提高了仓库管理的综合效率。

目前,杭州综保区在进口业务上,跨境零售和保税货物可以互转;在出口业务上,9610 模式下和 1210 模式下的商品可以同个包裹发货,出口额累计 5.5 亿元。海关在进口和出口贸易之间的互相调拨已经在系统上支持并打通。依托持续优化的物流基础设施与不断迭代的平台算法,杭州综保区将通过全球中心仓模式的逐步升级,高效地将数字商品贸易的商品流、信息流、资金流融为一体,构建一个全球库存集中管理、调拨和交付的枢纽,通过数字化手段提高企业的仓储利用率、仓库周转率,大幅度地节约运营成本,拓展企业国际国内业务范围,无缝连接国际、国内两个市场,助力全球商品"进得来""出得去"和"退得回",构筑全球数字商品贸易中心。

# 六、出口退税备案单证数字化管理试点(金义片区)

## (一)经验背景

国务院办公厅下发《关于进一步优化营商环境更好服务市场主体的实施意见》,明确要求加快出口退税进度,推行无纸化单证备案。义乌的出口企业中,小微企业居多,年退税免税规模达 74.55 亿元。实际贸易活动中,义乌出口企业数量多、规模小,外商指定货代多、拼箱多、缺乏外贸话语权、单证获取周期长,影响企业及时享受退税政策,且纸质备案单证管理成本高、占用空间大,实际运作过程中还存在出口企业备案资料保管不规范,人工备案单证缺失、不及时，报送纸质资料需要"来回跑"等问题，影响企业及时享受出口退税政策。对此，亟须探索更简便、更科学、低成本、低风险的数字化管理方式。

## 主要举措

### 1. 率先探索新型数字化模式

利用电子装载舱单即时生成、难以篡改等特点，探索试行将出口货物舱单电子信息以具有相似内容或作用的其他单证进行备案的创新模式，解决提单无法或难以及时取得的问题。选择内部控制机制较为健全的综服企业作为试点企业，由其自建综服业务服务平台，打通平台与"海关电子口岸"的传输路径，从浙江国际贸易"单一窗口"直接获取舱单信息。综服业务服务平台将舱单信息按出口退税申报顺序，利用报关单号码索引，与装货单（无纸化放行通知书）、国内运输单据、购货合同等其他单证一起进行数字化留存备案。企业事后取得提单的，以扫描图片的形式纳入备案单证。税务部门需要核查备案单证时，可以使用综服企业提供的账号、密码登录综服业务服务平台进行操作。

### 2. 全面推广无纸化单证备案

针对出口企业单证备案的共性需求，系统梳理管理规范，对原有的互联网＋便捷退税系统税务端优化升级，增加了1个备案单证数字化管理模块，实现企业与税务2个端口物理隔离、信息互通，购货合同、装货单、运输单据等3类传统纸质单证无纸化备案。通过"1＋2＋3"管理体系和数据云储存功能，实现出口企业"自主备案、无纸化保存、自动归档"，税务部门一键发起线上核查任务，企业云端提交单证资料、对接核查过程、接收核查结果。以"数据奔跑"代替企业往返，打破了原有备案单证核查方式在时间、空间上的限制，再造简单便捷的出口退税流程。

### 3.兼容个性化单证备案

根据前期调研发现不同规模的出口企业备案单证工作量和信息化管理水平差异巨大,对备案单证数字化管理需求也各不相同的情况,通过兼容个性化单证备案,允许出口规模大、信息化水平高、内部管理规范的出口企业,利用自身信息化管理优势,根据备案单证数字化管理要求,对企业原有内部管理系统进行升级改造,增加备案单证数字化管理功能,开展个性化备案单证数字化管理。税务部门指导试点企业进行规范化管理,根据退税审核疑点,调取相应备案单证,及时防范出口退税管理风险。

### 4.集成数据实现态势感知

为加强"以数治税"智能监管,国家税务总局义乌市税务局在出口退税备案单证数字化管理平台中增设"义乌出口退税备案单证数字化管理态势感知场景",通过架设四个态势感知一级场景和一个静态分析二级场景集成义乌出口退(免)税情况统计、数字化单证备案户数、核查任务动态等各类统计数据,实现实时分户、分类、分单位动态监控态势数据"一屏展示",监测分析智能生成、出口退(免)税情况态势感知。2021年8月,浙江省自贸办加快推进自贸试验区态势感知平台作为制度创新子场景接入浙江自贸试验区态势感知中心。

### 5.制定管理办法提供制度保障

围绕企业无纸化的切实需求与全省全国推广的长远建设,将散落在不同公告、文件中与备案单证相关的内容进行汇、增、简、改,进一步明确数字化备案单证种类、线上操作细节与税务核查管理等,将试点实践成果转化为制度成果。2021年7月,下发《出口货物退(免)税单证备案数字化管理办法(试行)》,在"与时进、长久立"中推动单证备案数字化管理常态化、长效化。

## （三）创新成效

获批中国（浙江）自由贸易试验区第一批最佳制度创新案例，多次获浙江省税务局主要领导肯定，在省内复制推广效果好。截至 2021 年 8 月底，义乌出口退税备案单证数字化管理的模式已在杭州、金华、嘉兴、台州、绍兴、湖州等地区复制推广，累计已推广应用超 2 万户，有力地促进了经济高质量发展。

### 1. 减负

通过无纸化改革，企业准确、便捷地采集出口业务各项电子单证，节约大量纸质资料获取、收集、管理、线下报送、办公用房占用等费用，降低企业显性和隐性成本，减轻企业负担。

### 2. 增效

实行数字化管理，税企双方"一次都不用跑"，加快出口退税办理进度，增强出口企业的获得感，同时也显著提高税务机关出口退税审核工作效能。

### 3. 避风险

依托系统的备案任务自动同步、定时提示功能，有效促进企业主动、规范、及时地完成单证备案工作，加强企业退税内部风险防控，降低不能退税甚至遭受处罚的风险，助力出口贸易高质量健康发展。

### 4. 数字化

通过贯通无纸化登记、单证采集、导出报送全流程，整合文件加密、双备份储存、操作留痕等保障服务，形成高效便捷、安全可靠的单证备案数字化管理体系，实现监测分析智能生成，"以数治税"精准监管，全方位提高执法、服务和监管能力，进一步推进整体智治的数字政府建设。当前，义乌出口退税数字化单证备案态势感知子平台已成功接入浙江省自贸试验区态势感知中心。

# 第三节　金融开放创新

浙江自贸试验区积极根据各片区自身优势条件,持续推出金融开放创新的相关举措,为全省乃至全国探索金融开放创新提供借鉴。

## 一、"外汇金管家"线上一站式服务

### (一)经验背景

为解决外贸企业结售汇流程复杂、时效性不足以及企业融资困难等问题,宁波银行依托金融科技创新打造"外汇金管家"线上一站式外汇金融服务平台。该平台具有全功能、全自助、全时段、全线上的特点,集开户结算、贸易融资、跨境投资、汇率避险等近200项功能于一体,以"贸易结算生命周期、订单管理生命周期、交易管理生命周期"三大生命周期管理为外贸企业提供金融服务。

### (二)主要举措

#### 1.全生命周期汇率管理

(1)围绕企业单笔交易从业务新增、业务存续到业务终止的全生命周期,提供点击成交、挂单成交、夜盘等多种成交模式,品种覆盖即期、远期、期权,满足多种交易需求,帮助用户入场决策。

(2)围绕企业订单管理生命周期,按照订单成本确认、系统盯市、汇率管理三个环节,全面管理客户应收应付账款面临的汇率风险,企业可结合自身订单情况和点位预判,形成订单成本的闭环锁定。

### 2. 全线上极速外币授信

为给中小出口企业提供更优质、更高效的融资服务，宁波银行推出全线上、纯信用区块链授信产品"出口微贷"。在审批形式上，"出口微贷"将办理流程拓展到线上，通过大数据风控模型智能审批，无需提供抵押物，大大提高审批效率。在授信对象上，"出口微贷"摆脱人工审批，将国家外汇管理局跨境区块链融资服务平台上的数据纳入风控模型，运用大数据分析技术和人工智能技术，提升风控模型的精准度，审批通过率始终保持在 40％以上。在操作流程上，采用全线上服务，企业从额度申请、额度审批到提款，均可通过移动端和 PC 端完成。

## （三）创新成效

"出口微贷"经过 8 个月的推广，获批客户超 1000 家，获批金额超 1.5 亿美元，审批通过率达 40％，最低美元融资利率仅 2％，大大降低了中小出口企业信用贷款门槛。"跨境电商收款"推出半年，服务客户超 1200 家，收款金额近 2000 万美元，结汇近 600 万美元，订单笔数近 80 万笔，为客户节约成本200 万元。

# 二、以区块链技术创新数据知识产权质押融资和证券化改革新模式

## （一）经验背景

浙江是数字经济大省，诸多企业掌握着核心技术和数据资源，但在申请银行贷款时，却经常由于缺乏抵押物而陷入融资难困境。针对高科技创新型企业轻资产、重研发、多专利的特点，通过知识产权证券化将科技型企业的知识产权通过价值评估具象化为可抵押的底层资产用以融资，可有效破

解科技型中小企业融资难、融资贵的难题。

## （二）主要举措

### 1.规范基础制度

通过对接银行、担保机构、数据公司，利用大数据、区块链、云计算、移动互联等技术手段，采集生产链上的各类数据，由政府部门发给数字资产存证证书，真正将数据转变成可量化的数字资产，从根本上保障了数据质押的合理性和可操作性。银行、担保机构、评估机构对企业的数据资产进行合法性评审、隐私排除及价值评估，通过进一步金融创新，获得银行的质押贷款。

### 2.强化政策保障

浙江银保监局与省市场监管局联合制定出台专利权质押融资工作意见等制度，将知识产权质押融资要求纳入支持实体经济、科创金融等政策，联合举办国家知识产权质押融资"入园惠企"、在工业重县（市、区）组建知识产权优势企业培育专班等活动，丰富银保企对接渠道。

### 3.增进部门协同

与浙江省市场监管局等知识产权管理部门、版权管理部门联动，建立知识产权金融协同工作机制，浙江省金融综合服务平台与知识产权综合服务平台对接，加强信息数据共享，全面促进知识产权质押融资增量扩面。

### 4.合理控制风险

建立和完善知识产权质押融资风险分担和损失补偿机制，自贸试验区部分地市（区、县）出台贴息、建立风险资金池等财政政策支持，降低金融风险。引导自贸试验区银行机构调整风险容忍度，建立健全内部尽职免责和激励机制。

## （三）创新成效

以区块链技术驱动的数据知识产权质押融资和证券化改革新模式有力促进了企业数据资产价值转化，缓解了科技企业资金压力。2021 年，高新区（滨江）专利质押 180 件，惠及企业 120 余家，质押金额达 39.49 亿元，同比增长 88.97％，位居全省第一。

# 三、本外币合一银行账户体系试点

## （一）经验背景

构建规则统一的本外币银行结算账户体系，有利于涉外企业和个人更好管理和使用本外币资金，提高企业资金周转效率，改善地方营商环境，也有利于支持浙江自贸区、跨境电子商务综合试验区等经济金融改革，推动更高质量的对外开放。人民银行杭州中心支行按照稳妥审慎的原则，研究确定工商银行、农业银行、中国银行、建设银行等 4 家银行机构在杭州开展本外币合一银行结算账户体系试点，覆盖 51 个银行网点。

## （二）主要举措

### 1. 提高开立、使用本外币银行结算账户便利性

（1）灵活便捷。单位和个人可根据财务管理需要，选择使用多币种结算或单一币种结算的账户管理本币和外币资金，后续可根据需要申请增加账户的结算币种。

（2）精简流程。实行"跑一次银行"即可向试点银行申请开立多币种银

行结算账户。

（3）谨慎高效。在有效防控风险、准确识别客户身份和开户意愿的前提下，试点银行为已在本行开立银行结算账户的单位或个人再开立账户时，单位或个人无需再重复提交开户证明文件复印件。

### 2.强化事前事中事后监管

试点银行将建立本外币银行结算账户全生命周期管理机制，全面强化本外币银行结算账户管理。事前，按照"谁的客户谁负责"的原则，履行尽职调查义务，采取充分有效措施确保账户开立合法合规；事中，建立开户资格和实名制符合性动态复核机制，从账户和存款人两个维度强化风险监测，健全账务核对机制；事后，建立内部监督检查制度，建立责任追究机制、账户业务考核机制。

## （三）创新成效

在自贸试验区开展本外币合一银行账户体系试点，有效提高了企业及个人资金周转效率，进一步优化了营商环境，推动金融创新。政策实施仅1个月，4家试点银行已为企业开立本外币合一银行账户1596户，办理资金收付业务1.09亿美元。

# 四、市场采购+数字贸易"货款宝"项目

## （一）经验背景

作为义乌市场创新发展道路的探索者和实践者，义乌小商品城致力于提供全方位贸易服务。当前，小商品城聚焦数字化转型，打造了义乌市场官方网站"义乌小商品城Chinagoods平台"，全面开启数字化转型发展的新征程。作为义乌线上贸易综合服务平台的唯一入口，Chinagoods平台依托义

乌市场 7.5 万家实体商铺资源，服务产业链上游 200 万家中小微企业，自 2020 年 10 月正式上线以来，入驻商户主体 5 万多户，注册采购商 80 余万人。在过去市场采购贸易中通常采用赊销方式，外商在完成选品采购后通常只支付小比例定金甚至不支付定金，后期回款周期长达 2—3 个月，不仅增加了外贸风险，而且增加了经营户资金流转压力。对此，亟需新政策新措施来解决。

## （二）主要举措

"货款宝"是义乌市联动政府部门、中国人保、稠州银行，通过商城集团义乌小商品城 Chinagoods 国际贸易综合服务平台及环球义达国际物流平台的数字化履约能力，为市场经营户、贸易公司推出的市场采购贸易尾款保障服务产品，叠加市场采购、数字贸易、保险保障、金融赋能四大核心要素的一大改革创新举措。"货款宝"以"外贸尾款立收、保你货款无忧"为目标，满足卖家提前收尾款、海外控货、安全回款、安全交货的需求，将有效解决义乌外贸"赊销风险"，减少外贸主体资金压力，大幅提振义乌市场卖家接单信心。

### 1. 提前收尾款

在货物入仓后 1 个工作日内卖家即可收到应收货款的 60%，尾款有保障，缓解资金压力。

### 2. 全程控货保障

实行国内仓验货、海外仓控货双保障，物流全链路可视化，海外仓 15 天免仓租服务，收到尾款后再放货，保货保款保安全。

### 3. 安全收汇，阳光结汇

开辟银行阳光结汇通道，交易双方无需额外提交单据，实时结汇，降低账户被冻结的风险。

### 4.保险全覆盖

中国人保出口信用保险最高赔付比例 60%,货运险、正品险全覆盖,出口信用保险 30 天内完成赔付。

## (三)创新成效

2021 年 1 月 28 日,"货款宝"正式上线,助推义乌小商品城进一步提升线下线上全流程服务能力,助力市场卖家实现线下线上资源融合转换,发现和提升小商品贸易全链条价值,提升 Chinagoods 平台业务增量和 GMV(成交金额),使其成为重要的利润潜在增长点。在新冠肺炎疫情背景下落实"六稳""六保",助推义乌市场实现数字化转型,带动更多的出口贸易增量,持续扩大义乌市场核心竞争力。

# 第四节　事中事后监管

浙江自贸试验区积极强化事中事后监管,推出了航运物流、海关通关等一系列制度创新举措,各片区针对事中事后监管领域,从不同环节探索制度创新的切入点,为今后浙江省深化制度创新提供了借鉴。

# 一、浙沪跨港区供油助推长三角海事服务一体化

## (一)经验背景

2021 年,宁波舟山港完成货物吞吐量 12.24 亿吨,同比增长 4.4%,连续13 年位居全球第一,但较新加坡等国际海事服务产业发达地区而言,"大港口、弱服务"的矛盾突出。在保税燃料油供应方面,较新加坡的每年 5000 万

吨还存在巨大差距。为此舟山持续在开放供油市场、健全制度规范、优化口岸监管等方面精准施策，不断推动浙沪跨港区供油改革走深走实，目前已集聚供油企业 17 家，舟山保税船用燃料油供应量达 552.17 万吨，其中，跨港供应量 275.52 万吨。推进浙沪深度协同，构建长三角一体化供油市场，对于提升长三角港口服务能级具有重要意义。

## （二）主要举措

### 1.建立各方互认的区域一体化供油市场准入体系

推动上海、舟山交通港航部门建立港口经营备案和口岸监管互认长效机制，明确供应企业和船舶的准入及退出机制、供油作业监管主体责任等。推动上海、舟山海事部门对两地供油企业和供油船舶的海事备案互认，共同筛选跨港区供油船"白名单"，强化日常协同，加强跨港区直供业务监管。推广应用国际化的供油标准行业规范，实现长三角供油规范一体化。

### 2.制定示范业务方案，开展两单"调库直供"测试

制定《首单跨洋山港区国际航行船舶供油工作方案》，支持获浙江自贸试验区批复船用燃料油经营企业租用经上海交通港航、海事部门备案的供油船舶，从舟山装载燃料油到上海开展直供业务。地中海航运公司（MSC）"圣罗凡妮莎"号以及长荣海运装箱船"海希"号成功实现浙沪跨港区供油业务。

### 3.探索共建综合性服务平台

加快建设长三角海域船用保税燃料油加注业务服务监管和海事纠纷处理中心、舟山港综保区保税燃料油智能调度平台，积极布局长三角一体化船用保税燃料油移动 APP 与智能调度系统的应用推广，加强信息数据共享、互联互通，实现跨港跨关供应安全管理一体化，采用船舶 AIS、视频监控等手段开展保税船用燃料油跨港供应作业监管监控。推进申报审批流程简化。推

行"一船多供""一口受理"等众多创新措施,全面施行无纸化申报,优化减少保税船用燃料油审批流程,大幅度提高通关效率。加快改革不同税号下保税船用燃料油混兑政策,实现保税船用燃料油加注企业资质审批权限下放。

### (三)创新成效

长三角保税油供应竞争优势进一步增强。目前舟山的保税船用燃料油价格比国内周边港口每吨低5—10美元,与新加坡的价格差距不断缩小。通过浙沪跨港区供油乃至未来长三角港区全覆盖,长三角保税船用燃料油供应体量与价格优势将持续增强。长三角保税船用燃料油供应服务水平进一步提升。通过推进跨港区供油,浙江自贸试验区一系列制度创新举措也随之在长三角各港区复制推广,推动长三角保税船用燃料油供应服务水平的整体提高,企业集聚效应开始显现,长三角口岸营商环境进一步改善。两地港口行政体制障碍的消除,突破解决了供油企业和船舶备案、监管互认等问题,为企业跨区域经营提供了新的契机,港口服务市场跨区域监管联动、监管互认,也为推动长三角区域一体化奠定了坚实的基础。

## 二、实现长三角地区港口间边检查验数据复用、监管互认

### (一)经验背景

舟山每年有近2亿吨的进出口货物、20多万人次进出境,有1万多艘国际航行船舶进出舟山,但国际航行船舶入境超4成需挂靠多个港口,在船舶进出港通关申报时存在数据重复提交的现象,制约了船舶运营的效率。国际航行船舶转港数据复用成为提高舟山口岸通关效率的有效举措。

## （二）主要举措

随着国际贸易"单一窗口"和港口边检综合管理信息系统的不断完善，舟山出入境边防检查站积极探索长三角地区港口间边检查验数据复用监管互认。在办理港口间移泊船舶边防检查手续时，在确保上一港边检查验数据录入准确、系统内船舶及船员等基础信息数据更新及时、船舶在港期间情况清楚的前提下，充分认可上一港边检查验数据，直接在边检查验系统中复用，减少船方或代理的申报环节，节约申报时限和申报成本。

具体举措为：打通国际贸易"单一窗口"与长江沿线各口岸通关物流数据节点，将原来国际航行船舶入境后在各港口申报所必需的数据录入工作改为入境后企业一次录入，境内续驶至下一港时只需拿到上一港的"授权码"，即可直接调用上一港录入的数据，仅需少量数据维护即可再次申报，最大限度简化数据录入，该项制度创新已在全国各大口岸全面推广。

## （三）创新成效

边检查验数据复用，有效缩短了业务办结时间，有效节约了船方通关时间，提高了船方生产作业效率。同时代理业务办理手续也将更便捷高效，减少了通关手续办理环节、避免差错，有效实现让企业少跑腿、让信息多走路，降低企业人力、物力成本，进一步证实了长三角地区港口间边检查验数据复用的可行性，为促进地方经济、实现长三角通关监管一体化打下坚实基础。

国际航行船舶转港数据复用有力支持了新冠肺炎疫情期间企业复工复产和效率提升。例如，在宁波卸货需至舟山加油的国际船舶，采取新模式直接调用宁波申报的数据，原本需 1 小时的申报时间被压缩至 5 分钟，录入数据项减少三分之二，减轻了企业负担，促进了贸易便利。

# 三、抵港外国籍船舶"港口国监督远程复查"创新机制

## （一）经验背景

"港口国监督远程复查"是宁波海事局在贯彻党中央、国务院扩大自贸试验区区域重大决策，落实浙江省委、省政府部署，及宁波市委、市政府关于中国（浙江）自由贸易试验区宁波片区建设要求的过程中，从融入构建新发展格局，推进"整体智治"现代政府的理念出发，顺应数字化改革趋势，按照深化制度创新，优化口岸营商环境，完善"互联网＋监管"体系的要求，结合海事监管工作实践所形成的一项创新机制。

该机制指的是在外国籍船舶接受中国政府监管（港口国监督）期间，对于初查中发现的缺陷，在满足相关要件的条件下，检查员可以不登轮（国际公约原要求港口国监督初查和复查均应登轮实施）进行缺陷整改情况的核实并予以复查关闭的机制。

对于外国籍船舶而言，海事主管机关应依法开展港口国监督检查，并针对初次检查中发现的缺陷开展登轮复查，所有缺陷经确认整改到位后方可离港。受检船舶要经历整改、申请复查、检查员登轮、整改情况核实、缺陷关闭等过程，船期和港口的生产作业计划将受到该外国籍船舶在港表现的直接影响。

为进一步推动自贸试验区宁波片区建设，有效探索机制创新、制度创新、争取政策，推动安全发展和经济效益双赢，进一步提升外轮通关效率，宁波海事局积极落实"放管服"要求，加大开放力度，在全国首创并在交通运输部支持下率先试行"港口国监督远程复查"机制。同时，经过不懈努力，由宁波海事局制定的《港口国监督远程复查导则》经"亚太地区港口国监督谅解备忘录"（Tokyo-MOU，协调亚太地区各国外轮检查的政府间多边国际海事组织）认定，在亚太地区21个成员国（地区）运行，并正式在该备忘录数据库

系统上线"远程复查"模块，标志着宁波对外国籍船舶港口国监督复查环节的创新机制由"宁波提案"上升为国际标准的"宁波方案"。

# （二）主要举措

根据"港口国监督远程复查"机制，船舶在申请复查时，将符合要求的缺陷整改情况通过照片、视频、证书文书扫描件等形式发送至海事主管机关指定邮箱，或与检查员进行视频连线，由检查员对缺陷整改情况进行远程核实，签发复查报告后发送至船方留存。检查员在办公室（上班时间）或在家里（休息时间），即可完成原先登轮复查的各项工作。国内法律法规方面，该创新机制符合《中华人民共和国船舶安全监督规则》（交通运输部令 2017 年第 14 号，并经 2020 年第 6 号修改）及其配套《船舶安全监督工作程序》的要求，不需要调整法律法规。该机制实施没有地域方面的限制。

## 1.全国首创并率先实施外国籍船舶"港口国监督远程复查"机制

交通运输部海事局（海事系统国家级层面）对由宁波海事局制定的"港口国监督远程复查"机制给予首创认定、工作肯定，并大力支持宁波海事局开展试点工作。

## 2."宁波提案"总结提炼转化为国际标准的"宁波方案"

宁波海事局总结试点经验形成提案并在亚太地区港口国监督谅解备忘录会议上提交并获得认可，推动该制度在全国及亚太地区 21 个成员国（地区）运行，成为亚太地区外国籍船舶复查的国际标准。

## 3.立足新发展阶段开展数字化改革

"港口国监督远程复查"是宁波海事局从实践中发掘提炼、运用信息化手段高效开展事中事后监管的创新模板。结合宁波舟山港生产作业繁忙的实践,"颠覆"国际公约及备忘录关于"对外国籍船舶港口国监督的初查和复查均应登轮实施"的传统做法,获其认可并采纳,对具备远程复查条件的证书类、简单设备更换类和临时审核类等缺陷开展远程复查。

## (三)创新成效

### 1.显著提升港口运转效率

该机制避免了船舶长期等待对港口的生产的影响,对码头生产效率具有极大提升作用。据宁波舟山港业务部负责人测算,"港口国监督远程复查"机制有效避免了船舶滞港和生产计划的变更,单船待港时间平均下降10%,显著提升了港口生产作业效率,有效提升了经济效益。

### 2.有效减少航运企业带港成市

在该机制实施前,海事主管机关会对外轮在初次检查中发现的缺陷开展登轮复查。以目前靠泊宁波港口较多的18000TEU集装箱船租金计算,多待港一天,就将给航运企业带来数十万元的额外成本。该机制使船舶在完成缺陷整改、申请复查后,可以在第一时间得到海事主管机关的核实及回应。自该机制实施以来,累计为航运企业节约成本1500余万元,优化口岸营商环境的同时,有力提升了宁波舟山港的"硬核"实力和国际强港形象。

### 3.全国及亚太地区全面实施

该制度在全国及亚太地区21个成员国(地区)运行,截至2021年4月底累计实施远程复查298艘次,核实并关闭缺陷1100余项,"宁波方案"在国际范围内运转良好。

# 四、自贸试验区数据集成平台

## （一）经验背景

义乌获批成为浙江自贸试验区新设片区之一。义乌是一个建立在市场上的城市，市场主体数量爆发式增长。新注册市场主体是否属于自贸区内，可否享受自贸区红利，按传统模式需要进行实地核查。这种传统模式效率低、易出现差错，因此，数字化赋能迫在眉睫。为了积极参与浙江自贸试验区数字化建设，充分发挥数字赋能优势，更好服务浙江省委全域数字化改革战略，义乌抢干快干，迅速建成数字地图，实现多规合一、自动判别、企业画像、指标监测等功能，为高质量建设义乌数字自贸区夯实数字底盘。

## （二）主要举措

### 1. 大数据清洗，整合多方数据建立地名地址库

依托义乌市 1105 平方公里地理信息矢量数据和 2020 年的卫星影像数据，采用勘测院实地采集地址信息、市场监管局在册企业地理坐标信息、公安局人口住所地址信息等多方数据，统一地名地址标准，进行数据清洗比对，建立"市—镇街—村社"三级分词库，构建自贸区统一地名地址库作为底层数据支撑，有效数据达 39 万条。

### 2. 集成多部门市场主体信息，破除信息孤岛

通过整合共享市场监管局的市场主体基本信息、税务局纳税信息、金融办信用等级与评分、异常企业信息等部门数据，为企业精准画像，为对市场主体的有效监管打下基础。

### 3.提供数据接口,助力数字审批

为浙江省市场监管局全程电子化审批系统提供信息接口服务,包括企业申报端和工作人员审核端地址的自动识别、地图检索等,方便窗口人员审核,大大减少人工实地核查工作量。

### 4.自动判别、企业画像赋能政府服务和监管

通过地址信息智能算法对市场主体工商注册地址进行自动识别匹配对比,实时反馈企业地址是否在自贸区内,并显示地图定位,实现图上审批功能。通过整合共享市场监管局、税务局、金融办等部门数据,建立包含信用、纳税、处罚,是否为经营异常企业等相关属性信息的企业精准画像,提供给相关部门,科学分级、分类监管,初步实现自贸区市场主体统一集成服务。

### 5.空间规划、产业规划、行业分布"三张图"多规合一

依托底层数据库,实现自贸区边界线、乡镇街道界线在数字地图上的配图、叠加,实现自贸区核心区、联动创新区、功能拓展区三大区域的全市总体空间规划展示,建立自贸区空间"一张图"。通过叠加自贸区"4＋5＋4"产业规划(新型国际贸易、现代服务业、制造创新产业三大核心产业,包含13个细分行业),实现26.2平方公里产业功能布局"一张图"。通过工商注册企业经营范围等信息进行13个细分行业关键词匹配分析,自动划分自贸区内企业所属行业,实现自贸区各行各业企业数量与位置的统计和分析,形成企业服务监管"一张图"。

### 6.数字驾驶舱实时掌控自贸区运行指标

以数字地图为底图,建设涵盖规划、业务、惠企、治理四大主体板块的自贸区数字驾驶舱,上舱"4个核心＋2个特色"指标和经济发展、贸易自由、投资自由、资金自由、运输自由、人员自由、创新驱动7大类38个指标发布体

系，形成"6＋38"义乌自贸区统计指标发布体系，初步实现一舱掌控自贸区运行情况。

## （三）创新成效

### 1.赋能市场主体商事登记，优化市场营商环境

2020 年，金义片区义乌区块内新设企业突破 1 万户，达 10099 家，占全市新设量的 18.6％，同比增长 80％以上。其中，自贸试验区挂牌成立以来（2020 年 10—12 月），新设企业 4520 家，是 2019 年同期同区域新设量的 2.2 倍。完成区内市场主体的空间定位，自动划分区内企业所属行业，建设包含市场主体纳税情况、征信，是否为异常企业等信息的企业画像，实现自贸试验区市场主体信息的统一集成与管理，为打造"三服务"2.0 版赋能个性化指导与服务。

### 2.实时掌控自贸试验区指标运行情况，工作落实有的放矢

建设自贸试验区数字驾驶舱，上线自贸试验区统计指标发布体系，形成自贸试验区市场主体信息的统一集成与管理，为数据共享、政府决策提供技术支撑。打通与部门的数据接口，通过数据多部门共享，实现市场监管局、人民银行、税务局、金融办、邮管局、海关等部门可以看数据、用数据、分析数据，高效完成行政审批和日常监管工作。

# 第六章 浙江自贸试验区建设亮点

结合自身特色以及在国家战略中的定位,持续深化差别化探索,试出更多亮点,是各大自贸试验区作为改革开放"先锋队"的重要使命。浙江自贸试验区扩区一年来,对标更高标准,推进高水平对外开放,挖掘更深层次,强化系统集成创新,拓展更广领域,放大自贸试验区创新红利效应,定位明确、目标合理、重点聚焦、特色凸显,形成了改革试点经验和制度创新路径从顶层设计、方案谋划到具体落地的先进经验。浙江自贸试验区扩区一年来创造了诸多亮点,其中,以下三方面的建设亮点更具有思路普适性和推广启发性。

## 第一节 紧扣国家重大发展战略,充分彰显
## 自贸试验区为国家试制度的使命担当

"以改革促开放、以开放促发展"是中国改革开放40多年来的重要经验和启示,也是自贸试验区运行模式的内在要求。浙江自贸试验区紧紧围绕现阶段我国融入"双循环"新发展格局、高质量发展建设"共同富裕示范区",推动制度创新,为国家重大战略全面落地"先行先试",充分彰显自贸试验区为国家"试制度"的使命担当。

## 一、"小步快跑"深化市场机制改革，探索"高质量"发展经济体制改革新路径

自从党的十九大报告首次提出"我国经济已由高速增长阶段转向高质量发展阶段"以来，"高质量"发展成为全国经济领域的"新发展理念"。所谓"高质量"发展，即需要加强"高质量"制度供给，构建市场机制有效、微观主体有力、宏观调控有度的经济体制。习近平总书记提出，"在经济体制改革上步子再快一些，以完善产权制度和要素市场化配置为重点"。① 面对中国油气管理体制行政过度干预和国企高度垄断的现状，浙江自贸试验区主动适应国际油气市场变化，秉持强化能源商品属性的理念，将进一步减少原油和成品油进出口环节的管制、推进价格市场化和市场投资主体多元化作为深化改革的重点和方向，在"深水区"的改革总是通过"小步快跑"的创新模式得以实现，比如，实行低硫船用燃料油非国营一般贸易出口、虾崎门北锚地、条帚门外锚地保税油加注作业一体化、进口原油先放后检监管模式等集成创新模式。这些先行先试的制度创新和突破为我国成品油出口管理体制领域的改革，向打破行政垄断、管住自然垄断、放开竞争环节、构建更加公平开放的油气市场新格局做出了初步探索，为培育油气全产业链形成新经济、新动能奠定了良好基础，为探索"高质量发展"经济体制改革新路径贡献了宝贵的经验。

## 二、先行先试跨区域体制机制联动协同，打造长三角一体化深度发展新样板

长三角一体化高质量发展是我国最重要的区域发展战略之一，行之有效的推进手段在于推出先行先试的改革试点经验。浙江自贸试验区主动融

---

① 中央经济工作会议在北京举行 习近平李克强作重要讲话. 人民日报，2017-12-21(1).

入长三角一体化发展国家战略,亮点在于进行了最难突破的"体制机制一体化"的先行先试,尤其体现在跨关区口岸部门监管协作、跨区域港口联合开发合作、跨区域大宗商品期现货交易合作等领域,推动了长三角跨关区保税燃料油加注业务一体化,深化了浙江国际油气交易中心与上海期货交易所的油气交易合作机制,组建长三角自贸试验区智库联盟协同机制。一系列新机制、新模式、新经验等创新成果和理念可以向整个长三角地区进行复制与推广,再推广至全国范围内。我们认为,浙江自贸试验区的长三角一体化探索体现了两大国家战略的叠加效应,对整个中国的区域经济发展战略具有十分重要的启示意义。

## 三、对标对表推进国内外全要素市场双向自由流动,开创"双循环"战略枢纽新格局

"逐步形成以国内大循环为主体、国内国际双循环相互促进的新发展格局",这是中央根据国内国际形势发展的新变化作出的重大战略部署,作为"双循环"战略提出后首批被国家批准建设的自贸试验区,浙江自贸试验区理应在"双循环"战略中体现出更多的使命担当。《实施方案》明确指出,要将浙江自贸试验区打造成为"新时代畅通国内大循环、联通国内国际双循环的战略枢纽",明确了浙江自贸试验区在制度创新和扩大开放中的着力点。浙江自贸试验区扩区一年来,着力推动在贸易投资自由化便利化、金融服务实体经济、要素市场开放等领域的制度创新,推动国际国内全要素市场双向自由流动。例如,舟山片区和宁波片区开展保税与非保税油气产品和液体化工品"同罐共储",能够促进国内与国外油气产品和液体化工品双向互通,降低企业经营成本;杭州片区启动本外币合一银行结算账户体系试点,这一试点为企业及个人提供便利化的本外币银行结算账户服务,将有效提高资金国际国内市场自由周转效率;金义片区深入推进浙江省外国人来华工作、居留许可"一件事办理"改革,实现外国人办事"最多跑一次",办结时限压缩80%,申请材料减少50%,惠及金义片区所在区域的5400余名外国人。这些促进国际国内全要素双向自由流动的制度创新有效促进了国际国内商

品、资源、资本、技术等各领域的双向畅通，形成了相互促进、协调发展的战略枢纽，为我国其他区域形成"双循环"发展新格局提供了宝贵的经验借鉴。

## 四、顶层设计自贸试验区开放创新溢出新机制，创建共同富裕示范区多区域统筹联动新模式

共同富裕是一项长期而艰巨的任务，难以在短时间内全面铺开，迫切需要选取部分条件相对成熟的地区先行先试、作出示范，共同富裕示范区正是在这样的背景下应运而生的。在示范区建设过程中，作为浙江改革开放新高地的浙江自贸试验区责无旁贷。正如《中共中央 国务院关于支持浙江高质量发展建设共同富裕示范区的意见》中提出的："统筹推进浙江自由贸易试验区各片区联动发展，开展首创性和差别化改革探索。"浙江自贸试验区不仅要在怎么"做大蛋糕"上一马当先，吸引高端投资，集聚高端产业，培育新市场，挖掘新动能，贡献自己的力量，更要在怎样"分好蛋糕"上加快探索。当前，浙江自贸试验区已形成了"一区四片"的发展布局，省内联动创新区已实现全覆盖，通过加强与自贸试验区的联动发展，构建起了"自贸试验区＋联动创新区＋辐射带动区"的全面开放新格局。下一步，应加快推动自贸试验区制度创新成果和改革试点经验率先复制到联动创新区，统筹布局重大产业项目与公共服务平台，形成与自贸试验区优势互补、资源共享、政策互通、布局统筹的协同格局，让更多地方享受到高水平开放的政策红利，使得浙江自贸试验区成为浙江高质量发展建设共同富裕示范区的重要引擎。

## 第二节　顺应数字化发展最新趋势，全面推进数字化赋能自贸试验区，推动更深层次的改革创新

数字化已经成为未来世界发展的主流趋势，将深刻影响全球经济、科技、文化、社会生活等各个领域，2021 年 2 月 18 日是中国农历春节后的第一个工作日，浙江省委书记袁家军在浙江省数字化改革大会上提出，"加快建

设数字浙江,推进全省改革发展各项工作在新起点上实现新突破,为争创社会主义现代化先行省开好局、起好步。"从中看出,数字化改革已成为浙江立足新发展阶段、贯彻新发展理念、构建新发展格局的重大战略举措。然而,数字化改革是一项复杂的系统工程,也是一个长期的螺旋式迭代过程,需要在一些领域先行突破,浙江自贸试验区作为"先行先试"的改革先行区,应全面推动"数字自贸区"建设,不断推动数字化改革实践上升为理论成果、固化为制度创新成果。

## 一、数字化赋能政府监管模式,推动浙江自贸试验区创造出更多制度创新成果

制度创新是国家赋予自贸试验区建设的核心任务,也是国家衡量自贸试验区发展成效的最关键指标之一。浙江自贸试验区自扩区以来,推动数字化赋能政府监管模式创新,较大幅度地降低市场运营成本,有效提升市场对资源配置的效率。2021年,浙江自贸试验区成功入选2项国家级"最佳实践案例",两者都体现了数字化赋能政府监管模式创新的成效,舟山片区的"优化国际航行船舶进出境监管改革创新"是将国际航行船舶转港申报数据对接国际贸易"单一窗口"数据平台,大大简化船舶进出境的申报手续,节省申报时间;杭州片区的"数智化在线商事调节模式"同样是数字化融入政府服务平台的体现。在2021年3月底推出的第一批浙江自贸试验区10个最佳制度创新案例中,有5个案例与数字化改革赋能政府监管模式直接相关。扩区一年以来,浙江自贸试验区制度创新成果已经与数字化改革赋能政府监管模式息息相关,也是未来持续推动改革创新的关键所在。

## 二、数字化赋能市场运行机制改革,推动浙江自贸试验区全面提升营商环境

打造良好营商环境是一项系统工程,头绪多、任务重、牵扯面广,不能胡子眉毛一把抓,应提纲挈领、抓住关键。当前,中国各地区优化提升营商环

境普遍从"减手续、减成本、减材料"等便利化举措入手。浙江通过前期"最多跑一次"等深化改革,已经在市场营商环境便利化方面实现了大幅度改善和提升,数字化改革是在"最多跑一次"改革和政府数字化转型基础上的迭代深化,也是下一步向纵深层次不断优化、持续提升营商环境的核心路径。浙江自贸试验区扩区以来,探索数字化赋能市场运行机制改革,降低市场运营的制度性交易成本,进一步提升营商环境。例如,宁波片区为降低油气能源贸易的市场交易成本,谋划建立了数字化能源贸易平台,有效推动解决市场信息不对称的问题,并创新性地开展全国首单油气数字化仓单融资质押业务,架起了金融机构与企业之间信任的桥梁。又比如,杭州片区构建跨境电商行业数字化信用监管场景,汇集 28 个部门数据,完成对所在区域 1.7 万余家跨境电商企业的信用评级,授信金额超亿元。综上所述,数字化赋能市场运营机制改革,能够推动解决信息不对称造成的"市场失灵"问题,提升市场机制对资源配置的效率,能够进一步优化市场营商环境。

## 三、数字化赋能企业生产经营全产业链,推动浙江自贸试验区探索产业转型升级新路径

产业转型升级是中国经济可持续发展亟待突破的重要命题,本质上是解决企业随着生产成本提高带来的利润空间减小的问题,自贸试验区作为国家改革开放的"排头兵",应该在探索产业转型升级的过程中找出一条"可复制、可推广"的新路径。浙江自贸试验区自扩区以来,在"产业数字化"以及"数字产业化"全产业链中全面赋能。在数字研发领域,围绕特色产业链推动设立"产业大脑"等数字化研发平台,促进中小企业研发能力提升;在数字生产领域,推动"智能工厂""数字化车间""云端工厂"等数字化业态,有效降低企业生产成本;在数字物流方面,推出国内仓配物流园、中转分拨园区、产业园区、海外 eHub 枢纽和海外本地仓等服务功能,提升物流资源配置效率;在数字金融方面,推出了"外汇金管家"等融资服务平台,缓解中小企业"融资难、融资贵"等问题。通过数字化赋能企业生产经营的全产业链,提升企业研发能力,降低企业生产经营、融资、物流等成本,"一升一降"有效促进

企业盈利能力提升,提供了一条产业转型升级新路径。

## 第三节　围绕"产业链"部署"创新链",形成 保障供应链稳定的制度创新策源地

对于中国这个拥有 14 亿人口的"超级大国"和"世界工厂"来说,供应链的稳定至关重要,尤其是在中美经贸摩擦长期持续以及新冠肺炎疫情可能长期持续的背景下,世界主要经济体货币超发等因素造成大宗商品价格剧烈波动,美国等发达国家的技术封锁导致中国面临关键技术"卡脖子"的风险,因此,如何保障供应链的稳定需要自贸试验区制度创新和"先行先试"。

### 一、从保障能源等大宗商品稳定供应角度出发,进一步围绕油气全产业链深耕制度集成创新链

中国作为世界上最大的原油进口国,2020 年对外原油进口依存度达到 74%,因此,油气等国际能源安全是保障中国供应链安全中最重要的一环。浙江自贸试验区自从启动建设以来就围绕油气全产业链开展改革创新,尤其是扩区以后,油气全产业链制度集成创新拥有更广阔的应用场景,贯穿油气储运、油气贸易、绿色石化、化工新材料等"油头化尾"全产业链条。自扩区以来,浙江自贸试验区在全国率先开展国储商储转换机制创新,探索地下空间油气储备新模式,实施保税与非保税油气产品和液体化工品"同罐共储",降低企业经营成本;支持民营企业获得更多的油气进出口贸易资质和配额,为中国在油气贸易领域开放开展"压力测试";推动全国首单跨港区国际航行船舶供油试点业务落地;推动数字化赋能油气能源贸易新模式,解决企业、银行、政府相关各方信息不对称问题。浙江自贸试验区"以产业促进为导向探索制度集成创新"的先进模式,在中国政府、高层智库、各地自贸试验区以及学界引起了强烈反响。

## 二、从解决"卡脖子"关键技术环节出发，实施产业链补链强链延链工程

中美经贸摩擦以来，中国部分产业的关键技术遭遇"卡脖子"问题，被锁定在"微笑曲线"的低端环节，亟须构建核心技术自主创新机制，促进关键产业链补链强链延链。浙江自贸试验区以市场为导向，以制度创新推动科技创新，加大力度培育领先性的创新主体，锚定关键产业链，展开关键核心技术攻关，打通产业链全流程。杭州片区将生物医药作为主导产业，2021 年 7 月发布了加快生物医药产业高质量发展的政策文件，明确在药品研发等领域给予支持。宁波片区明确提出打造 10 大标志性产业链，出台重点产业链培育方案，实施智能制造升级工程，推广"5G＋工业互联网"、网络协同制造、数字化车间、智能工厂等技术，建立"产业大脑"，推动关键产业链核心技术攻关。通过产业链的补链强链延链工程，浙江自贸试验区的产业技术创新能力显著提升，一定程度上为解决"卡脖子"问题提供了切实可行的新方案、新路径。

尽管一年时间相对较短，但足以窥见浙江自贸试验区这块改革开放"试验田"释放的活力之大、动力之强。在扩区建设过程中，浙江自贸试验区在政府治理、企业升级、项目推进、制度创新等各个领域都显现出生机勃发的开拓创新精神，做出了不少亮点工程，推出了一系列有较大影响力的制度创新成果。除了继续在油气全产业链领域开展深度集成创新，在数字化改革，对标高标准国际经贸规则、国内外先进自贸区（港）等方面以及在对接中国重大发展战略等诸多领域都进行了多重探索和创新。深层次系统改革创新的道路是曲折的，但前途是光明的，浙江自贸试验区只要坚持既定目标，一步一个脚印，久久为功，一定能够创造出更多令人惊喜的成绩，提供更多开放创新的"路径垂范"，为国家全方位改革开放探索出一条前沿路径。

# 第七章 浙江自贸试验区经验借鉴

扩区一年来,对于浙江自贸试验区打造"以油气为核心的大宗商品资源配置基地、新型国际贸易中心、国际航运和物流枢纽、数字经济发展示范区和先进制造业集聚区"的战略目标而言,目前仍只是原始积累期。浙江自贸试验区自身特色和产业优势,以及长三角一体化与长江经济带区域协同腹地优势等,尚未得以充分发挥。新发展阶段,浙江自贸试验区应对标国际先进自由贸易区、高标准经贸规则,提高国际影响力和竞争力,久久为功,培育价值增长爆发点,不断提升发展能量和区域能级。

## 第一节 对标新加坡、鹿特丹,打造以油气为核心的大宗商品资源配置基地

扩区后的浙江自贸试验区,叠加了宁波油气全产业链的发展基础和优势,在国际油气产业领域的国际竞争力和影响力进一步提升。但对标国际先进自贸区,浙江自贸试验区虽然在油品储备能力和原油炼化能力上处于领先,但在打造国际油气交易中心这一大宗商品资源配置核心环节上还任重道远,以油气为核心的大宗商品资源配置基地还名不副实。

## 一、区域油品储备能力处于全国乃至世界领先地位，但仍需吸引集聚更多世界油品贸易商和仓储商

对比国际来看，浙江自贸试验区的油品储备能力远大于鹿特丹和新加坡。作为欧洲炼油基地和世界三大炼油中心之一的鹿特丹港最大特点是油气储、运、销一条龙，拥有超过 3000 万方的油品及液体化工品仓储能力和 6 个原油码头以及长达 1500 公里的输油管线，能通过多种运输路线将货物送到荷兰和欧洲其他的目的地。而同样作为世界三大炼油中心之一的新加坡仅有 380 万方油品及液体化工品仓储能力（其中，地面油库 233 万方，地下洞库 147 万方），同时拥有 15 个原油码头泊位。

与二者相比，浙江自贸试验区储备能力拥有比较优势，现有油品储备能力 5048 万方（4543 万吨），占全国石油储备能力的 18.9%。其中，国储能力 1320 万方（1188 万吨），占全国国储能力的 31%，位居全国各省份首位；商储能力 3728 万方（3355 万吨），占全国商储能力的 18%。但从商业运营上看，浙江自贸试验区油气储备设施国储规模占比最大，商储主要是由大型国有企业控制，市场化运营主体以石油央企和中小型民营企业为主，储备主体市场化、国际化运营程度都较低，对国家油气战略储备贡献度有待进一步提升，大量的原油国储空间尚未有效激活，需加强对国际大型油气仓储企业的招引力度，管网运输渠道尚未充分利用，集疏运体系有待进一步完善。

### 专栏 7-1　油气运输管网运营机制出现新变化

2020 年 9 月 30 日，国家管网公司举行油气管网资产交割暨运营交接签字仪式。按照约定，国家管网公司与中国石油、中国石化、中国海油、中国诚通、中国国新、社保基金会、中保投基金、中投国际、丝路基金共同签署的资产交易协议和增资扩股协议于当日 24 时正式生效，国家管网公司将全面接管原分属于三大石油公司的相关油气管道基础设施资产（业务）及人员，

正式并网运营,这标志着中国油气管网运营机制市场化改革取得重大成果。

## 二、区域原油炼化能力已在全国领先,将形成全球规模最大的石化产业集群

对比国际来看,欧洲炼油基地荷兰鹿特丹石化基地,年炼油能力为5000万吨;新加坡裕廊岛石化基地,年炼油能力为7000万吨;韩国蔚山石化基地,年炼油能力为6300万吨。由于具备区位和港口优势,新加坡拥有世界前三的炼油工业,主要集聚于裕廊岛石化工业园区,炼油产能是其石油产品消费量的两倍,油品主要销往国际市场,每天能提供大量的成品油,优质且低价,是世界最主要的成品油市场和集散地。韩国拥有七大炼厂,总计产能约1.64亿吨/年,其中,位于蔚山的SK炼厂和S-Oil产能分别为4250万吨/年和3345万吨/年,均位列当前全球排名前十的大炼厂。目前,浙江自贸试验区原油炼化能力已达5100万吨/年(其中,浙石化一期2000万吨/年、镇海炼化2300万吨/年、中海油大榭800万吨/年),已成为我国最大的石化基地之一。叠加正在建设的浙石化二期新增炼油能力2000万吨/年、镇海炼化扩建新增炼油能力1500万吨/年、中海油大榭扩建新增炼油能力400万吨/年,到2025年,区域总炼油能力将达到9000万吨,并成为世界规模最大的石化产业集群。另外,在产业链方面,宁波、舟山石化产业链的比较分析如表7.1所示。

但是,浙江省自贸试验区的石化产业也面临产能过剩和转型升级问题。截至2020年底,我国炼油能力达到8.9亿吨/年,到"十四五"期末国内炼油能力将达到9.8亿吨/年,考虑需求以及出口空间后,2025年中国炼油能力至少过剩1.6亿吨/年;再考虑"一带一路"沿线国家继续推进炼油项目以满足自身国内需求或加大成品油出口置换原油出口,中国炼油能力过剩问题将进一步加剧。值得注意的是,受新冠肺炎疫情影响,全球炼厂被迫停产或提前检修,疫情缓解后全球炼厂恢复正常生产

且检修明显减少,未来全球成品油供应有望继续增加,成品油贸易竞争的加剧也会使炼油毛利在低位徘徊。因此,尽管浙江自贸试验区绿色石化产业在发展规模方面已经超越了世界上主要的石化产业集聚区,但面对全球炼油产能过剩的局面和"碳达峰""碳中和"要求,需要继续推进产业转型升级(见表 7.1 和表 7.2)。

表 7.1 宁波、舟山石化产业链比较分析

| 类别 | | 宁波 | 舟山 |
|---|---|---|---|
| 产业布局 | | 镇海石化经济技术开发区、北仑经济技术开发区、大榭开发区三大石化产业集聚区 | 舟山绿色石化基地,包括舟山大、小鱼山岛和其周边区域 |
| 重点产品 | 上游 | 成品油、乙烯、丙烯、丁二烯、C5、C9、甲苯等石化原材料 | 上游产品相对单一,包括成品油、丙烯等石化原材料 |
| | 中游 | 品种多、产量大,涉及烯烃、芳烃等多条产业链,包括苯乙烯、环氧丙烷、PTA、异辛烷、MDI 等上百种石化中间产品 | 品种较少、产量小,集中于芳烃产业链,包括苯、对二甲苯、苯乙烯、乙苯、丁烯－1 等产品 |
| | 下游 | 下游工业制品需求旺盛,包括聚丙烯热塑性弹性体、工程塑料、合成树脂、合成橡胶等多种产品 | 基本没有涉及 |
| 重点企业 | | 镇海炼化、大榭石化、荷兰阿克苏诺贝尔、韩国 LG 甬兴、逸盛石化、中金石化、日本大赛璐化学、万华化学、金发新材料等 | 浙石化 |

资料来源:浙江省新时代自贸港研究院分析整理。

## 专栏 7-2　"十四五"期间国内炼油行业展望

"十四五"期间,国内仍将有多个千万吨级炼厂建成投产,预计净增能力约 0.96 亿吨/年(新增 1.37 亿吨/年,淘汰 0.41 亿吨/年),预计 2025 年国内炼油能力将达 9.8 亿吨/年(见表 7.2)。

表 7.2　未来国内新增炼油能力情况

| 投产年份 | 企业名称 | 参与方 | 省份 | 新增能力(万吨/年) | 建设进度 |
|---|---|---|---|---|---|
| 2025年前 | 盛虹石化 | 盛虹 | 江苏 | 1600 | 2021 年投产 |
| | 其他地方炼厂 | 鑫海、凯意 | 河北 | 1100 | 2021 年投产 |
| | 镇海炼化 | 中石化 | 浙江 | 1500 | 2022 年投产 |
| | 海南炼化 | 中石化 | 海南 | 500 | 2022 年投产 |
| | 揭阳石化 | 中石油 | 广东 | 2000 | 2022 年投产 |
| | 裕龙岛石化 | 南山、万华 | 山东 | 2000 | 2022 年投产 |
| | 中科炼化(二期) | 中石化 | 广东 | 1000 | 规划 |
| | 恒力(二期) | 恒力 | 辽宁 | 2000 | 规划 |
| | 裕龙岛石化(二期) | 南山、万华 | 山东 | 2000 | 规划 |

小计新增能力 13700 万吨/年,小计淘汰能力 4126 万吨/年,合计净增能力 9574 万吨/年。

续表

| 投产年份 | 企业名称 | 参与方 | 省份 | 新增能力（万吨/年） | 建设进度 |
|---|---|---|---|---|---|
| 2025年后 | 浙江石化（三期） | 荣盛、巨化等 | 浙江 | 2000 | 规划 |
| | 华锦阿美石化 | 北方工业、沙特阿美 | 辽宁 | 1500 | 签订技术合同 |
| | 旭阳石化 | 旭阳 | 河北 | 1500 | 环评公示 |
| | 大连福佳石化 | 福佳、华阳经贸、外资 | 辽宁 | 2000 | 签约落户，无实质进展 |
| | 一泓石化 | 浅海 | 河北 | 1500 | 环评已批复，无实质进展 |
| | 华通京港化工 | 中东海湾投资 | 河北 | 1600 | 用海公示，无实质进展 |
| | 新华石化 | 新华联合冶金 | 河北 | 2000 | 环评公示，无实质进展 |

## 三、宁波舟山港已成为全国最大、全球第八大加油港，但全球重要加油港的地位并不稳固

对比国际来看，新加坡是全球最大的船用燃料油加注基地，主要凭借区位优势、自由贸易政策优势、燃料油免税政策和国际油气贸易中心等综合优势，拥有燃料油加注企业近 50 家。此外，新加坡还打造了世界上最大

的燃料油交易市场,集聚了大量的石油公司、贸易商、经纪商、金融机构、投资基金等市场主体,形成了亚太地区燃料油价格指数,即 MOPS(普氏)价格,获得了世界船用燃料油价格的定价权。对比国内来看,海南、深圳、上海临港、天津、大连等多个口岸都提出发展燃料油加注业务,尤其是海南和深圳同样获得了国家政策支持。2021 年 4 月 19 日,商务部等 20 个部门联合印发了《关于推进海南自由贸易港贸易自由化便利化若干措施的通知》,赋予海南省保税燃料油加注地方经营许可,成为我国首个省域范围内获保税油地方经营许可权的地区;并且对于内外贸同船运输的境内船舶,允许在洋浦港进行燃料油加注;同时支持海南进出岛航班加注保税航油,之前只允许国际航班加注保税航油,此政策拓展了保税航油的服务对象,体现了国家对海南赋权的系统性和集成性。此外,2020 年,深圳也获得了燃料油加注业务的地方政府审批权,试点开展国际航行船舶保税液化天然气加注业务。

## 专栏 7-3　我国船用燃料油加注企业清单

| 经营范围 | 获批时间 | 公司名称 |
| --- | --- | --- |
| 全国性牌照 | 1972 年 | 中国船舶燃料供应有限公司 |
| | 2006 年 | 中石化浙江舟山石油有限公司 |
| | 2006 年 | 深圳光汇股份有限公司 |
| | 2006 年 | 中石化长江燃料有限公司 |
| | 2006 年 | 中石化中海船舶燃料供应有限公司 |

**续表**

| 经营范围 | 获批时间 | 公司名称 |
|---|---|---|
| 地方性牌照 | 2017 年 6 月 8 日 | 中油泰富船舶燃料有限公司 |
| | 2017 年 6 月 8 日 | 舟山浙能石油化工有限公司 |
| | 2017 年 6 月 8 日 | 华信国际（舟山）石油有限公司 |
| | 2017 年 10 月 27 日 | 浙江海港国际贸易有限公司 |
| | 2018 年 10 月 26 日 | 舟山国家远洋渔业船舶燃料供应有限公司 |
| | 2018 年 10 月 26 日 | 信力石油（舟山）有限公司 |
| | 2019 年 9 月 24 日 | 中国石油燃料油分公司 |
| | 2019 年 9 月 24 日 | 国油石化（舟山）有限公司 |
| | 2020 年 11 月 20 日 | 中石油上港（舟山）能源有限公司 |

在商务部等国家部委的支持下，浙江自贸试验区以国际航行船舶保税燃料油加注为突破口，已吸引多元主体参与到保税燃料油加注业务，9家企业获批地方加注资质。2020 年，浙江自贸试验区保税燃料油加注量达到 472.4 万吨，成为全国第一大、全球第八大加油港，并探索建立了"中国燃料油价格指数"，在全国自贸试验区中产生较大影响。但综观全球其他港口，浙江自贸试验区仍处于前有标杆、后有追兵的状态，特别是对标通过实行船用燃料油免税政策以集聚发展现代海事服务业的新加坡，仍有不小的差距。2020 年，舟山保税燃料油供应量占比还不到新加坡的十分之一，舟山全球重要加油港的地位并不稳固，需要持续深化改革创新，创造竞争优势。

# 四、国际油气交易中心现处于摸索阶段，任重道远

对比国际来看，新加坡是国际油气贸易交易中心，2019年，新加坡油气贸易规模为1.35亿吨，实际贸易额1040亿美元。在油品进出口贸易政策方面，新加坡对油品进出口资质和数量均不设限制，贸易投资完全自由；而我国对除"四桶油"以外的企业实施非国营贸易资质与配额管理模式。在油气交易领域，新加坡实施自由化的金融财税政策，比如，外汇金融和财税政策方面，新加坡实施15%企业所得税和单一税制，资金可自由进出，企业融资成本仅2%左右，可以通过现期货交易市场和丰富的场外衍生品套期保值锁定风险，吸引集聚了全球油商；而我国企业所得税率为25%，融资成本普遍高于5%，对交易等资本项下资金仍实行严格的外汇管制，对现货交易实施严格限制，禁止国际通用的集中竞价、"T＋0"等交易模式，企业贸易成本高于新加坡。

## 专栏7-4　原油及成品油市场开放迎来新契机

为贯穿落实《优化营商环境条例》和国务院有关石油成品油流通管理"放管服"改革工作的要求，商务部决定废止《成品油市场管理办法》和《原油市场管理办法》。旧管理办法正式废止实际是对"放管服"改革新政的延续，意味着今后企业将有更多获得原油及成品油销售及仓储资质的机会，更多的民营企业将参与其中，标志着国内原油及成品油管理向市场化迈出重要一步。

从油气贸易制度开放角度来看，浙江自贸试验区在油气全产业链领域不断进行的制度创新和政策突破，相比于其他省份已经处于最前沿。浙江国际油气交易中心现已拥有燃料油、橡胶、沥青等9大类22个交易品种，聚集会员企业超1500家，成功引入了上海期货交易所战略入股，与上期所合作设立的浙油中心报价专区在上期所标准仓单交易平台上线，但总体来看，依

旧存在在国际上的竞争力不足、影响力较小的问题。对比新加坡，浙江自贸试验区国际油气交易中心建设，在集聚形成繁荣的国际国内市场化油气贸易、发达完善的金融服务环境、高效的监管方式以及在对高端贸易、金融人才的吸引上还有很长的一段路要走，可以说是"任重而道远"（见图7.1）。

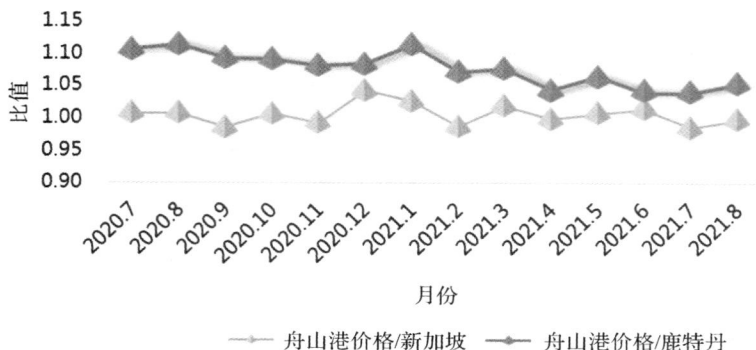

图7.1 舟山低硫燃料油（VLFSO）与新加坡、鹿特丹近一年价差对比

数据来源：海运在线网，浙江省新时代自贸港研究院分析整理。

## 专栏7-5 2020年我国油气交易市场快速发展

2020年，中国天然气交易中心快速发展，上海和重庆石油天然气交易中心持续创新交易模式，深圳成立天然气交易中心，浙江成立浙江天然气交易平台，海南拟成立期货交易所开展天然气期货业务。上海交易中心开展碳中和LNG船货交易、国际LNG线上交易、LNG运力交易；重庆交易中心开展LNG厂原料气挂牌交易；深圳天然气交易中心11月挂牌成立，计划依托深港合作基础，打造国内首个市场化的跨境天然气交易平台；海南国际能源交易中心拟成立期货交易所，开展LNG期货业务。

# 第二节　对标 CPTPP、USMCA 等高标准国际经贸规则，打造新型国际贸易中心

近年来，在美国、欧盟等大力推动下，新一轮国际经贸规则正在迅速形成。2018 年 3 月，除美国以外，《跨太平洋伙伴关系协定》(TPP)的 11 个原成员国签署《全面与进步跨太平洋伙伴关系协定》(CPTPP)，并于 2018 年 12 月正式生效。CPTPP 作为当前新型国际经贸规则的突出代表，具有标准性高、综合性强、开放领域广等特点，是迄今为止在新型贸易方面规定最为全面的自贸协定。在浙江自贸试验区内，跨境电商、数字服务贸易等外贸新业态正快速发展，实际业务已在全球布局。搭上扩区这班快车后，应更多地对标 CPTPP、USMCA 等国际高标准经贸规则，加大新型国际贸易领域的压力测试。

## 一、跨境电商全国领先，但电子商务规则标准还未系统构建

CPTPP 电子商务章节指出要通过简化程序和手续、协调适用法律和规定、标准化基础设施来促进电子商务贸易便利化发展，主要体现在国内电子交易框架、电子认证与电子签名、无纸化贸易、跨境信息传输等方面。CPTPP 鼓励主要成员国要避免对电子交易施加任何不必要的监管负担，明确不得对以电子方式传输的内容征收关税，同时鼓励使用可交互操作的电子认证并要求相互承认其有效性。同时，CPTPP 重视成员国之间在电子商务领域的合作，要求成员国积极参与区域和多边论坛，就有关个人信息保护、非应邀商业电子信息、电子通信安全、身份验证、电子政务等方面的法规政策以及数字产品和服务进行交流，鼓励私营部门制定包括行为准则、示范合同、指南和执行机制等在内的自律办法。

当前，浙江除了舟山片区外，其他三个片区均已覆盖跨境电商综试区，拥有 1210、9610、9710、9810 跨境电商模式，集聚了淘宝、速卖通、阿里巴巴国

际站、天猫国际、网易考拉、PingPong 等跨境电商龙头平台和企业,积累了以"六体系两平台"为核心的跨境电商"杭州经验",现已在全国 100 多个综试区复制推广,并参与跨境电商标准规则制定,发布《跨境电子商务平台商家信用评价规范》国家标准,但受限于专业人才短缺、数据统计尚未形成体系、新技术尚未成熟应用等一系列原因,浙江在电子商务领域中的无纸化贸易、电子认证、国内电子交易框架等规则研究及应用场景探索动力不足,没有充分释放新技术与电子方式交易的潜能。

## 二、数字服务贸易优势明显,但跨境支付、结算等方面缺乏高质量的专业化服务

CPTPP 跨境服务贸易章节旨在为服务供应商提供公平的竞争环境,要求各成员国以"负面清单"方式市场准入,明确指出取消了对服务提供者数量、服务交易或资产值、服务业务总数、特定服务部门等方面的限制,确保以客观公正的方式对影响跨境服务贸易的国内法规进行管理。同时,CPTPP 鼓励通过协调或安排获得在另一方管辖区内教育或经历等方面的许可或证明,要求对数字产品实施非歧视待遇。USMCA 推行"源代码非强制本地化"和"密钥保护条款",要求成员国不得将转移或获得的软件源代码以及源代码中的算法作为在其领土内进口、分销、销售或使用该软件及包含该软件的产品的条件,保护数字供应商的竞争力,并免除数字产品关税,以推动数字传媒、数字娱乐、数字学习、数字出版等数字服务贸易发展。此外,USMCA 明确指出成员国不得禁止或限制通过电子方式跨境传输金融信息,规定只要金融监管当局能立即、直接、完整和持续地访问其领土外的计算设施上存储或处理的信息,政府就不得限制金融公司计算设施的位置。

扩区后,浙江自贸试验区数字服务贸易优势进一步凸显,尤其是杭州片区,作为全国服务贸易创新发展试点,2020 年,杭州数字服务贸易进出口额 1695.51 亿元,占全省比重达 93.81%,宁波数字服务贸易进出口额占全省比重为 3.35%,金华、舟山占比较小,处于数字服务贸易起步阶段。由于跨境电商等新型贸易模式与传统贸易方式在电子支付、结算等方面存在较大差

异,数字服务贸易创新发展需要高质量和专业化的配套服务。

### 三、世界电子贸易平台全球布局,但数字贸易治理体系有待完善

USMCA 指出要对非应邀商业电子信息加以管理,包括为信息接收人拒绝接收此种信息提供便利、为信息提供者赋予追索权、监管合作等。此外,将开放政府数据写入自由贸易协定,鼓励成员国应保证政府信息的可读性和开放性,在扩大政府信息(包括数据)的公开范围内努力合作以获得更多有利于中小企业的商业机会。当前,阿里巴巴正积极推动搭建eWTP,在马来西亚、泰国、卢旺达、比利时、埃塞俄比亚等国家和地区展开布局,在简化外贸流通环节手续、建立供应商诚信体系、促进金融服务担保、应对贸易纠纷上扮演了积极角色,但因税收、外汇等配套政策协同性不足,商务信用体系和重要产品追溯体系建设有待完善,跨境电商领域尚未形成相对统一的统计制度,统计数据的定义、来源、统计口径等要素缺乏规范,各地区、各部门、各主体之间的数据也无法打通,需进一步完善数字贸易治理体系。

### 第三节 对标新加坡港、德国杜伊斯堡港、美国孟菲斯国际机场、上海港,打造国际航运和物流枢纽

乘着扩区这一东风,海港、陆港、空港、信息港"四港"联动发展成为了浙江自贸试验区的又一大优势,应通过对标国际,确定追赶目标,以差距倒逼"四港"国际化发展,进一步提升链接全球、服务全国的能力,打造全球供应链的"硬核"力量。

# 一、宁波舟山港对标新加坡港、上海港，在规模设施、港口物流等方面领先全球，但在高端航运服务、绿色发展等方面存在明显短板

## （一）规模设施方面，港口吞吐量大、覆盖面广、码头吞吐能力强、专业化程度高，但集疏运体系结构有待完善

2020 年，宁波舟山港货物吞吐量 11.7 亿吨，比上年增长 4.7％，连续 12 年蝉联世界首位；集装箱吞吐量 2872.2 万标箱，增长 4.3％，位列全球第三（上海 4350 万标箱、新加坡 3690 万标箱）；班轮航线总数 244 条，其中，远洋干线 110 条，连接全球 100 多个国家和 600 多个港口，港口连通度位居全球第四（次于上海、新加坡、韩国釜山）；10 万吨级以上大型深水泊位达到 50 个，全国排名第一；泊位专业化率指标位居全球前列。但在集疏运方面，除江海联运外，以公路运输为主，给城市发展和生态环境带来一定的压力。海河、海铁联运起步较晚、占比较低（海河 3000 万吨、海铁 80 万标箱），杭甬运河通而不畅，铁路支线能力不足。

## （二）港口物流方面，港口资源配置能力强，但港产城融合度不足

宁波舟山港承担了长江沿线地区 43％的外贸进口铁矿石和长三角99.7％的外贸原油接卸量，已经成为全球最大的铁矿石、原油中转分拨基地、全国重要的大宗商品储运基地。巨大的吞吐量和仓储量占用了大量优质港口岸线和土地资源，但港口利润率、港产融合度相对较低，在矿石和油气贸易、加工、销售等上下游业务延伸方面发展不足，对宁波、舟山经济发展总体贡献度约为 8％，低于新加坡 13％，但高于上海的 4％。

## （三）航运服务方面，传统航运服务基础较好，但高端航运服务不足

宁波、舟山已发展成为全国最大的船舶交易中心、船舶保税燃料油加注中心，拥有全国最多的船员管理数量，"海丝指数"也被写入"一带一路"合作倡议。但由于高端航运服务与城市能力、政策水平等外部环境因素密切相关，且受上海虹吸效应影响，宁波、舟山在航运金融和保险、航运经纪、海事仲裁等高端航运资源集聚方面缺乏吸引力、发展滞后。2021 年度新华—波罗的海国际航运中心发展指数显示，宁波、舟山综合排名第十（新加坡第一，上海第三），主要受高端航运服务不足的影响。

## （四）智慧绿色方面，信息技术应用比较先进，但集成应用的标志性工程缺乏

宁波舟山港依托浙江数字经济优势，对远程控制桥吊、智能理货、智慧化监控、5G 应用等新技术进行了深入实践，在全国率先实现了集装箱进出口全程无纸化、物流可视化，每年可节约燃油和物流成本 2.7 亿元，新技术应用及自主可控水平和港口物流智能化程度两项指标均位列全球第二（新加坡港第一）。但是，尚未建成具有先进技术水平的自动化集装箱码头。

## 二、义乌陆港对标全球最大的内陆港杜伊斯堡港，在专业市场、国际合作等方面发展迅速，但现代物流体系、港城融合等方面有待完善

### （一）专业市场方面，规模、业态、布局发展迅速，但现代物流体系有待完善

义乌经历了从"鸡毛换糖"到集贸市场、国际商贸城，再到线上线下相结

合的"义乌购"电子商务市场的发展历程,2020 年实现商贸货运量 7683.7 万吨,9710、9810 业务率先全国走通。现代物流体系的建设是一个内陆港发展的必要条件,杜伊斯堡港运营主体为私营公司,拥有 DIT、DUSS 等众多具备水路、铁路、公路多式联运系统的场站及配套现代化的信号设备和电视监视系统,货运路线覆盖整个欧盟。义乌西站货运场站低效的人工调度作业频频出现拥堵,同时,因其仍不是铁路枢纽站,铁路网络并不丰富,链接全国的点对点线路较少,海铁联运线路发展受限。

## （二）国际合作方面,中欧班列实现常态化运行,但"内内合作"有待加强

自开通以来,"义新欧"班列规模持续扩大,从 2014 年开行 1 列 60 标箱到 2020 年开行 1399 列 115534 标箱,六年多来"义新欧"班列呈现跨越式发展。随着义乌至河内的中欧（亚）班列开通运营,标志着第 13 条国际铁路运输线路开通,成为跨越国家最多、线路最长的中欧班列运营线路。杜伊斯堡港与世界上很多内河港建立联系,在中国就与武汉结为姐妹城市。虽然中欧班列架起了经贸合作桥梁,但义乌距离"国际陆港"目标甚远,需发挥自身港口和物流优势,加强与国内外内港交流合作,共同提高港口国际竞争力。

## （三）港口建设方面,配套设施加快建设,但港城融合发展不足

港城融合是港口的长远发展方向,杜伊斯堡港为实现"以港兴城",将城市打造成一个集现代与古典并存、休闲娱乐和工作为一体的地方,如通过IBA 计划将拆毁的地区改造成城市滨水区,将老旧的粮仓改成具有历史意义的旅馆、餐厅、博物馆等;老港区进行水体净化,积极发展文化产业,打造工业旅游产业,包括自然公园、生态水景区、工业生林地等。近年来,义乌陆港物流园区、保税物流中心、铁路口岸、航空口岸、跨境电子商务监管中心及陆港电商小镇等项目及基础设施工程建设加快,但港城融合发展规划不足,

不能有效带动周边发展。

## 三、萧山国际机场对标美国孟菲斯国际机场，在机场规模、货运信息、临空经济等方面具有优势，但专用设施、集疏运体系等方面存在不足

### （一）规模设施方面，机场规模较大，设施齐全，但货运专用设施建设有待加强

萧山国际机场占地 10 平方公里，拥有三座航站楼，共有两条跑道，长度分别为 3600 米和 3400 米，其中，货机停机坪 5.2 万平方米。孟菲斯机场占地 3900 英亩（16 平方公里），拥有 4 条跑道、3 个航站区以及多个货物中心，交通条件便利，货运设施完备。机场北部的 FedEx 货运基地有一条长约 3000 米的东西向货机专用跑道，跑道北侧有 70 万平方米的货机坪和 160 多个货机位。对比孟菲斯机场，萧山国际机场在货运专用设施建设和客货分离方面仍需进一步加强，应加大完善基础设施力度，加速推进萧山机场三期工程及货运仓储中心建设。

### （二）物流运量方面，货运信息化程度高，但专业货运企业引进机制有待完善

2020 年，萧山国际机场累计完成货邮吞吐量 80.2 万吨（同比增长 16.2%），孟菲斯机场货运吞吐量 461 万吨。萧山国际机场信息化数字化程度高，但仅有圆通货运一家货运企业将航空货运中心地设在机场。孟菲斯是全球最大转运中心，除 FedEx 在机场建立了 3.64 平方公里的全球超级转运中心，UPS、DHL 等货运龙头企业及 KLM、Cathay Pacific 等航空公司都在机场设有航空物流机构。对比孟菲斯机场，萧山国际机场缺乏专业货运巨头企业入驻，应以快递业发展为牵引，加快引进"四通一达""菜鸟裹裹"等快递头部企

业在萧山国际机场设立区域总部、转运配送中心、货运航空主营基地。

## （三）配套体系方面，"四港联动"前景广阔，但周边配套运输方式较为单一

萧山机场周边仅一条机场快速路，杭州地铁 1 号线三期在 2020 年底建成通车。而孟菲斯是美国中南部最大的多式联运枢纽。水路方面，机场附近的孟菲斯港是美国第四大内河港口，处在美国南北水上大通道的咽喉位置，年货运量超 1900 万吨。铁路方面，孟菲斯是美国第三大铁路中心，是全美拥有 5 条一级铁路（NS、BNSF、UP、CSX、CN）的 3 个城市之一。公路方面，7 条国家及州际高速公路交汇于此，货运集装箱可在 10 小时内抵达美国本土三分之二地区。航空方面，孟菲斯机场 2 小时内的航程几乎能覆盖全美所有大中城市。对比孟菲斯机场，萧山国际机场缺乏机场周边配套的集疏运体系，物流运输方式较为单一，应以亚运会为契机，扩大萧山国际机场周边道路及轨道交通设施建设，加快地铁、高速公路、高铁动车等基建建设，提高地面交通可达性，营造"四港联动"的多式联运市场环境。

## （四）产业融合方面，临空经济特色优势明显，但对外开放程度仍需进一步提升

杭州临空经济示范区发展以跨境电商、临空物流、临空高端制造等领域为特色，区内跨境电商成效明显，仓储物流较为发达，平台建设稳步推进，但产业布局多元化有待提高。孟菲斯航空港兴起后，带动了如国际物流仓储、加工制作、信息技术、生物医药等周边产业发展，全球知名企业及电子商务零售商在机场附近建立了营运中心，进一步扩大了机场货运市场需求。对比孟菲斯机场，萧山国际机场在企业引进、高新技术产业发展基础方面较为缺乏，应抓住浙江自贸试验区扩区机遇，以货运为基础，打造综合性航空物流园区，推动杭州临空经济示范区全产业链发展。

# 第四节 对标美国、欧盟等国际国内数字经济发展模式，打造数字经济发展示范区

2003 年，习近平总书记在浙江工作期间就前瞻性地开启了"数字浙江"建设，此后，浙江抢抓新一轮科技革命和产业变革加速演进的战略机遇，部署实施数字经济"一号工程"。2020 年，浙江数字经济增加值达 30218 亿元，占国内生产总值比重达 46.8%，总量居全国第四，数字经济现已成为全省经济高质量发展的主引擎、转型升级的主动能和创业创新的主阵地。进入新发展阶段，浙江全面启动数字化改革进程，浙江自贸试验区应一马当先，对标国际，在数字经济创新策源、数字经济领域规则标准研究制定和数字产业化、产业数字化方面先行示范。

对标国际，通过对美国、欧盟、日本、英国这四大经济体在发展数字经济与数字贸易过程中的各类举措进行梳理，可将其各自的特点及其发展举措归纳如下（见表 7.3 和表 7.4）。

表 7.3 四大经济体发展数字经济与数字贸易过程中的特点

| 经济体 | 特点 |
|---|---|
| 美国 | 积极引领全球数字贸易规则体系构建，着力消除数字贸易壁垒 |
| 欧盟 | 积极营造公平、开放的数字贸易市场，努力推动数字化转型 |
| 日本 | 积极推动现代数字技术的普及与应用，助推数字技术变革创新 |
| 英国 | 积极培育"人""企业"等数字微观主体，助力数字创意产业发展 |

资料来源：浙江省新时代自贸港研究院分析整理。

表 7.4　四大经济体发展数字经济主要举措

| 经济体 | 主要举措 |
|---|---|
| 美国 | (1)通过立法为数字经济领域提供法律保障<br>(2)将数字贸易规则"美国模板"推向全球<br>(3)成立专业研究团队研究数字经济基础理论 |
| 欧盟 | (1)加强对消费者权益的保护<br>(2)为电子商务提供更高效的货运服务以及制定合理的、符合欧盟环境的版权保护法律法规<br>(3)加强数字化服务领域的安全管理<br>(4)进一步减少欧盟各国在信息流动产业领域的限制 |
| 日本 | (1)在产业领域,加强日本在信息化建设领域的投资力度,培养高级通信技术人才<br>(2)在政府领域,推动行政数字化改革<br>(3)在医疗健康领域,加强数字化基础设施建设<br>(4)在教育领域,将信息技术融入教育教学体系 |
| 英国 | (1)通过立法保障数字经济微观参与者权益<br>(2)强化对数字化条件下网络创新者著作权的保护<br>(3)为数字化创业者、数字经济消费者、数字企业等数字微观主体提供发展便利和制度保障 |

资料来源:浙江省新时代自贸港研究院分析整理。

可以看出,美国、欧盟、日本及英国在发展数字经济与数字贸易的过程中各有侧重,参考借鉴这四大经济体在相关侧重领域中的成功经验,有助于浙江省在数字经济与数字贸易领域的良性发展。

值得一提的是,随着全球数字经济的快速发展和数据效用几何级别增长,数据跨境有序流通在数字经济全球化中的作用变得愈发重要。我国为了进一步融入全球产业链,更要求数据这一生产要素的全球流通,国内自贸试验区正积极开展数据跨境流动机制探索,为数字经济的全球化发展提供相匹配的制度供给(见表7.5)。

表 7.5　海南、北京、上海、浙江数据跨境流通方案比较

| 维度 | 海南 | 北京 | 上海 | 浙江 |
|---|---|---|---|---|
| 发展定位 | 中国特色自贸港 | 国际信息产业和数字贸易港 | 建设数字贸易国际枢纽港 | 数字经济发展示范区 |
| 行业领域 | 通信、物联网、人工智能、区块链、数字贸易 | 金融科技 | 金融、汽车产业、工业互联网、医疗研究(涉及人类遗传资源的除外) | 数字贸易等领域 |
| 数据流向 | 自贸试验区内及国际市场 | 以 RCEP 合作国家为基础,扩展至欧美国家和地区 | 自贸试验区内及国际市场 | 自贸试验区内及国际市场 |
| 创新探索 | 开放增值电信业务,逐步取消外资股比等限制,设立国际通信出入口局 | 设立北京国际大数据交易所 | 依托国际光缆登录口,构建跨境数据中心、新型互联网交换中心;建设新型数据监管关口;设立临港新片区跨境数据公司,建造国际数据港的数据服务、交换服务平台 | 探索构建安全便利的国际互联网数据专用通道,依托区块链技术应用,整合高精尖制造业企业信息和信用数据,打造高效便捷的通关模式等 |
| 试点区域 | 海南岛全岛 | 中关村软件园国家数字服务出口基地、金盏国际合作服务区、大兴机场片区 | 临港新片区 | 杭州片区 |

续表

| 维度 | 海南 | 北京 | 上海 | 浙江 |
|------|------|------|------|------|
| 机制探索 | 探索更加便利的个人信息安全出境评估办法；探索区域性国际数据跨境流动制度安排等 | 加强跨境数据保护规制合作，促进数字证书和电子签名的国际互认；探索制定跨境数据流动等重要领域规则；提出数据产品跨境交易模式 | 建立数据保护能力认证、数据流通备份审查、跨境数据流动和交易风险评估等数据安全管理机制 | 探索在数据交互、业务互通、监管互认、服务共享等方面的国际合作及数字确权等数字贸易的规则研究；推动数字证书、电子签名等的国际互认，试点数据跨境流动，建设国际信息产业和数字贸易港，探索建立以软件实名认证、数据产地标签识别为基础的监管体系 |

资料来源：参考赛智时代数据跨境课题组周振松、魏贝完成的研究报告，综合各自贸试验区公布方案补充。

## 一、对标"美国模式"，发挥高标准数字贸易规则对数字经济与数字贸易产业发展的推动作用，试验高标准数字贸易规则

美国作为全球数字贸易的引领者，其在数字贸易规模、基础设施情况、技能型劳动力比例、科技研发水平等方面均处于世界领先地位，正是由于在数字产业上具有显著的"比较优势"，美国积极参与和引领全球数字贸易规则体系的构建，希望借此为美国数字产品及服务对外输出营造良好的制度环境。美国自 20 世纪 90 年代起就开始重视数字贸易规则的制定，其一方面

将传统贸易规则中的非歧视性原则、自由化原则应用于数字经济与数字贸易中,出台了一系列有利于本国数字经济发展的国内立法,例如,于 1996 年起相继出台的包括"电信法案"(1996)、"全球电子商务框架"(1997)、"电子签名法案"(2000)等在内的一系列政策法规;另一方面,美国基于国内法国际化的逻辑,在主导的区域贸易协定(RTAs)中率先将电子商务与货物贸易、服务贸易章节独立开来,且在电子商务章节下明确了数字贸易规则的相关条款,同时,美国在此过程中也持续输出了符合其自身利益诉求的数字贸易规则,并形成了一套规则体系,即数字贸易规则的"美式模板";此外,美国还通过贸易代表办公室(USTR)成立了专门的部门持续跟踪各个国家的数字贸易壁垒情况并定期发布与之相关的《外国贸易壁垒评估报告》。迄今为止,美国已主导了 17 个含有电子商务(数字贸易)规则的FTA(见表 7.6)。

表 7.6　含有电子商务(数字贸易)规则的美国 FTA

| FTA | 签订时间 | 生效时间 |
| --- | --- | --- |
| 美国—约旦 FTA | 2000.11 | 2001.12 |
| 美国—新加坡 FTA | 2003.5 | 2004.1 |
| 美国—智利 FTA | 2003.6 | 2004.1 |
| 美国—澳大利亚 FTA | 2004.5 | 2005.1 |
| 美国—摩洛哥 FTA | 2004.6 | 2006.1 |
| 美国—多米尼加 FTA | 2004.8 | 2006.3 |
| 美国—巴林 FTA | 2005.9 | 2006.8 |
| 美国—阿曼 FTA | 2006.1 | 2009.1 |
| 美国—秘鲁 FTA | 2006.4 | 2009.2 |
| 美国—巴拿马 FTA | 2007.6 | 2012.1 |

续表

| FTA | 签订时间 | 生效时间 |
| --- | --- | --- |
| 美国－韩国 FTA | 2007.6 | 2012.3 |
| TPP（跨太平洋伙伴关系协定） | 2015.11 | 已退出 |
| TISA（国际服务贸易协定） | 未签订 | 未生效 |
| TTIP（跨大西洋贸易与投资伙伴协议） | 未签订 | 未生效 |
| USMCA（美墨加协议） | 2018.9 | 未生效 |
| UJDTA（美日数字贸易协定） | 2019.10 | 未生效 |

资料来源：根据 WTO RTAIS 数据库及 USTR 官网内容整理而来。

美国在参与全球数字贸易规则的制定过程中大约经历了以下三个阶段：

第一个阶段是从 2000 年美国与约旦签订 FTA 开始至 2007 年美国和韩国签订 FTA。在这一阶段中，美国首先在美国－约旦 FTA（2000）中引入了非强制的电子商务章节，勾勒出数字贸易交易规则的雏形；在美国－新加坡 FTA（2003）中，为电子商务章节加入了强制约束力，并引入了"贸易规则对数字服务提供的适用性"等新议题；在美国－智利 FTA（2004）中，明确了数字产品的定义，并针对关税和非歧视待遇规则进行了协商；在美国－澳大利亚 FTA（2004）中，提出了"电子传输永久免关税"的原则，并引入了"电子认证及电子签名""贸易无纸化"及"消费者保护"等新议题；在美国－韩国 FTA（2007）中首次提出了跨境信息流的规则问题，并规定了互联网的访问和使用原则。

第二个阶段是 2007 年美国与韩国签订 FTA 后至 2015 年跨太平洋伙伴关系协定（TPP）缔结。在这一阶段中，美国主导了 TPP、TISA 及 TTIP 三个大型 FTA 协定。美国在这一阶段引入的新议题有"非应邀商业电子信息""个人信息保护""跨境数据自由流动""数据存储非强制本地化"和"源代码非强制本地化"等，这些议题在推广的过程中引发了国际社会的争议，且分歧主要集中在"跨境数据自由流动""数据存储非强制本地化"和"源代码非强制本地化"这三项数字贸易规则上。

第三个阶段是 2015 年 TPP 缔结至今。在这一阶段,美国主导了美国一墨西哥一加拿大协定(USMCA)及美日数字贸易协定(UJDTA),并在 TPP 电子商务章节的基础上实现了一系列数字贸易规则的升级。美国一方面通过删减例外条款增加了"跨境数据自由流动""数据存储非强制本地化""源代码非强制本地化"和"数字产品非歧视性待遇"等核心议题的深度,另一方面引入了"互联网服务提供商的第三方侵权责任豁免"及"公开政府数据"两项新议题。

可以看出,随着数字贸易规则"美式模板"的不断迭代,美国在数字贸易规则领域的雄心也在不断提升,并试图通过主导数字贸易规则助推其数字产业的持续发展。美国作为当前全球互联网和数字技术最发达的国家,其在数字贸易规则领域的政策偏向也与其数字产业的发展水平密切相关。"数据自由流动、促进互联网服务、竞争性电信市场和贸易便利化"等对美国高度发达的互联网经济有很好的促进作用,有利于刺激经济增长、扩大就业,保持全球经济领导地位;"数字产品的公平待遇、保护机密信息、数字安全"议题的基础在于美国发达的数字技术垄断背景和大量知识产权积累,巩固其自身在数字产业中掌握核心技术的领先地位。从美国的经验来看,通过在主导的 RTAs 中持续输出符合自身利益诉求的数字贸易规则体系,奠定了美国在全球数字贸易规则中的话语权,为美国数字经济与数字贸易的良性发展创造了良好的外部环境,形成了正向循环的稳步发展模式。

从国内来看,海南聚焦数据跨境有序流动出台了相关鼓励措施和规定,为集聚全球数据资源提供指引。2020 年 6 月,《海南自由贸易港建设总体方案》在制度设计方面提出,在确保数据流动安全可控的前提下,扩大数据领域开放。2021 年 9 月,海南省大数据管理局发布《海南省公共数据产品开发利用暂行管理办法》,这是全国首个专门规范公共数据产品开发和数据产品交易的地方性规章,重点规范数据产品开发过程中的核心环节,明确什么数据可以开发利用,数据资源使用如何申请、谁来授权、怎么定价,数据产品开发过程中的安全如何保障,形成产品后如何定价、如何购买等问题，为公共数据资源的开发利用以及数据安全有序流动提供制度保障。广东自贸试验区支持开展数字贸易创新试点，正在争取扩大跨境数据库试点范围。上海临港新片区"十四五"期间将聚焦"信息飞鱼"全球数字经济创新岛，探索建设国家数据跨境流动试验示范区，着力打造国际数据港。

## 专栏7-5　海南省大数据管理局探索开展数据产品超市建设

通过"赛道机制"遴选优秀大数据场景化应用优秀案例，多形式开展数据产品供需对接，探索新型数据产品交易方式，最终实现像逛超市一样方便快捷购买数据产品，使数据资源更加集聚。数据产品超市是一个开放性的交易平台，主要面对一级市场进行供需对接，交易的不是原始数据，而是对数据进行加工处理后的结果。凡符合规定的企业或机构均可申请以服务商身份入驻数据产品超市。服务商可按照数据产品超市发布的数据产品需求自主选择进行产品开发，购买方按需择优选购。

## 专栏7-6　上海数据交易所率先在全国开展五个"首发"

2021年11月，上海数据交易所成立，聚焦确权难、定价难、互信难、入场难、监管难等关键共性难题，形成系列创新安排，具体包括五个"首发"：全国首发数商体系，全新构建"数商"新业态，涵盖数据交易主体、数据合规咨询、质量评估、资产评估、交付等多领域，培育和规范新主体，构筑更加繁荣的流通交易生态。全国首发数据交易配套制度，率先针对数据交易全过程提供一系列制度规范，涵盖从数据交易所、数据交易主体到数据交易生态体系的各类办法、规范、指引及标准，确立了"不合规不挂牌，无场景不交易"的基本原则，让数据流通交易有规可循、有章可依。全国首发全数字化数据交易系统,上线新一代智能数据交易系统,保障数据交易全时挂牌、全域交易、全程可溯。全国首发数据产品登记凭证,首次通过数据产品登记凭证与数据交易凭证的发放,实现一数一码,可登记、可统计、可普查。全国首发数据产品说明书,以数据产品说明书的形式使数据可阅读,将抽象数据变为具象产品。

因此,应借鉴"美国模式"以及国内先进自贸区(港)中的有益经验,充分发挥高标准数字贸易规则对数字经济与数字贸易产业发展的推动作用,试验高标准数字贸易规则。一方面,立足于浙江省数字经济与数字贸易实践的现实基础,浙江自贸试验区应深入探索与高标准全球数字贸易规则间的差距,并在风险可控的前提下削弱数字贸易壁垒,积极对标构建与国际高标准规则接轨的、兼顾安全和效率的、具有本地特色的数字贸易规则体系。另一方面,应进一步简化数据要素流动管理程序,推动规则、标准、行业互信互认,加强产业间的知识和技术要素共享,并积极探索在数据交互、业务互通、监管互认、服务共享等方面的国际合作及数字确权等数字贸易领域的规则研究。

## 二、对标"欧盟模式",提升浙江省数字产业市场的广度与深度,发展高质量数字核心产业

2008 年金融危机后,欧盟积极寻找摆脱危机、振兴经济的新举措,因此,数字经济被提上日程。2015 年,欧委会公布了《数字单一市场战略》(digital single market)作为数字经济的宏观顶层设计,力图通过一系列举措移除法律和监管障碍,打造统一的数字市场,为欧盟经济注入新动力。单一的数字市场战略确立了为个人和企业提供更好的数字产品和服务、为数字经济发展创造有利环境、最大化实现数字经济的增长潜力等三大支柱和 16 项具体措施。《欧洲数字单一市场战略》破除了 28 个成员国之间的"制度围墙",实现货物、人员、服务、资金和数据的自由流动,促进了欧洲数字经济发展。欧

盟十分重视数据保护,认为数据是一个国家的战略资源,禁止他国侵犯数据隐私。数据在欧盟达到充分认证标准的国家之间、欧盟成员之间可自由流动。同时坚持数据本地化,禁止数据存储在境外的浏览器中。欧盟委员会认为,数字单一市场每年将为欧盟带来 4150 亿欧元的收入,并增加大量就业机会(见表 7.7)。

表 7.7　欧盟数字单一市场战略中三大支柱及 16 项具体措施

| 支柱 | 具体措施 |
| --- | --- |
| 为个人和企业提供更好的数字化产品和服务 | (1)制定新的规则,使跨境电子商务更容易实现,具体包括:调整网购过程中的合同规则和保护消费者的规则,以刺激跨境消费。(2)通过审核《关于消费者保护机构间合作的规定》持续快速地制定保护消费者的规定。(3)提供更高效且优惠的货运服务。(4)禁止地域屏蔽。(5)明确影响欧盟电子商务市场的潜在竞争顾虑。(6)制定一个更现代化的、更适合欧盟环境的版权保护法律。(7)重新审核卫星通信指令以评估其是否应涵盖网络传播者,并探寻如何加速欧盟内部的跨境传播的实现。(8)减少企业的行政性税收负担 |
| 创造有利于数字网络和服务繁荣的环境 | (9)着力对欧盟电信法进行修改。(10)重新审核试听媒体框架以保证其适应 21 世纪的环境,主要关注不同市场参与者在产品提升过程中的角色。(11)详细分析网络平台(搜索引擎、社交媒体、应用商店等)在欧洲市场的角色。(12)强化数字化服务的安全和用户信任问题,尤其是有关个人信息处理方面。(13)提供技术领域网络安全产业和网络安全问题解决途径的合作机制 |
| 最大化数字经济的增长潜力 | (14)提出欧洲数据自由流动计划。(15)提出关键领域标准和互通性的重点方面,包括电子医疗和能源等方面。(16)建立一个包容性的信息社会,使民众能把握互联网领域的机遇,增加就业机会 |

资料来源:根据 EU 官网内容整理而来。

欧洲议会国际贸易委员会于 2017 年 11 月 23 日通过了《数字贸易战略》报告,该报告旨在促进建立欧盟数字贸易战略,并就电子商务、网络中立、保护在线消费者等议题向欧委会提出了建议。报告称,欧盟应对数字贸易的国际规则和协定设立标准,确保第三国开放数字产品和服务,应让贸易规则为消费者创造有形的利益,促进数字贸易尊重消费者基本权利。报告认为,欧盟应增加给予贸易伙伴"充分性认证"的数量,目前,只有5个国家获得欧盟该项认证。同时,报告还呼吁欧盟加快在贸易协定中设立数据流动章节,禁止强制性要求数据本地化。数字产业界和消费者组织对欧洲议会国际贸易委员会通过该报告表示欢迎,认为这显示出欧盟重视数字贸易战略,并将公民隐私和信息保护放在重要位置。在电子商务方面,欧盟规定在网络交易中,订货和付款都必须在网上进行、承认数字签名的合法性、加强对知识产权的保护等,将数字贸易作为欧盟经济复兴的重要引擎。欧盟法律还规定,仅在公司同意遵守《欧盟隐私法》的某些原则的情况下才允许欧盟公民将数据传输至欧盟成员国外。欧盟法律也禁止将数据输送到其他国家,除非目的国有合适的保护条款。

从欧盟近年的数字经济政策走向看,数字化转型仍然是其经济发展的重头戏。2020年2月19日,欧盟启动新的数字化转型战略《塑造欧洲数字未来》,同时宣布《欧盟数据战略》和《人工智能白皮书》等配套政策文件,覆盖数据、人工智能等多个数字经济领域。欧盟试图建立统一的数据市场,从而能够更好地利用其境内产生的海量数据实现数据赋能目标,为小公司创造公平竞争的环境,并在相关行业培育新一轮创新。

2020年12月15日,欧盟公布了《数字服务法》与《数字市场法》的提案,对打破互联网科技巨头垄断、促进欧洲数字创新及经济发展等深层问题作出了回应。其中,《数字服务法》侧重于加强数字平台在打击非法内容和假新闻及其传播方面的责任;《数字市场法》则是反托拉斯法在数字领域的拓展和体现。从两部法案的共性来看,其共同目标均是建立更加开放、公平、自由竞争的欧洲数字市场,以促进欧洲数字产业的创新、增长和竞争力,并为消费者提供更加安全、透明和值得信赖的在线服务。具体来看,《数字服务法》提案规定了作为消费者与商品服务和内容中介的数字服务商应承担的义务,为在线平台创设了强有力的透明度要求和问责机制,从而构建更加公平、开放的欧洲数字市场。如果法案生效,预期对打破现有科技巨头的垄断地位、激励欧盟境内的数字创新和中小企业发展、保障欧盟公民的网上权利等方面产生积极影响。而《数字市场法》只适用于根据法案中的客观标准被认定为"守门人"的大型在线企业。通过对守门人平台进行规制与监管，防止科技巨头对企业和消费者施加不公平条件，《数字市场法》旨在促进欧洲数字市场的创新、增长和竞争，帮助中小企业和初创企业发展与扩张，从而确保重要数字服务市场的公平性和开放性。可以看出，欧盟将培育一个开放、公平且具有竞争活力的数字贸易市场作为发展数字经济与数字贸易过程中的一项重要任务，并在此基础上积极拓展自身的有关数字产业。

从国内来看，北京立足数字经济全球标杆，"产业＋园区"双轮驱动。一方面，成立北京国际大数据交易所，发布《北京数据交易服务指南》，构建中国首个以"数据可用不可见、数据可控可计量"为代表的新型数据交易体系；出台《北京市公共数据管理办法》《政务数据分级与安全保护规范》（试行），在数据流通、数据安全监管等方面加快创新监管体系；全国首批开展数字人民币试点，推动丰富应用场景，并经中国银行、中国工商银行等 6 大银行推广使用；积极拓展区块链技术应用，在电子证照、跨境贸易等领域加快推进，提升政务服务便利化水平。另一方面，加快以西城、海淀为主的"金科新区"核心区建设，正式启动位于开发区的全球首个网联云控制高级别自动驾驶示范区建设，差异化推进海淀、朝阳、大兴三个数字贸易试验区建设，加速形成数字经济新优势。上海推动"数字技术＋数据＋产业"融合发展，打造了宝钢、商飞、华谊等一批代表性数字工厂，培育了一批有影响力的工业互联网平台，共链接全国 120 多万家企业、820 万台设备。

因此，应借鉴"欧盟模式"及国内先进自贸区（港）中的有益实践，充分提升浙江省数字产业市场的广度与深度，发展高质量数字核心产业。一方面，浙江自贸试验区应通过加速新技术、新产品、新模式的推广应用，为企业创新发展提供更广阔的市场空间，培育形成高效协同、智能融合的数字经济发展新生态；另一方面，通过构建全球数字合作省市联盟，依托"一带一路"沿线重要城市等其他友好城市，建设数字贸易资源配置和项目对接中心，加快推进数字化市场网络建设。同时，依托阿里巴巴电子商务平台，积极打造具有地方特色的数字化商贸市场与数字化产业带。

## 三、对标"日本模式",挖掘浙江省在数字经济领域的创新潜力,培育高能级数字经济平台

20 世纪 90 年代,在信息革命的推动下,世界各国信息技术产业迅速发展,加快了由工业社会向信息社会转变的进程。这一时期的日本作为世界第二经济大国,虽拥有世界一流的技术水准与较强的国际竞争力,但由于受到泡沫经济破灭的重创,其难以维持先前对信息化产业高强度的投入,也正是因为该阶段日本在软件和智能产品、个人产品等方面投入不足,导致逐渐失去在计算机网络、软件等信息产业核心领域的竞争优势,电子商务发展也落后于欧美发达国家及亚洲"四小龙",在全球数字产业竞争中处于劣势。长期经济低迷甚至衰退的境地让日本政府意识到产业结构调整的重要性,因此,日本于 1996 年制定了"经济结构改造计划",在该计划的指导下,日本政府着力加强了信息基础设施建设,并通过增加基础研究经费、扩大信息化投资、出台优惠政策、给予融资扶持等方式刺激中小企业活力,采取关税壁垒和进口配额等措施压制竞争对手,为日本国内信息产业的发展壮大提供了良好的发展环境。进入 21 世纪,日本政府为进一步推动信息产业与数字产业发展,在不到十年的时间里,连续三次推出国家 IT 发展计划,从"e-Japan"到"u-Japan"再到"i-Japan",日本的信息与数字化发展实现了三次飞跃,成绩令世人瞩目。

2000 年 7 月,日本国会通过了《日本高度信息网络社会形成基本法》,并成立了建设高度信息网络社会的战略总部——"IT 总部",由现任首相、国务大臣和优秀的专业人员任部长、副部长与委员,负责审议并实施信息化的重点计划。日本经济产业省为配合《日本高度信息网络社会形成基本法》的顺利实施,制定了"e-Japan 战略"及"e-Japan 重点计划概要",并于 2001 年 3 月 29 日由"IT 总部"批准实施。"e-Japan"战略的主要内容包括全面推进高速和超高速网络建设、强化教育信息化及信息化人才培养、丰富网络信息内容、推动信息化政府以及信息化自治团体建设和加强国际化建设。2003 年,"IT 战略本部"通过了"e-Japan 战略 II",对日本信息化建设的重点和发展方

向做出了进一步调整。"e-Japan 战略 II"以促进信息技术的应用为目标，重点推进信息技术在医疗、食品、生活、中小企业金融、教育、就业和行政等 7 个领域的应用，并提出应进一步提升信息技术的高效利用程度。"e-Japan 战略"及"e-Japan 战略 II"的实施使日本国内形成了全民参与信息与数字化建设的氛围，信息技术产业相关人才和技术资源加速聚集，为日本数字经济与数字贸易产业的后续发展打下了坚实基础。

经过"e-Japan"时代的发展，日本的信息技术产业实力与信息化水平已有了明显提升，但彼时的日本在全国宽带普及率、信息化技术利用率等领域仍与欧美信息化先进国家存在不小的差距。在此背景下，日本政府为实现高水平数字化国家的理想目标，于 2004 年 12 月在"2004 年度 ICT 政策大纲"中提出了"u-Japan"战略计划。"u-Japan"战略力图实现所有人与人、物与物以及人与物之间的连接。核心理念为三个"u"：universal（普及）、user-oriented（用户导向）及 unique（独特性）。日本政府期望通过"u-Japan"计划，提升泛在网络基础设施建设水平、实现 ICT 应用的高度化并进一步优化网络环境，从而带动整体经济发展。值得注意的是，在"u-Japan"实施的过程中，日本政府在传统产业的范围之外，也强调通过数字化技术推动泛在网络相关市场、电子商务、金融保险业等信息与数字服务产业发展的重要性。日本总务省在 2006 年 9 月颁布的《u-Japan 推进计划 2006》中提到，政府应积极开展网络协作的基础建设，包括开发泛在网络平台、确保不同业界网络间的相互通用及强化电子商务的基础建设，使 2010 年日本电子商务市场的规模较 2005 年扩大一倍以上。

为了进一步提升公共部门信息化程度，日本政府于 2009 年提出了"i-Japan 战略"，其中的"i"具有"inclusion（包容）"及"innovation（创新）"的双重含义，该战略的核心要义是实现现代信息通信技术的易用性，突破各种障碍，确保信息安全，最终通过现代信息通信技术向经济社会的全面渗透，打造一个全新日本。"i-Japan 战略"建设的重中之重是加速电子政府及电子自治体建设。同时，通过现代信息通信技术促进医疗改革、现代信息技术在教育人才方面的应用也是"i-Japan 战略"的重要关注点。在"e-Japan""u-Japan"及"i-Japan"战略的推动下，日本在信息及数字技术产业方面拥有了显著的比较优势，且在高端数字技术领域的创新能力大幅提升。在"i-Japan 战略"实施的第四年,占日本 GDP9.6%的数字与信息化产业对日本国民经济发展的贡献率高达 34%。

近年来,日本在参与全球数字贸易发展的过程中,充分发挥信息化普及程度高、数字技术领域人才储备充足、数字技术创新能力突出等方面的显著优势。一方面,通过数字技术在不同领域的衔接运用促进实体经济转型升级,推动电子商务等数字贸易领域发展;另一方面,通过将数字技术与日本的动漫、电影、音乐、游戏等传统优势产业深度融合,积极开展内容产业国际业务。同时,重视知识产权,促进数字内容产业发展。据 WTO 数据库显示,在 2005—2019 年间,日本的知识产权服务出口额以较高的平均增速攀升。截至 2019 年,知识产权服务出口额已达 467 亿美元(见图 7.2)。同时,据信通院数字贸易发展白皮书(2020 年)中相关数据显示,日本知识产权服务出口在本国数字服务出口中的占比达 40.1%,位列世界第一。以上数据均反映出日本在自主创新领域具有很强的比较优势。此外,日本近年来加大在机器人、脑科学等前沿领域投入,将人工智能上升至国家战略。可以看出,在数字贸易时代,日本仍将努力维持其在数字技术创新领域的领先优势,在此基础上实现日本数字经济与数字贸易领域的良性发展。

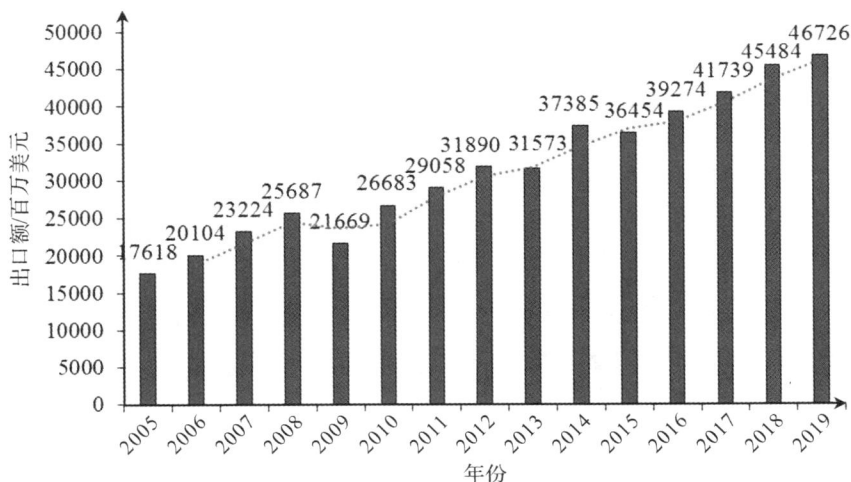

图 7.2　2005—2019 年日本知识产权服务出口额

资料来源:根据 WTO 官网内容整理而来。

从国内来看,海南加强国际通信服务基础设施建设,为吸引全球数据资源夯实硬件基础。《智慧海南总体方案(2020—2025 年)》提出,推进 5G 通信网络建设,部署云边超智能计算基础设施,以海口、三亚、澄迈为核心布局海南省数据中心建设,推进数据中心绿色化、集约化、智能化改造。 同时,以《海南自由贸易港跨境服务贸易特别管理措施(负面清单)》推动数字服务贸易发展,依托海南生态软件园加快国家数字服务出口基地建设,吸引腾讯生态村、百度生态村、中国游戏数码港、海南国际电竞港等百亿级产业项目落地。 此外,北京立足中关村软件园国际数字服务出口基地打造"数字贸易港",在风险可控的前提下,在软件实名认证、数据产地标签识别、数据产品进出口等方面先行先试,构建开放领先的数据要素生态。

因此,应借鉴"日本模式"及国内先进自贸区(港)中的有益尝试,充分挖掘浙江省在数字经济领域的创新潜力,培育高能级数字经济平台。一方面,浙江自贸试验区应进一步加强新型基础设施建设,提升 5G 基站、光纤网络、智能传感网等各类信息基础设施的普及程度与覆盖范围,为数字经济与数字贸易的发展提供良好的基础设施支撑;另一方面,进一步强化教育的信息化程度及数字经济相关人才的培养,通过积极做好创造型数字化专业人才的培养工作以及促进教学现场数字技术的实践应用,充分提升从业者的信息与数字技术应用能力,为数字贸易的发展提供丰富的人才资源。 同时,浙江省在发展数字经济与数字贸易的过程中,还应进一步重视发挥创新的重要作用,通过降低创新主体成本、保护创新主体的知识产权、营造良好的创新氛围,鼓励更多主体参与到与数字经济及数字贸易相关的创新创业领域中。

## 四、对标"英国模式",重视人、企业等微观主体在数字产业创新过程中的重要性,打造高效率数字服务体系

英国于 2008 年正式启动了数字英国计划,为数字化条件下的网络创新者的著作权保驾护航。数字英国计划发布不久便颁布了《数字英国法案》,

正式开启了英国建设一流数字经济的征程,《数字英国法案》共 48 条,包含了网络、电视、广播、视频游戏等 11 个方面的内容。值得注意的是,近三分之一的条款用于明确网络著作权保护的法律和规制建设以及建立第三方争端解决机制,从数字化建设之初就严格保障网络著作权,为数字化的顺利推行奠定坚实基础;二是为数字化建设的微观主体——数字化创业者、数字经济的消费者以及数字企业等提供发展便利和制度保障。

英国于 2015 年颁布了《英国 2015—2018 年数字经济战略》,指出全国要借助创新政策激发数字贸易发展活力,帮助扶持数字化新兴企业。《英国数字战略》从连接战略、数字技能与包容性战略、数字经济战略、数字转型战略、网络空间战略、数字政府战略和数据经济战略七个方面阐述了如何使英国成为一流的数字贸易强国。在该战略指导下,政府一方面将深入推进与社区合作,提升数字基础设施普及程度;另一方面将进一步扩大与制造业合作,助力缺乏数字化能力的企业提升数字活力。同时,政府将把计算机编程课程纳入中小学必修课程,并开设多项数字化创新项目,以便更好地培养学生的数字创新能力;英国政府还将发起旨在为 10 万个新出口商提供激励和支持的"非凡出口"项目,以促进英国数字贸易关键领域出口的增长。

2017 年 3 月,英国政府发布了《数字英国战略 2017》,并在其中提出了七大发展战略,分别是基础设施连接、技术培训、产业发展、不同产业融合、网络空间安全、数字政府及开放数据。具体内容包括:建立世界一流的数字连接基础设施,让每个英国人都能获得他们需要的数字技能,让英国成为启动和发展数字经济的最佳场所,帮助每一个英国企业开展数字经济相关业务,营造世界上最安全的在线生活和工作网络空间,维持英国政府的世界领导地位和在英国经济中释放数据的力量。从战略的实际执行情况来看,为了促进数字贸易发展,英国政府还从两个方面做出了务实的行动:一是建立出口支持体系,采用数字技术建立了一个智能数据库(great. gov. uk),将其与中国的阿里巴巴和美国的亚马逊连接起来,大力推广在线销售;二是优化海关服务,根据数字技术的发展,建立更灵活高效的新海关报关系统,以取代旧的报关服务系统,使之适应贸易方式发展的需要。

此外,英国自 2017 年起还通过了一系列政策激励措施以更好地推动英国数字产业的发展。据英国数字、文化、媒体和体育部公布的报告中的数据

显示,截至 2018 年底,英国的数字、文化、体育等相关产业(DCMS)的产值已
达 2680 亿英镑,其中,创意产业的贡献达 1000 亿英镑,DCMS 对英国 GDP
的贡献达 15％,并已成为英国经济的最大动力源(见图 7.3)。

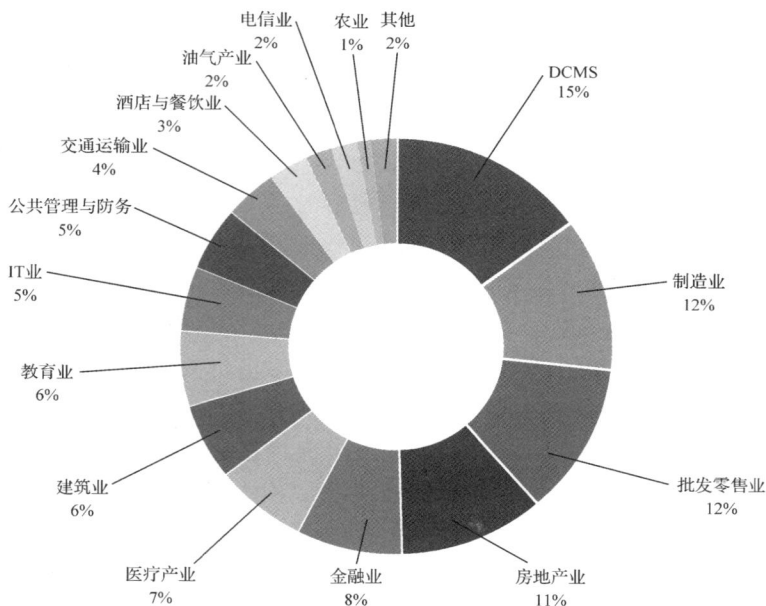

图 7.3　2018 年英国各经济部门占 GDP 比重

资料来源:根据英国 DCMS 官网内容整理而来。

当前,英国在数字经济与数字贸易发展过程中具体的政策方向可归纳为
以下三点:一是持续建设微观主体权利的保护机制;二是为数字化建设的参与
者提供全面的发展便利与制度保障;三是助力本国微观主体在脱欧之后仍能
够在数字经济领域拥有比较优势。可以看出,英国的数字战略核心主体是人、
企业等微观主体,其核心思想是从微观层面入手,通过着力提升个人创业者、
企业、平台的创新能力,为创新者营造良好的数字创新制度环境,保障数字创
作者的权益,避免要素价格趋零化,从而激发数字经济与数字贸易领域的创新
活力,源源不断地"制造"新型生产要素,使之成为本国的充裕型要素禀赋,进

而成长为英国在数字贸易中的比较优势,增加英国在数字时代的核心竞争力。

从国内来看,比如北京正立足自贸区大兴机场片区打造数字贸易综合服务平台,发挥其世界级航空枢纽定位和国际临空产业创新资源聚集的优势,搭建"走出去"综合服务平台,重点发展数字医疗、跨境电商、智能制造、智慧物流、云服务等数字产业及领域,为数字贸易企业"走出去"提供信息共享、政策咨询、政策匹配、项目对接等基础服务,以及专业翻译、法律咨询、数据合规咨询、风险预警、知识产权、支付清算、版权服务等专业化服务;发挥相关部门驻外机构作用,搭建数字贸易企业与海外市场资源的双向对接渠道。建设国际公共采购"一站式"交易服务平台,实现国际公共采购的有效管理、实时监督和资源管控。

因此,应借鉴"英国模式"及国内先进自贸区(港)中的有益举措,充分重视人、企业等微观主体在数字产业创新过程中的重要性,打造高效率数字服务体系。一方面,浙江应全面推进个人数据保护法、数字著作权保护法等一系列法律法规的制定、修订工作,建立健全争端解决机制,从法律制度层面保护数字产业参与主体及数字技术创新主体的合法权益;另一方面,基于阿里巴巴电子商务平台,构建中小企业数字化产销体系,进一步拓展浙江中小企业"卖全国""卖全球"的数字化营销渠道。同时,进一步拓宽政企合作渠道,鼓励支持数字科技企业承担政府科研项目、参与创新平台建设,充分激发数字产业有关企业的创新活力与积极性。

## 第五节　对标美国、德国、韩国等发达国家先进制造业,打造先进制造业集聚区

制造业是富民强省之本,加快先进制造业基地建设是实施"八八战略"的题中之义。在新增的三大片区中,生命健康、数字安防、新材料、智能制造等产业丰富了自贸试验区的产业基础。下一步,应对标国际先进制造业,借鉴全球制造业先进理念,率先在自贸试验区内提高产业链稳定性和创新力,打造面向全球、引领未来的先进制造业集群,推动制造业绿色化、高端化、智能化、数字化发展。

# 一、对标美国，绿色石化、数字安防等产业竞争力不断提高，但关键技术、核心零部件依然存在明显短板

美国作为老牌制造强国，拥有一批在电子信息、生物医药、汽车制造领域的世界级先进制造业集群，先后诞生了硅谷高科技产业集群、休斯敦石油化工产业集群、底特律汽车产业集群、波士顿生物技术产业集群等，可谓先进制造业集群的典范。2008 年次贷危机以来，美国实施"再工业化"战略以重振制造业，大力促进先进制造业集群发展，并发布"美国创新战略"，公布区域创新集群计划，推动了美国本土信息技术、生物医药、航空航天、新材料等一批高科技产业集群的崛起。

纵观美国先进制造业集群的发展历程，有许多经验和做法值得借鉴。

## （一）产业集群视区位资源优势而布局，注重上下游产业链发展

美国产业集群在布局上遵循因地制宜原则，与区域资源禀赋、交通区位、研发基础、社会资源等相匹配。例如，加利福尼亚州凭借区域内斯坦福大学、加州理工学院等理工专业优势，形成了以信息技术、互联网服务、软件开发为主的产业集群。休斯敦石油化工集群依托墨西哥湾畔丰富的石油储量、优良的港口条件带动石油开采、加工等下游产业，也促进了油气运输、石油机械、钢铁、废品回收、贸易、金融等行业的发展。

## （二）产学研协同，创新驱动力强，建立常态化技术创新机制

产学研一体化的技术创新网络是美国产业集群保持创新的重要驱动力。例如，硅谷高科技产业集群之所以能引领世界科技潮流，离不开斯坦福

大学的支持。斯坦福大学鼓励全校师生创业,与产业界合作开展大量科研项目,将其研发的技术与企业紧密结合,并快速转化为产品或产业化,实现了学界和业界的完美结合。再如,波士顿生物技术产业集群依托哈佛医学院、麻省理工学院、波士顿大学等一流大学,通过与企业联合培养人才,建立常态化校企合作机制,为集群发展提供技术源头和人才供给。

## (三)以市场需求为导向,政府提供政策支持和公共服务

美国产业集群的发展是以市场导向为主,依赖产业与市场的互动来提高产业自身的竞争力和内源力。比如,硅谷高科技产业集群和休斯敦石油化工产业集群等最初都是企业为了获取专业化经济优势、人力资本优势和持续创新氛围等聚集到一起,自发形成完整产业体系和较强集群竞争力。同时,政府制定相应的政策措施给予扶持和引导也是必不可少的。美国政府在产业集群发展中更多扮演引导、服务和推动的角色,比如,制定《专利法》《版权法》《半导体芯片保护法》等系列法规保护技术创新。此外,与产业集群发展密切相关的科技政策、支持中小企业发展政策和区域政策也相当完善。比如,加州政府还专门出台了关于人才储备、学徒制度、职业培训等方面的政策,推动集群创新发展。

## (四)金融环境宽松活跃,给予企业多元化金融支持

美国政府一直将产业集群的财政金融支持作为首要政策,支持集群先进技术研发、产品市场开拓和中小企业发展,逐步形成了相对完善的企业信贷融资环境。例如,财政支持方面,美国"区域创新集群"每年资助集群组织机构约600万美元,用于为集群内小企业提供创业导师和咨询服务等。金融支持方面,美国政府积极引导民间资金参与资本化运作。比如,2010年美国商务部推出"种子基金"项目,推动大学、基金公司、地区经济开发机构、企业和非营利机构等成立集群投资基金,重点对区域集群内的初创企业进行股

权投资。美国针对小微企业融资,以 SBA 为核心的政府信用实现深度参与,已建立起政府对小企业融资支持的常态化体系。

美国先后设立国家科学基金会、国家航空航天局等国家机构,在 R&D 投入、科技人才、专利数量上保持世界领先水平,拥有人工智能、半导体芯片、飞机发动机、氢能源等关键核心技术,形成了电子信息、生物医药领域世界级先进制造业集群。宁波石化产业基地规模位居全国七大石化产业基地前列,舟山万亿级石化产业集群正在形成;数字安防已形成"全国监控看浙江,浙江监控看杭州"产业格局,实现年主营业务收入超 2000 亿元,核心领域视频监控占国际市场近一半份额,处于全国领先地位。但绿色石化行业的大型石化关键设备仍需依赖进口,众多涉及乙烯产业链的催化剂需从国外引进。数字安防关键核心元器件缺失,核心算法掌握权弱,大部分视频监控系统核心算法和软件框架技术由欧美企业掌握。

## 二、对标德国,产业平台载体丰富,但制造业产业关联度仍不高

欧盟对产业集群的发展极为重视,重点是推动集群的跨国协同合作。进入新世纪以来,欧洲集群发展重点是推动欧洲各国协同发展,建设世界级新兴产业集群,主要集中在西欧,以德国为中心。根据 2020 年欧盟委员会发布的《欧洲集群和产业变革全景》显示,欧盟拥有 2900 个产业集群,其中,在排名前 20 的产业集群中,德国拥有 6 个。

德国政府高度重视产业集群发展,早在 20 世纪 80 年代就推出了《生物技术 2020 计划》,推动生物技术产业集群化发展。2007 年,德国推出"领先集群竞争力计划",试图将 15 个"领先集群"打造成世界级创新集群。近年来,德国特别重视新兴技术产业和高新技术产业的集群化发展。2018 年,德国发布了《高科技战略 2025》,强调了区域创新集群和集群网络建设,重点发展微电子、材料研究与生物技术、人工智能等未来技术。作为欧洲工业发展的核心,德国先进制造业集群数量多、种类丰富,已形成生物制药、环保产业、数字产业、移动技术等十大新兴产业集群。

德国在先进制造业集群的发展过程中形成了一些经验性思路。

## （一）注重发挥政府引导作用，高效推动产业集群战略发展

德国政府明确以产业集群战略推动国家创新发展，促进了德国产业集群的快速发展，并且从德国联邦政府到各地方州政府均积极、高效地推动产业集群进程。一方面，政府通过资助的方式引导社会资金投入集群发展。另一方面，政府以分类推进的方式管理集群建设，针对弱势技术与产业、落后区域则设立专项扶持计划，而对发展较好的技术与产业则采取竞争模式，促进德国制造业产业集群整体创新能力提升。

## （二）创新产学研协同合作模式，强调机构合作创新

德国的领先集群组织多是以联合会形式注册、企业形式运作，主要由董事会与委员会构成，基本上是集群核心企业或大学等机构、区域内成员、集群伙伴等。其中，董事会主要是由获得德国领先集群竞争计划的核心成员构成，主要负责制定集群发展规划等，委员会则主要是由集群内的大公司、研究机构等组成，主要负责组织集群活动。同时，德国先进制造产业集群特别强调集群内部企业、科研机构、大学及其他机构间的协同合作创新，大大提高了集群创新的能力和国际竞争力。

## （三）建立信息共享平台，并高度重视对集群的评估与监测

为了方便参与者了解集群政策等信息，德国政府建立了集群信息共享平台，有利于参与者及时掌握集群发展状况及集群之间的相互交流。同时，政府对集群发展状况实施有效监测，全面掌握参与者的需求及困境，并定期对外发布监测报告。另外，针对政府重大资助项目，积极发挥第三方

评估机构的作用，对重大项目的政策落实和资助资金的使用及时向社会公开，方便公众监督和政府部门根据评估对政策、资助计划作适时调整。

相比而言，尽管浙江自贸试验区拥有国际油品交易中心、国际石化基地、国际油品储运基地、中国 V 谷、滨江物联网小镇、智慧视频安防制造业创新中心等产业平台，但大多数产业集群在产业定位、产业布局和招商时并没有注重产业之间的联系，产业集群与高校和研究机构之间仍缺乏良好的合作。

## 三、对标韩国，保障机制较为完善，但政府支撑作用有待加强

浙江与韩国在陆域面积、人口密度方面相似，对标韩国分析产业集群发展历程，对浙江来说有一定的现实意义。

韩国作为经济后起之秀，非常重视产业集群的规划和培育。韩国政府于 2010 年推出了"广域集群计划"，将全国原有的 12 个产业集群整合成"5＋2"个先进制造业广域集群，目的是推动全国产业的高附加值化，其中，最重要的一个途径是加强先进信息技术与韩国传统支柱产业的深度融合。在"广域集群计划"的推动下，韩国形成了 7 个先进制造产业集群，建立了包括以信息技术和零部件材料制造为支柱的首尔首都圈集群，以信息技术产业为支柱的忠清道圈集群，以造船、汽车、机器零部件和光电子产业为支柱的湖南圈集群，以医疗设备制造为支柱的江源圈集群，以电气电子和机械制造为支柱的大庆圈集群，以机械电子、汽车制造、造船和航空航天为支柱的东南圈集群和以生物制造为支柱的济州圈集群。

虽然韩国培育先进制造业集群的历程较前面两个国家短，但也形成了自己的发展经验。

## （一）始终围绕促进创新这个核心内容

韩国先进制造业集群发展政策始终围绕促进创新制定，目标明确，措施有效。2007 年，韩国政府在《FTA 时代产业政策走向》中明确提出韩国未来

的产业政策要将国家创新模式从"快速跟随者"转为"领先的创新者",奠定了韩国产业技术政策以创新为核心的基本方针,此后陆续出台了"新增长动力规划及发展战略""主导未来产业的技术开发项目""国家融合技术发展基本计划"等,以推动先进制造业集群的核心技术和原创技术的开发。

## (二)始终注重集群内部结构灵活建设

韩国先进制造业集群中存在大量微集群,即以特定领域中多个企业共同面临的共性问题和关键问题为基础,以企业为主体,联合研究机构和其他相关机构展开合作,有效提高了资源使用率和先进制造业集群间的合作水平与创新能力。通过信息化建设,建立集群内部和集群间的企业、技术、人才数据库。借助大数据的力量,让企业和科研机构轻松获取信息与人才渠道,有利于加强集群内部的合作和互动,实现产业集群内部和产业集群间的有效合作。

## (三)始终注重集群发展目标导向

韩国在推动国内先进制造业集群国际合作方面有丰富的经验。例如,韩国在全球设立了100多个贸易馆,借助贸易馆开展企业和当地政府的贸易交流合作;将国际合作作为考核评估先进制造业集群建设成果的重要指标;建立面向企业的信息推送机制,定期向企业推送国外相关产业的行业发展情况、市场发展需求、最新技术进展、政策法规等资讯,让企业及时掌握全球相关企业、产业集群和产业的发展情况,提高韩国参与全球先进制造集群的合作深度和效率。

浙江针对先进制造业,专门出台《浙江省培育先进制造业集群行动计划》《制造强省建设行动计划》《关于以新发展理念引领制造业高质量发展的若干意见》《关于支持中国(浙江)自由贸易试验区高质量发展的若干意见》等文件,建立了项目推进机制,但在"条块分割"的体制下,一些政府部门对产业集群政策执行经验不足,导致集群发展中存在缺乏特色、专业化生产性服务业欠缺、创新氛围不够等问题。

# 第八章 浙江自贸试验区面临的问题与挑战

## 第一节 对标对表"收效甚微"，压力测试仍需加大力度

要实现宏远的战略目标，必须"站在未来看现在"，以精准的目标感自我审视，寻求突破。2020年秋天，浙江自贸试验区率先全国实现扩区，成为除海南、上海外第一个面积超过120平方公里的自贸试验区。国务院也就此印发了《扩区方案》，共包含78项试点任务。扩区一年来，方案中涉及中央部门的42项试点任务全部启动，其中，38项已落地，有效实施率达90.5%；《实施方案》中193项试点任务已全部启动，183项已落地，实施率达94.8%。

然而，对比商务部要求，商务部对"已实施"的定义为"地方围绕该试点任务已经开展相关工作，且不存在政策障碍"。以此为标准重新审视浙江自贸试验区可以发现，试点任务虽然已经推进建设，但大部分存在政策障碍。另有部分任务虽在政策层面上已无障碍，但由于市场主体需求不足、自身推进不快等原因，存在落地成效不明显、政策红利尚未充分释放等问题，例如浙石化船用燃料油出口配额、物产和浙能两张原油非国营贸易牌照等。

因新冠肺炎疫情的影响和蔓延，全球产业链、供应链受到严重冲击，贸易、投资、金融、人员等领域的自由化程度降低。在这场多重挑战叠加带来的压力测试中，以国际公认的竞争力最强自由贸易区为目标的浙江自贸试

验区,显然还存在较大的提升空间。

在对标全球最重要的大宗商品配置基地新加坡时,在货物自由进出政策方面,新加坡除危险品、武器、药品和化妆品等4类少数特殊货物和针对特定地区的进出口需要申请许可证外,对其他商品均实行自由贸易政策;在港口通关方面,新加坡建立了"一站式"贸易网络(TradeNet)、港口线上申报网络(portnet)等平台,进出口通关最快只需10秒;在税收方面,实施15％企业所得税和单一税制,资金可自由进出。而从全国建设国际航运和物流枢纽情况来看,宁波舟山港致力于打造世界一流强港,但在货物自由政策、无纸化通关、税收优惠等方面还有很长的一段路要走,可以说是"任重而道远"。

# 第二节　制度创新"零敲碎打",系统集成未能形成突破

围绕"五大功能定位",浙江自贸试验区在制度创新领域收获不俗,扩区一年已形成64项改革试点经验,其中2项在全国复制推广,即成功入选商务部自贸试验区第四批"最佳实践案例"的"优化国际航行船舶进出境监管改革创新",入选国务院服务贸易创新发展试点"最佳实践案例"的"'数智化'在线商事调解模式"。

通过对64项全新试点经验进行系统梳理发现,这些制度创新中仍有较大一部分存在"同质化""碎片化"现象,特定环节、单一事项的制度创新成果多,真正围绕"牵一发动全身"、聚焦全产业链发展、重大项目建设中的堵点痛点问题开展的创新相对较少。

在舟山片区油气全产业链领域,重点聚焦"以油气为核心的大宗商品资源配置基地"这一定位。当前,因国家对油气行业的整体管制和行业垄断,地方先行先试空间狭小,事项改革面临天花板,影响了地方"试验田"的积极性。宁波、杭州、金义片区更多涉及其他四个定位,各片区推出的改革措施偏向循规蹈矩,难以突破法规进行创新。在这个过程中,各省级单位对片区权限下放的力度也依然不足,目前同意下放权限事项仅49项,不到地方需求

的三分之一。显然，简政放权不提速，是难以种好"苗圃"的。建议未来推出更多首创性与集成性相结合、量质并举的制度创新。

# 第三节 定位地位"不相匹配"，竞争优势亟须发力提升

扩区之后，中央赋予了浙江自贸试验区新的"五大功能定位"，浙江自贸试验区更肩负着建设成为新时代改革开放新高地、全面展示中国特色社会主义制度优越性"重要窗口"示范区的全新使命。然而，目前各片区所在城市地位、优势基础还不能完全符合国家战略定位，需进一步强化竞争优势。

"以油气为核心的大宗商品资源配置基地"作为第一个定位，实则是浙江自贸试验区1.0版的定位延伸。"资源配置基地"要求能对全球性战略资源具有较强的控制力和影响力，在产业、人才、技术等核心要素上拥有全球战略布局，且在全球的产业链、供应链、价值链中占据重要一环。要达到这一要求，产城融合、高效服务、交通发达的城市环境不可或缺。然而，目前舟山、宁波片区所处的城市地位仍较为尴尬，城市引领带动作用不足，在长三角区域、全国乃至全球的影响力也有待提升。

在浙江自贸试验区2.0版新增的四个定位中，"新型国际贸易中心"涉及跨境电商、数字服务贸易、市场采购等业态。尽管浙江新型贸易优势走在全国前列，但仍未构建起一个完整的全球网络。建议在这一领域具有相对优势的宁波、杭州、金义片区深挖优势、联动发展，导入更多的国际化要素。

再看"国际航运和物流枢纽"这一定位。在国际航运枢纽方面，浙江自贸试验区重点依托宁波舟山港、义乌陆港、杭州萧山国际机场、宁波栎社国际机场，相比于新加坡港、德国杜伊斯堡港、美国孟菲斯机场，在基础设施、航线数量、铁路网络、港口服务等方面存在较大差距；在国际物流枢纽方面，以"四通一达"的浙江快递业占据了中国快递市场的半壁江山，成为服务制造业、农产品上行等领域的"第二条高铁网络"，但在数字物流、跨境供应链等领域建设不足，全球智能物流骨干网还未形成。

当前，浙江省正在全面推进各领域数字化改革，然而在"数字经济发展

示范区"这一定位上,相比广东、北京等其他自贸试验区,浙江自贸试验区在数字经济开放力度、支持政策、场景应用等方面存在差距,亟需一个更加开放自由的数字环境。

"先进制造业集聚区"这一定位的重点在于产业集聚。新一轮科技革命和产业变革更加注重畅通产业链、供应链、创新链、人才链的国际循环,绿色低碳的产业成为新的关注点。当前,各个片区存在制造业关键核心技术未能掌握、完整产业链尚未形成、产学研机制不完善等问题,建议率先推动制造业绿色化、高端化、智能化、数字化发展,着力提高产业链稳定性和创新力,打造面向全球、引领未来的先进制造业集群。

# 第四节　体制机制"各自为战",赋能建设有待持续加强

理顺体制机制才能最大程度激发活力。在思想认知方面,虽然出台过《关于支持中国(浙江)自由贸易试验区高质量发展的若干意见》,但省级部门在人才、用地、资金等方面的实际赋能上还有待落实。部分省级部门对自贸试验区建设谋划不足,寄希望于各片区能主动探索新路、向上争取;而各片区作为建设主体,主观上存在"等靠要"思想,寄希望于省级部门的牵头建设。

在工作机制方面,舟山片区相对成熟,但其他三个片区进度缓慢,部分片区机构设置未完善,组织架构不完整,人员配备也不够到位。如宁波片区管委会力量薄弱,部分片区采取先行抽调人员组成专班的形式运作,使得自贸试验区建设不顺畅。

在项目推进方面,浙江省自贸办梳理了2021年各片区重大项目清单,用于支撑自贸试验区高质量建设,但从片区企业反映来看,在开发建设、运营管理等过程中,企业的痛点难点反馈、解决通道依然不畅。建议省市加强协同,建立联动发展机制,形成有效合力。

# 第九章　浙江自贸试验区建设展望

好风凭借力,浪高当弄潮。站在全新的历史节点,浙江自贸试验区应顺应历史潮流,紧抓差异化发展机遇,对标国内外先进自贸区(港)及 CPTPP 等高标准国际经贸规则,书写好浙江自贸试验区 2.0 时代的三张"金名片",发扬首创精神,扛起新时代改革开放新高地的新使命。

## 第一节　争取更大赋能支持,以油气自贸区　建设诠释开路先锋担当

能源安全是国家大事。针对浙江油气产业发展,国家已作出了一系列重要的制度安排,作为具备战略要地唯一性的浙江自贸试验区,也被赋予了成为国际大宗商品贸易自由化先导区和具有国际影响力的资源配置基地的重任。当前,浙江自贸试验区在油气领域的系统化闭环改革体系已具雏形,对标新加坡实现"弯道超车","快马加鞭",形成了诸多制度创新成果和最佳实践案例,为保障我国能源安全、提升大宗商品资源配置能力和服务地方经济发展做出了积极贡献。

目前,与承担的战略使命相对比,浙江自贸试验区在油气方面的改革自主权仍不足,油气领域改革进入了"瓶颈期",如何让作为"实验台"的舟山和宁波片区走好油气全产业链的发展之路,继续聚焦建设"五大功能定位"中的油气定位,是当前重要的工作方向之一。下一步应始终坚守初心使命,继续扎实推进"一中心三基地一示范区"建设,以制度创新为核心,将"131"油

气全产业链总体格局走深走实。

## 一、推进油气储备体制改革

一是创新发展油气能源储备模式,借鉴新加坡、美国库欣等经验,推进油气能源地下洞库储备项目建设,同时利用浙江自贸试验区海域广阔的优势,推进与国际大型油轮企业合作建设海上浮仓。

二是针对国家储备"流不动"等问题,在自贸试验区探索创新国储与商储相结合的石油储备模式,鼓励民企参与国储,在保障国家安全的前提下,激发油储活力。

三是争取油气保税储备政策创新,在安全监管的前提下,允许保税物流中心(B型)和保税仓库(出口监管仓库)对保税与非保税油气产品和液体化工品"同罐共储"。支持境内外期货交易所在保税监管场所和特殊监管区域内设立原油、燃料油期货保税交割库,开展原油、燃料油期货保税交割、仓单质押融资业务。

## 二、完善能源国际贸易服务

一是启动全球油气贸易商招商计划,重点加强国际石油巨头招商,努力引进一批世界知名油气做市商、生产商、贸易商、服务商和供应链管理企业,集聚一批有影响力的大宗商品离岸、在岸贸易主体。

二是深化浙江油气交易中心与上海期货交易所的深度合作,拓展油气交易产品范围,逐步推动上期所标准仓单与国际油气交易中心非标仓单的互认互通。

三是试点赋予原油非国营贸易进口资质企业一定规模的进口配额,在合适条件下深化原油进口贸易市场化改革。借鉴海南洋浦综保区油气贸易监管制度创新经验,谋划研究在自贸试验区内,选择一块适合的区域设立"境内关外"海关特色监管区域,试点实施"一线"放开(进出口原油、成品油、燃料油,不实行企业资格和数量管理)、"二线"管住(进出"二线"按进出口规定管理）的监管模式。

# 三、建设东北亚燃料油加注中心

一是做大做强燃料油加注业务，依托宁波、舟山炼化企业集聚优势，引导企业向船用低硫燃料油产业拓展，建设船用低硫燃料油生产基地，支持与上海、江苏部分港口国际航行船舶供应作业资质互认，进一步推动船舶燃料油跨关区直供业务。

二是完善燃料油加注政策体系，包括燃料油出口退税、保税混兑等领域，争取 LNG 作为国际航行船舶燃料享受保税政策。

三是建立一个"海上特别海事服务区"，进一步实行事中事后监管，实施免于引航、免征船舶吨税的创新服务政策。

**专栏 9-1　我国船用燃料油加注企业清单**

| 经营范围 | 获批时间 | 公司名称 |
|---|---|---|
| 全国性牌照 | 1972 年 | 中国船舶燃料供应有限公司 |
| | 2006 年 | 中石化浙江舟山石油有限公司 |
| | 2006 年 | 深圳光汇股份有限公司 |
| | 2006 年 | 中石化长江燃料有限公司 |
| | 2006 年 | 中石化中海船舶燃料供应有限公司 |

续表

| 经营范围 | 获批时间 | 公司名称 |
|---|---|---|
| 地方性牌照 | 2017 年 6 月 8 日 | 中油泰富船舶燃料有限公司 |
| | 2017 年 6 月 8 日 | 舟山浙能石油化工有限公司 |
| | 2017 年 6 月 8 日 | 华信国际(舟山)石油有限公司 |
| | 2017 年 10 月 27 日 | 浙江海港国际贸易有限公司 |
| | 2018 年 10 月 26 日 | 舟山国家远洋渔业船舶燃料<br>供应有限公司 |
| | 2018 年 10 月 26 日 | 信力石油(舟山)有限公司 |
| | 2019 年 9 月 24 日 | 中国石油燃料油分公司 |
| | 2019 年 9 月 24 日 | 国油石化(舟山)有限公司 |
| | 2020 年 11 月 20 日 | 中石油上港(舟山)能源有限公司 |

聚焦"以油气为核心的大宗商品资源配置基地"战略定位,除了浙江省,舟山、宁波等省市级层面需自行努力解决一些问题之外,也离不开国家部委层面的积极支持。据此,应向国家层面争取更大赋能支持,一是支持探索试点国家储备石油动用轮换机制,每年对 20% 左右的国储油进行市场化轮换,且不受进口配额限制,试点建立储备企业"白名单"制度,赋予国油代储资质;二是支持在浙江自贸试验区内的重点优质炼化企业试点开展原油进口弹性配额,允许该企业在发放的配额总量上浮或下调 20% 完全用于先进产能,弹性额度事后监督;三是支持对浙江自贸试验区运行良好的 1—2 家保税油经营企业升级为全国牌照;四是支持浙江自贸试验区在油气现货交易领域先行先试创新交易模式,开展连续竞价、电子撮合、匿名交易、做市商、T+D(D<5)等交易方式;五是支持宁波、舟山在铁矿石、铜精矿、天然气等领域建设大宗商品储运基地。

# 第二节　强化数字创新赋能，
## 下好数字自贸区"先手棋"

自贸试验区作为我国对标高标准国际经贸规则窗口，正在数字经济、数字贸易发展等领域不断校准"风向标"。浙江是全国数字经济先行省份，杭州更是以打造全国"数字经济第一城"为目标。早在 2019 年，时任浙江省省长袁家军就首次明确提出要创建数字自贸区，力求抢抓机遇、主动抢跑。随着 2021 年 2 月，浙江省委书记袁家军全面部署数字化改革工作，数字自贸区也成了浙江自贸试验区在"十四五"时期重点建设任务之一，自扩区以来，杭州等地的数字自贸区建设正如火如荼地开展，唱响了浙江数字经济的"最强音"。

在数字化改革的浪潮之下，浙江数字自贸区还未形成类似"油气全产业链"的"数字领域"全产业链，需进一步通过制度创新，着力构建数字贸易生态圈和数据产业链。浙江自贸试验区应全面落实国家赋予的"五大功能定位"和全省数字化改革部署，以对标国际先进规则和满足企业需求为导向，以杭州片区为主体，甬舟、金义为两翼，辐射带动全省联动创新区创新发展，按照"458"系统架构，推动数字产业、数字金融、数字物流、数字监管赋能数字贸易关键环节，努力打造成为制度先行、产业高端、服务优质、监管高效的数字自贸区，为全国自贸试验区建设贡献"浙江经验"。

围绕"数字贸易生态圈"建设，一是要加快培育数字产业集群，加强数字科技基础研究和关键核心技术攻关，推进产业数字化转型。加快建设数字新基建。二是要争创国家数字贸易示范区，鼓励构建服务贸易数字化转型生态系统，打造数字服务贸易各类公共服务平台。深化跨境电商综试区建设。三是要培育壮大数字领域市场主体，大力招引数字贸易头部企业在区内设立总部或区域总部。四是要探索高标准数字领域规则，开展国际合作规则先行先试，发挥政府、协会、企业主体作用，积极参与数字技术、贸易、税收等国际规则制定。五是要创新数字监管新模式，建设数字贸易"单一窗口"，推进海关、税务、商务、金融等跨部门信息互换、数据共享和监管互认，提升数字贸易监管服务体系。

围绕"数据产业链"建设,探索建立数据国际交易市场。争取在杭州等地设立数据资产评估运营节点,探索构建数据资产质量评估、资产价值评估、资产定价的数据资产评估体系。探索开展第三方认证、定价和合约业务,争取数据资产并表、数据交易或流通平台及其全产业链条落地。按照国际协定和法律规定,探索建设离岸数据中心。探索制定低风险跨境流动数据目录,推进跨境数据安全有序流动,申请允许自贸试验区内企业基于业务需求访问国际互联网。依托滨江物联网产业园等平台,探索建立跨境数据流通治理与运营平台,率先开展数据跨境流动便利化试点,探索商务数据开放共享机制和应用。

立足全局,心怀"国之大者",方显硬核担当。当前全国 21 个自贸试验区作为新时代中国改革开放的新高地和新平台,序列分化态势已然显现,浙江数字经济发达、数字贸易领先全国,具备建设数字自贸区良好条件和扎实基础,并获中央网信办批复同意,在浙江自贸试验区相关区域建设数据跨境流通服务基地,相关试点工作已落地实施。新时代下如何聚焦"数字经济发展示范区"战略定位,打造数字自贸区,引领全国数字经济迈向新进程,是浙江自贸试验区必须答好的时代命题。据此,应积极向国家争取,参照油气全产业链赋权政策,推动出台数字全产业链系统集成赋权政策,支持浙江自贸试验区建设数据要素市场,推动浙江数字自贸区先行突破,打造成为全国数字自贸区建设样板。

# 第三节 畅通全球高端要素,以"硬核"力量推进枢纽自贸区建设

中共中央、国务院印发《关于支持浙江高质量发展建设共同富裕示范区的意见》,赋予了浙江推动共同富裕示范探路的新使命。2021 年是高质量发展建设共同富裕示范区开局之年,如何通过自贸试验区这一平台来打通国内国际双循环的痛点堵点,高质量发展建设共同富裕示范区,是新时期浙江发展的"题中之义"。

受全球新冠肺炎疫情影响,全球产业链、供应链及贸易、投资、运输等领域自由化便利化均受到了一定阻碍。亟须以自贸试验区为引领,搭建新的平台,推出新的政策,加速推进产业链、供应链、价值链深度融合,加快推动油气、数字、枢纽"三个自贸区"发展。浙江一直以来在新型贸易领域走在全国前列,杭州、金义等地拥有一定的优势,应继续发展贸易新模式新业态,锚定国际化发展。在国际物流领域,浙江各个片区对比国际先进地区尚有一定差距,宁波舟山港、义乌陆港等枢纽应加快数字化、国际化建设,推动物流领域制度创新。在高新技术研发及数字化改革的风潮下,引领搭建先进制造业集群将成为自贸试验区扩区后的重点任务之一。因此,一要继续推进宁波、义乌两个国家进口贸易促进创新示范区发展,打造以新型国际贸易为主的商业变革和贸易枢纽。针对跨境电商、市场采购、易货贸易等,继续开展新建平台建设,发挥好在联动创新区、辐射带动区的辐射带动作用;二要在物流枢纽方面,继续深化宁波舟山港一体化发展,推动义乌建设"第六港区",打造以"四港联动"为基础的现代物流枢纽。第四批"最佳实践案例"中,浙江"优化国际航行船舶进出境监管改革创新"案例入选,这是围绕贸易、海关、航运、事中事后监管等多领域的立体化创新,应继续以此为样例,在海港、陆港上形成更多制度创新,逐步壮大枢纽能级;三要围绕精细化工、数字经济、健康医疗等重点产业,积极推动一系列重大项目建设,进一步完善重大项目推进机制,打造以"产业集群"为特征的世界级先进制造枢纽。

惟创新者进,惟创新者强,惟创新者胜。聚焦"新型国际贸易中心、数字经济发展示范区和先进制造业集聚区"战略定位,浙江自贸试验区作为中国改革创新的潮头地带,应充分发挥浙江敢为人先的精神,吹响改革创新的号角。据此,应积极向国家层面争取,一是支持浙江先行先试建设海外仓全球信息共享联网平台,适时在全国范围内推广、共享;二是支持立讯智造在保税区外设立保税维修仓,开展全球报税维修;三是支持义乌市探索进口日用消费品免证正面清单管理制度,为国家进口制度创新探索改革路径;四是支持将金华(义乌)海铁联运铁路站纳入"启运港"退税范围,推广宁波舟山港试点实施启运港退税政策;五是支持在浙江自贸试验区内企业申请设立市内免税店;六是支持杭州医疗机构因临床急需进口少量"国外依法批准上市、未获得我国注册批准"的药品,依法经批准后进口。

# 第四节　营造最优服务生态，
# 在探索制度型开放上发挥更大作用

经过四年的发展，舟山片区已形成相对成熟的工作机制，其相关经验值得另三个片区学习参考。扩区后，围绕信息发布机制、评估推广机制、项目推进机制三大机制，浙江自贸试验区形成了一套相对完整的工作体系。在营商环境上，浙江自贸试验区始终在打造优质营商环境这一重要任务上深耕沃土，形成了"外汇金管家"线上一站式服务、知识产权集成服务改革等诸多营商环境创新成果。

放眼望去，浙江自贸试验区对标的新加坡自由港，拥有十分便利的营商环境。如，在海事服务中极少出现事前审批，各种报送、报备、通关等手续通过网络数分钟即可完成，反观浙江自贸试验区内海事服务还保留着相对繁杂的业务流程。对此，首先要提高政治站位，牢牢把握"为国家试制度、为地方谋发展、为开放搭平台"要求，推进各项改革试点任务，当好改革开放排头兵；其次应进行机制优先，先行建设好区内相关项目推进机制、营商环境体系，着力提升"联动能力"；最后，进一步围绕建设国际化一流营商环境目标，在油气自贸区、数字自贸区、枢纽自贸区"三个自贸区"领域，推出更加自由便利的政策举措。因此，一是要对当前存在的认识误区要深刻剖析原因，提出务实管用的改进举措，更加深入推进各项改革；二是当前自贸试验区工作政策专业性强，涉及部门多，推进难度大，需要迫切建立上下高效协同、分工明确、协调有力的工作机制；三是要树立"以企业体验为先、以市场感受为先"的服务思维，对标国际最高标准，持续优化营商环境。以浙江自贸试验区扩区后的"五大功能定位"为"经"，以放宽市场准入、打破垄断、创新监管模式、完善企业服务、人才支持政策等为"纬"，"经纬交叉"，突破一个个交叉点上重要且亟须突破的制度、政策，满足企业需求。以各领域市场主体开展各类投资贸易活动的现实需求为"纵"，以重点领域各行各业和条线监管服务为"横"，精细优化每一个交叉点所蕴含的"政企关系"，形成拥有"服务型政府""智能化监管"的良好营商环境，最大程度解放市场活力；四是坚持问题导向，强化制度创新应用，重点在生物医药、航空航天、新材料、人工智能等领域，结合现有产业基础和政策优势，谋划提出并大力推动一揽子系统集成的制度创新举措。

千钧在一羽，轻重在平衡。浙江自贸试验区各片区持续打造良好的服务生态圈，吸引全球技术、资本等高端要素快速集聚，彰显出强大的吸引力，激荡起高质量发展新动能。然而，当我们把眼光放远，站在未来审视现在，则会发现浙江自贸试验区发展潜力尚未真正释放，未能在最大程度上解放市场活力。例如，《赋权方案》和《扩区方案》都明确："对照国际通行税收政策，增强国际竞争力，探索研究推动油品全产业链发展的政策措施。"目前浙江自贸试验区大宗商品贸易交易的金融、外汇、税收等配套政策缺失，对标新加坡等国际大宗商品贸易交易集聚区域，还存在较大差距。据此，应积极向国家争取，支持浙江自贸试验区在特殊区域、特定范围实施具有国际竞争力的税收、金融政策，构建新型大宗商品跨境金融管理制度，实现贸易交易资金"一线"自由进出。

## 第五节　培育引进自贸人才，
## 推进高能级人才平台提能造峰

自扩区以来，浙江自贸试验区的建设热情日益高涨，重点领域相关企事业单位对人才，特别是高端紧缺人才的需求也愈发强烈。当前浙江自贸试验区已出台部分人才政策以纾解燃眉之急，如试水"聘任制公务员"，打破了体制藩篱，在一定程度上释放了人才"强磁场"。

但是，对比新加坡、香港，以及海南自贸港，浙江自贸试验区相关配套人才政策仍存在一定差距，国际竞争力相对较弱，人才集聚效应不够突出，难以构建"三个自贸区"发展的优质生态圈。人才是最为需要、最为紧缺的战略资源。海南自贸港部分人才支持做法非常值得学习，如实行落户自由、提供人才安居保障、设立人才服务单一窗口等；又如在人才上作出低税率的制度安排，纵向分阶段分区域有计划地推进人才税收政策调整，这都需要浙江积极向上争取政策。为此，在关键领域和重点产业实施特殊人才政策安排，实现人才愿意来、留得住。

一是绘好国际人才流通图谱,借助大数据、云计算、区块链等数字技术,绘制全球人才资源分布地图,积极招引各领域自贸人才,形成人才资源池;二是营造国际人才便利化环境,逐步放开专业领域国际人才从业限制,建立国际职业资格证书认可清单制度,建立境内外人才身份转换机制,推进国际人才出入境便利化。例如,推动杭州在举办全球数字贸易博览会期间实行有序便利的通关监管和人员出入境等政策;三是创新人才利用方式,探索利用法定机构、聘任制公务员等方式,引进培育一批熟悉国际经贸规则、产业发展规律的专业人才队伍,使自贸试验区成为融商汇智、人才荟萃之地。

# 附件1 扩区方案国务院42项任务落实情况

经系统分析,《扩区方案》国务院42项任务已有38项落地,实施率达90.5%。

其中"未实施"的4项具体内容如下。

首先是第13项——聚焦能源和粮食安全,研究建立能源等大宗商品政府储备和企业储备相结合的政策保障体系,更好发挥企业储备在保障粮食安全方面的作用。舟山片区配合浙江省能源局委托国经中心开展相关课题研究,已起草形成《浙江自贸区石油储备改革创新试点方案课题研究报告》以及《浙江自贸区石油储备改革创新试点方案》,2021年6月29日将《关于在中国(浙江)自由贸易试验区开展油品储备改革创新试点的请示》正式报送至国家能源局。宁波片区浙江LNG一、二期项目建成6座16万方LNG储罐。杭州市与嘉兴市共建嘉兴LNG储运站。未实施原因是需国家能源局支持试点开展石油储备体制改革,并牵头制定出台切实可行石油储备体制改革专项方案及相关配套措施。

其次是第14项——支持开展油气储备改革试点,支持承接更多政府储备任务,大力发展企业储备,增加储备品种,增强储备能力,成为保障国家能源和粮食安全的重要基地。杭州片区推进事项与第13项试点任务情况相同。宁波片区正在加快推进信海油品仓储二期11.85万方成品油罐、百地年200万方丙烷地下洞、东华能源200万方丙烷地下洞库主洞室等项目建设。金义片区城燃企业已形成储气能力0.035亿立方米,2021年已开工储气能力项目2个,预计新增储气能力0.0035立方米。

再次是第 19 项——建设进口粮食保税储存中转基地,支持以大豆为突破口,创新粮食进口检疫审批制度,允许对非关税配额粮食以港口存放方式办理检验检疫审批,进口后再确定加工场所(具有活性的转基因农产品除外)。该政策创新已列入浙江省政府与海关总署对接事项内容。舟山市商务局联合舟山海关、自贸区政策法规局等部门,积极开展粮食进口检疫审批创新,已与杭州海关进行汇报,杭州海关近期到舟山做了相关调研,可行性方案初稿已经完成。未实施原因是该试点任务需海关总署、农业农村部批准非关税配额粮食以港口存放方式办理检验检疫审批。

最后是第 26 项——支持参照保税船用燃料油供应管理模式,允许液化天然气(LNG)作为国际航行船舶燃料享受保税政策。该政策创新已列入浙江省政府与海关总署对接事项内容。舟山片区船用 LNG 加注试点准备工作有序开展,全国首条 8500 立方米加注船正式下水,拟出台《国际航行船舶保税 LNG 加注试点管理办法》和《船用 LNG 水上作业和现场监管办法》。宁波片区已梳理相关企业开展国际航行船舶保税燃料油加注及相关业务的需求。未实施原因是该试点任务需允许浙江自贸试验区开展试点,并赋予浙江自贸试验区宁波片区国际航行船舶保税燃料油加注、保税 LNG 加注审批权限,同步将保税燃料油混兑调和加工贸易业务及其出口退税试点复制推广至宁波片区。

42 项任务落实情况如附表 1.1 所示。

**附表1.1 扩区方案国务院42项任务落实情况（2021年）**

| 序号 | 试验任务 | 进展情况与成效 |
|---|---|---|
| **（一）建立以贸易投资便利化为核心的制度体系** | | |
| 1 | 进一步丰富国际贸易"单一窗口"功能，将服务贸易出口退（免）税申报纳入"单一窗口"管理 | （1）国际贸易"单一窗口"国家标准版所有功能落地舟山，覆盖跨境贸易服务全流程；浙江特色功能板块已涵盖海事服务全链条（舟山片区）。（2）推动"单一窗口"功能向口岸物流可视化查询（出口从进仓到离仓装箱）、物流服务拓展。贸易服务方面，进口从船到港到提离）已上线，通关综合管理功能已上线（宁波片区）。流评系统均已完成开发。（3）钱江海关做好"单一窗口"海关相关业务办理全程无纸化。2021年5月，自助打印的原产地证书达到17种。同时，依托"单一窗口"搭建船舶供退物料退税服务平台，实现相关业务办理全程无纸化。目前"单一窗口"功能已达33项。杭州市税务局已将服务贸易出口退（免）税申报纳入"单一窗口"管理（杭州片区）。 |
| 2 | 深化服务贸易创新试点，推动服务外包向高技术、高品质、高效益、高附加值转型升级，加快信息服务、文化贸易、技术贸易等新兴服务贸易发展，探索以先导为先导的"数字+服务"新业态新模式 | （1）着力推进海事服务产业发展，不断深化完善国际贸易"单一窗口"特色功能板块，提升保税税燃料油船供油业务数字十服务；加快海事服务产业集聚，新引入商龙亿国际、富士海等19家示范型企业和入驻项目，累计集聚250余家海事服务企业。2021年上半年，实现海事服务贸易总产出190亿元，同比增长40%（舟山片区）。（2）2021年5月25日，以市政府名义印发《宁波市数字贸易发展实施方案》，重点围绕离岸贸易、国际机和信息服务、国际航运物流服务、国际数字物流服务、国际教育服务等八大重点领域，着力健全工作机制，明确责任分工，加强政策支持，全力推进服务贸易创新发展。2021年1—5月，全市服务贸易进出口额464.44亿元，较上年度同期增长35.74%，其中出口额296.88亿元，较上年度同期增长45.25%（宁波片区）。（3）杭州市商务局认定了5家示范词区、38家示范区和19家示范型企业"创新'数智'在线增长事调解模式离岸外包"，服务外包离岸执行额达22.05亿美元，同比增长30.9%，创新合同执行额达22.05亿美元，技术进出口合同金额达6.3亿元，同比增长5.73%，服务贸易出口合同金额达49.12亿美元，同比增长98.1%（杭州片区）。（4）一是数字贸易应用场景挂牌推助取得一定成效。牵头做好数字经济系统中数字贸易子系统建设，谋划"数字贸易"业态，全链条完善数字贸易生态系统，鼓励企业数字化应用场景建设、促进国际运输服务数字化。又乌确定为全省唯一应用场景先行示范点，又乌确定为全省唯一应用场景平台，市贸促会列入商务部省级数字贸易联合会第二批的"金贸通"义乌"全球数字贸易云展"以及市场采购供应链金融创新货款家"等3个项目列入省级金融创新项目；三是数字会展示范点，推介会数字贸易外包参加全国华服贸会；二是数字会展示范点，全面商务展示金华服贸会，上交会、大连数交会等稳居全国前列（金义片区）。四是县数字贸易宣介办权，全面商务宣介会认真准备办好活动。上半年，服务贸易月展数等稳居全国终始（金义片区）。五是持续开展服务贸易统计评试点。 |

续表

| 序号 | 试验任务 | 进展情况与成效 |
|---|---|---|
| 3 | （一）建立以贸易自由化为核心的制度体系　推进进出口产品质量追溯体系建设，拓展可追溯商品种类 | （1）宁波保税区打造全国首个中东欧商品防伪追溯平台，亮相中东欧博览会，通过溯源式、科学化、渗透式的监管手段，实现了数字经济背景下进口商品的"源头可追溯，数据可集成，信用可查询"。目前，首批 600 余个品类、3 万余件商品已完成赋码追溯（宁波片区）。（2）建立全国首个跨境电商公共质保平台，在海关的支持下，探索建设杭州关区跨境电商零售进口商品溯源体系建设（杭州片区）。（3）推动进出口食品质量溯源体系，进口预包装食品加贴溯源二维码，消费者扫码即可识别商品名称、进口商等信息。出口食品生产企业建立从原料到生产加工过程可追溯的追溯体系，实现跨境电商零售进口宠物食品溯源的全覆盖。出口方面，要求出口动植物检疫追溯，推进出口植物动植物检疫追溯，要求出口食品生产企业建立溯源台账，目前金华海关辖区 173 家出口食品生产企业建立溯源体系，实现出口竹木草、饲料、非食用动物产品生产企业均建立溯源台账，实现出口产品可追溯（金义片区）。 |
| 4 | 便利化为核心的制度体系　扩大第三方检验结果采信商品和机构范围 | （1）2021 年 4 月 29 日正式实施新修订《商检法》为采信第三方检验结果提供了法律支持。铁矿、砂矿领域已经采用第三方检验（舟山片区）。（2）宁波海关已经向海关总署报告扩大采信第三方检验结果，并在宁波海关门户网站发布对进口机动车（含汽车、摩托车）实施第三方信管理的通知要求（宁波片区）。（3）钱江海关实实落实采取消进口商品检验鉴定企业许可改革要求。按照海关总署统一部署，有序推进第三方检验结果采信。杭州市市场监管局建立联席机制，定期召开工作小组会议，商讨食品质量风险等信息，进行互通共享，并实施奖惩机制（杭州片区）。（4）依据海关总署关于进口汽车零部件产品推广实施便利化措施的公告，可对汽车零部件产品推广实施便利化措施；同时加快实施便利化措施已列入海关总署《2020 年海关进出口商品检验工作要点》（金义片区）。 |

续表

| 序号 | 试验任务 | 进展情况与成效 |
|---|---|---|
| （一）建立以贸易投资自由化便利化为核心的制度体系 | | |
| 5 | 对外商投资实行准入前国民待遇加负面清单管理制度，支持建立国际投资"单一窗口"，在区内研究产业、数字经济、生命健康、新材料等产业投资自由化战略性新兴产业集群市场准入 | （1）已落实《鼓励外商投资产业目录》；按照省商务厅部署落实国际投资"单一窗口"建设相关任务（舟山片区）。<br>（2）已经全面实现负面清单外外商投资企业备案制，与市场监管局实现系统对接，实现外商投资企业设立"单一窗口"（宁波片区）。<br>（3）浙江省发改委落实国家对外商投资实行准入前国民待遇加负面清单管理制度。杭州市投促局已使用浙江省国际投资项目审批"模式"极简审批"单一窗口"，优化营商环境，依托投资项目在线审批监管平台，实现外商投资项目103个；单一窗口共备案项目103个。上半年系统录入28个项目（杭州片区）。<br>（4）打造国际投资单一窗口。设立金义新区自贸区投资审批"单一窗口"，核准项目3个，总投资6.97亿元。审批项目6个，核准项目3个，协调解决问题49个；实行自贸区全类型市场主体集群登记，允许企业以托管的方式将其营业执照住所登记在管理公司的地址上，实现"虚拟注册"；探索完善行政管理纠错机制，对自贸区内的战略性新兴产业、科技创新、电子商务、互联网等行业企业执行包容审慎的监管标准（金义片区）。<br>2021年1—6月，单一窗口开展项目"三服务"活动，走访服务企业32家。 |
| 6 | 将国际快递业务经营许可权下放至浙江省邮政管理局 | （1）杭州市邮政管理局积极配合省邮政管理局完成国际快递业务经营许可实地核查工作，2021年完成浙江点半供应链管理有限公司（落地钱塘区）的国际快递业务经营许可审批核查（杭州片区）。<br>（2）金华市邮政管理局积极向快递物流企业宣传国际快递业务经营许可的企业和个人，提供全程一对一的审批服务，帮助企业解决申领国际快递业务经营许可证过程中遇到的问题，快速合规地完成各类审事项，推动国际快递业务经营许可权限下放政策落地实施（金义片区）。 |

续表

| 序号 | 试验任务 | 进展情况与成效 |
| --- | --- | --- |
| 7 | 开展本外币合一银行账户体系试点,提升本外币银行账户业务便利性 | (1)舟山市工商银行、中国银行、浙商银行等首批开户企业对本外币合一账户开户已经完成银行账户管理制度修订,业务系统改造搭建和测试、人员培训,本外币开户反应运行,由省人行根据总部署通知后执行(舟山片区)。<br>(2)成立试点工作领导小组,及时转发上级行试点工作实施方案,试点办法及其他相关工作部署,制定下发本地试点工作宣传方案,落实试点责任。目前试点银行均已完成各项试点准备工作,并通过验收(宁波片区)。<br>(3)人行杭州中心支行积极推进本外币合一银行账户体系试点。根据总行要求,目前正在拟定试点银行机构(包含杭州片区中农工建等银行),并对其试点准备情况走访和试点进行现场开展业务培训(杭州片区)。 |
| 8 | (一)建立以贸易投资便利化为核心的制度体系<br>推动金融创新服务实体经济,由大宗商品等包括油品的实货贸易内的更高水平的新型国际贸易,支持银行试点,依法按规定开展企业"依法展业"原则,为企业提供优质的金融服务 | (1)LNG 加注监管办法目前已进入合规性审查阶段。中石化海外业务已回流 1/2。山中心支行向省分局请示支持舟山新型离岸国际贸易发展,并草拟《关于开展新型离岸国际贸易业务的指导意见》报省分局审核(舟山片区)。<br>(2)获批同意后,人行宁波中心支行成立了专项工作小组,主动与市地方金融监管局、市商务局等部门沟通,研究制定扶持新型离岸贸易政策。工作方案,确保新型离岸国际贸易健康有序开展。全市 73 家企业办理离岸转手买卖、委托境外加工等新型离岸国际贸易业务 21.87 亿美元(宁波片区)。<br>(3)人行杭州中心支行扩大油品国际贸易优质企业名单,支持有杭州片区内银行对企业跨境贸易融资。已为萧山区块金帝油品跨境贸易融资,恒逸石化、恒逸热联、金帝油品转口贸易等 11 家企业办理油品贸易跨境人民币结算,金帝油品转口贸易等 11 家企业凭可信支付指令直接办理油品贸易跨境人民币结算。试点至 2021 年 5 月,金额 25.19 亿元。浙江自贸区企业开展新型离岸国际贸易 81 笔,累计办理业务 3 笔,金额 4904 万元。支持杭州片区企业引导杭州片区内银行提供优质金融服务。创新针对性业务政策及服务,为企业提供金融服务。研究推进新型离岸国际贸易联网信息平台"白名单"。浙江银保监局向企业机构对接自贸区内大宗商品进口企业,摸排跨境人民币结算需求,开展跨境人民币业务。(杭州片区)<br>(4)组织金融机构对接自贸区内企业推介跨境人民币业务,目前暂未开办大宗商品进口产品,企业端相关需求调研,研究"离岸国际贸易联网信息平台"建设思路(金义片区)。 |

193

续表

| 序号 | 试验任务 | 进展情况与成效 |
|---|---|---|
| 9 | 探索开展境内贸易融资资产和不良资产对外转让业务 | （1）联动工商银行舟山分行继续研究推动票据、不良资产等跨境转让业务（舟山片区）。<br>（2）积极推动境内贸易融资融资资产内不良资产跨境转让业务。2021年1—5月，辖区有7家银行办理境内贸易资产跨境转让业务，金额合计117.11亿元（宁波片区）。<br>（3）人行杭州中心支行推进出台《浙江自贸试验区全口径跨境融资跨境转卖业务操作细则》。探索开展境内贸易资产跨境转卖业务操作。2021年1—5月，杭州结算量为343亿元。浙江银保监会推动相关机构完善不良资产跨境转让业务流程，依法合规范围开展不良资产转让业务。进一步规范辖内不良资产转让秩序（杭州片区）。<br>（4）2021年1—5月，全市办理境内跨境融资融资跨境转卖业务合计42.48亿元。根据浙江省外汇省外和自律机制通知，2021年5月14日第内银行停止办理国内信证跨境转卖实业务（金义片区）。 |
| 10 | （一）建立以贸易投资自由化便利化为核心的实体经济新业态特点的跨境外汇结算模式，支持外贸健康发展 | （1）人行印发《关于印发推进中国浙江自由贸易试验区外汇管理改革试点实施细则》的通知。推动自由贸易试验区境外机构境内外汇账户结汇，截至2021年5月末共办理NRA结汇业务2156万美元（舟山片区）。<br>（2）一是优化跨境电商贸易管理方式。通过分类识别和电子围网等手段，兼顾便利化和防风险。二是优化跨境电商等领域新业态外汇政策，实施"交易越合规，汇兑越便利"的市场化约束和信用分类激励。三是优化跨境电商运用金融科技手段提升开展业务能力。截至2021年6月末共为218家电商企业办理191万笔订单、物流、仓储等电子信息为跨境电商交易提升资金收付服务。指导宁波银行搭建跨境电商金融综合服务平台，推动电子订单、物流、仓储等费用于出口结算礼差结算。四是优惠从事跨境电商业务资金收付。允许从事跨境电商和个人相关业务办理便利小微企业和个人小额可通过外汇储蓄账户收付。指导便利小微跨境电商交易免于办理单笔可录登记以及个人小额中签以下人均可从中受益（宁波片区）。<br>（3）人行杭州中心支行办理业务7万笔。办理业务7万笔，金额8961万美元，为电商客户办理跨境贸易业务功能，助力市场采购贸易业态发展举措，开展跨境贸易业务近9000户跨境电商企业结算近7956户，商盟等金融机构开展跨境电商"直连"模式，截至2021年6月末，市采购商联网信息平台合计金额221.84亿元，同比增长109.24%。鼓励更多银行创新跨境服务业务并便利保持稳定增长。累计出口收汇6604万美元，涉及订单380万笔，为超4500户商户节约成本700余万元。居全国全国同类业务领域前列。同时，支持银行积极拓展合作平台，目前稠州银行已与多个跨境电商平台达成初步合作意向（金义片区）。<br>（4）持续探索外汇支持跨境人民币业务。全市95%以上小微跨境业务结算渠道。全市支持拓宽外汇支持市场采购、物流、物流约3306万笔以上业务发生的仓储、物流。指导便利化政策，全市已有19家银行接入平台，自助结汇资料线上传输通道，进一步促进市场化结算。累计出口收汇6604万美元，持续改善外汇交易便利和审核。推动完善跨境电子信息为保持稳定增长。目前已有19家银行作业落地符合要求的跨境支付达成初步合作（杭州片区）。 |

续表

| 序号 | 试验任务 | | 进展情况与成效 |
|---|---|---|---|
| 11 | | 推动金融创新服务实体经济 | 支持设立民营银行、探索股债联动、支持科技型企业发展 | （1）积极推进民营银行——海洋科技银行的筹建（舟山片区）。<br>（2）通过政府购买服务、联合支农、基金支持、财政贴息等方式，加大对新兴产业支持（宁波片区）。<br>（3）浙江银保监局支持有条件的浙江中小法人银行转型为科创性股权投资＋外部直投"贷款＋远期收益"等股债联动模式，探索认股权证纳入股品管理。截至2021年3月末，辖内法人机构累计发放外部投贷联动项下科创企业贷款余额123.7亿元，较年初增长4.5%，较年同期行业务量最大（杭州片区）。 |
| 12 | （一）建立以贸易投资自由化便利化为核心的政府职能的制度体系 | 探索取消施工图审查（或缩小审查范围）、实施告知承诺制和设计人员终身负责制等工程建设领域审批制度改革 | （1）一是深化"清单制＋告知承诺制"改革。于2021年3月29日印发《舟山市企业投资低风险小型项目审批"最多15个工作日"改革实施方案》，实现了低风险小型项目办理时限不超过15个工作日。二是全面推行工程建设全过程数字化管理。于2021年6月3日印发《舟山市建设最优营商环境（办理建筑许可）2021年行动方案》，将推行工程建设全过程数字化管理作为建设最优营商环境的重要举措（舟山片区）。<br>（2）2020年11月已基本落实。发布《关于本落实，发布关于开展推进施工图审查制度改革取得阶段性成效，缩小施工图审查范围等工作的实施意见》（甬建发〔2020〕112号），施工图审查实行分类管理。只有建设部51号令规定的"特殊建设工程施工图审查，一般工程施工图审查；10000平方米以下并满足层高、楼层等要求的工业仓库、厂房工程等免于施工图审查，一般工程施工许可前审查"（宁波片区）。<br>（3）杭州市建委已按照2020年出台的《关于进一步深化杭州市施工图审查制度改革的指导意见（试行）》进一步加强审图设计管理与施工图设计文件审查的新规定《关于做好工业企业项目建设工程施工图审查改革工作的通知》等三个图审改革文件要求，新建易低风险工业施工图审查范围、公园绿化建设项目、一般城市道路建设项目（特殊道路及涉及桥梁、隧道等除外）等三类身终身负责制等项目实行取消施工图审查，推行一般项目施工图审后审，特殊项目开展工事前审。同步实行承诺制审批前告知承诺等改革措施，推行告知承诺制。通过印发《杭州市开展工程建设项目"清单制＋告知承诺制"审批改革试点办法》，明确了告知承诺的审批事项清单，同步加大了事中事后监管力度（杭州片区）。<br>（4）2020年12月底前建成全市工程建设项目施工图数字审查过程管理系统。同步开发一般项目的施工图数字审查、施工图自审备案制度，取消审查范围，一般项目除项目外，全面推行施工图备案制。2021年1月1日起，全市一体化审图系统试行施工图自审在线备案模块。在设计、施工、工程竣工验收等各环节全面应用数字化图纸，实现施工过程数字化管理，并推进数据省市数据共享。目前已完成工程全过程数字化管理系统的搭建并推进中（金义片区）。<br>2021年4月1日起实际落实至低风险小型项目，取消图纸审查，行为有记录、责任有落实，实施分类审查和信用监管。目前已完成工程全过程数字化管理系统的搭建并按照省市数据标准的改革目标推进中（金义片区）。 |

**续表**

| 序号 | 试验任务 | 进展情况与成效 |
|---|---|---|
| 13 | 聚焦能源和粮食安全，研究建立能源等大宗商品政府储备和企业储备相结合的政策保障体系，更好发挥企业储备在保障粮食安全核心的大方面的作用 | （1）2021年3月29日，陪同国经中心韩永文副理事长和省能源局相关同志调研岙山石油储备基地，并召开专题座谈会。2021年4月26日，配合省能源局与国经中心签订浙江自贸区石油储备改革创新试点方案课题研究合同。国经中心起草形成浙江自贸区石油储备改革创新试点方案研究终稿，并于2021年5月27号召开专家座谈会进行研讨，修改完善改革创新试点方案研究终稿。6月29日《关于在浙江自贸区开展石油储备改革创新试点的请示》正式报送国家能源局（舟山片区）。（2）一是浙江LNG（一）二期项目建成，6座16万方LNG储罐。二是信海油品仓储二期11.85万方成品油罐；预计2022年建成。三是信海油品二期11.85万方成品油罐（宁波片区）。（3）杭州市商务局加强对粮食市场的调控，保持杭州粮食供求总量基本平衡和价格基本稳定。同时，加强粮食市场供求形势的监测和预警分析，完善粮食应急体系建设。杭州市与嘉兴市共建嘉兴LNG储运站，增强杭州市应急保障能力（杭州片区） |
| 14 | （二）打造以油气为核心的高质量建设现代化大宗商品全球资源配置基地。支持开展油气储备改革试点，支持承接更多政府储备任务。大力发展能源储备，增加储备能源品种，增强储备能力，成为保障国家能源和粮食安全的重要基地 | （1）同第13项（舟山片区）。（2）一是浙江LNG（一）二期项目建成，6座16万方LNG储罐。二是信海油品仓储二期11.85万方成品油罐；预计2023年建成。三是信海油品仓储二期11.85万方成品油罐（宁波片区）。四是东华能源200万方丙烷地下洞库主洞室施工，信海油品二期11.85万方成品油仓储项目罐体施工。五是配合省能源局开展浙江自贸区石油储备改革创新试点方案研究（宁波片区）。（3）根据《省自贸试验区深化改革开放实施方案任务分工表》第54条，非杭州任务（杭州片区）。（4）金华市城燃企业已形成储气能力0.035亿立方米，形成租赁、购买能力0.154亿立方米；2021年已开工储气能力项目2个，预计新增储气能力0.0035立方米（金义片区） |

续表

| 序号 | 试验任务 | 进展情况与成效 |
|---|---|---|
| 15 | （二）打造以油气为核心现为高质量建设的大宗商品全球资源配置基地<br><br>探索地下空间利用的创新举措 | （1）研究地下空间综合开发利用和建设用地分层设权的政策依据，赴宁波等地开展实地考察学习，起草地下洞库土地审批政策（讨论稿）（舟山片区）。<br>（2）积极开展非建设用地地下空间利用试点，东华能源 200 万方丙烷地下洞库项目创新采矿权设置模式，于 2020 年 12 月 25 日正式复工（宁波片区）。<br>（3）杭州市规划和自然资源局已拟制《杭州市轨道交通上地下空间综合开发利用管理操作细则》，探索地下空间利用的创新举措（杭州片区）。<br>（4）已赴杭州、绍兴、宁波等地调研学习地下空间，结合市区城市地下市政基础设施建设试点和人防工程产权制度综合改革举措（金义片区）。 |
| 16 | 代化型开放经济体系<br><br>推动建设用地地上、地表、地下分别设立使用权，探索利用地下空间建设油气仓储设施，促进空间合理开发利用 | （1）研究地下空间综合开发利用和建设用地分层设权的政策依据（舟山片区）。<br>（2）积极开展非建设用地地下空间利用试点，组建工作小组，专程赴大榭百地年项目开展现场调研，组织业务处室专题研究讨论，已经形成了调研报告和《宁波市集体土地矿权设置操作细则》，于 2020 年 12 月 25 日正式复工（宁波片区）。<br>（3）杭州市规划和自然资源局围绕轨道交通用地对建设用地地上、地表、地下分别设立使用权进行探索，拟制《杭州市轨道交通上地下空间综合开发利用管理操作细则》，目前已探索杭州市加油站地下空间设置储罐（杭州片区）。<br>（4）已赴杭州、绍兴、宁波等地调研学习地下空间开发利用经验和做法，以金义东轨道确权为契机，探索地下空间合理开发利用（金义片区）。 |

续表

| 序号 | 试验任务 | 进展情况与成效 |
|---|---|---|
| 17 | （二）以油气为核心的高质量现代大宗商品储备基地建设 — 以油气、化工品等为重点，积极开展原油、汽油、液化气等储备业务，建设化工品国际贸易中心和分拨中心，打造成为国家级油气核心储备的大高质量现代建设基地 | （1）截至2021年6月，油品储存能力达到3230万方，LNG接收能力达到500万吨/年，炼油能力达到4000万吨/年。2021年1—6月份实现油气贸易额3903亿元，同比增长65%，LNG接卸量184.17万吨，同比增长107%。油气吞吐量7026，增长15.2%（舟山片区）。（2）一是数字能源及大宗商品产业大云链科技——六六云链科技园项目已于2021年5月28日注册落地宁波片区。二是中化能源股份有限公司智慧大岛太平和孚竹山体油气初步地质勘探。具备建设300～500万地下洞库的地质条件（宁波片区）。三是完成大平和孚竹山体油气初步地质勘探（宁波片区）。 |
| 18 | 支持浙江自贸试验区围绕油气全产业链开展差别化探索。参照国际通行规则，探索研究推动浙江自贸试验区油气全产业链发展的政策措施，增强国际竞争力 | （1）落实"油库功能整合"政策，实现出口监管、保税兑和保税混储。争取浙石化非保税液体化工品"同罐共储"。争取浙石化足量成品油、低硫燃料油出口配额，出口原油1145万吨，出口成品油164万吨，完成第一批发放额的出口低硫燃料油9580吨，推动油品出口贸易发展。截至2021年5月24日浙石化实际进口原油81.7%和82%。（2）一是积极制定涉及油气产业的扶持政策。二是宁波海关研究保税仓库和出口监管仓库"功能整合"方案，实现"一次入库、直接供船"，从而简化业务流程，提高供油效率。三是宁波海关以保税仓库为试点开展"同罐共储"业务研究，已经形成初步方案（宁波片区）。 |

续表

| 序号 | 试验任务 | 进展情况与成效 |
|---|---|---|
| 19 | （二）高质量建设核心的大宗商品全球开放型经济体系配置基地　建设进口粮食保税储存中转基地，支持以大豆为突破口，创新粮食进口检疫审批制度，允许对非关税配额粮食以港口存放方式办理检验检疫审批，进口后再确定加工场所（具有转基因活性的转基因农产品除外） | 积极开展粮食进口检疫审批创新，杭州海关赴舟山开展调研，可行性方案初稿已经完成（舟山片区） |
| 20 | 探索开展远洋渔业引进外籍船员试点 | 一是落实三部委《关于加强远洋渔业外籍船员管理工作的通知》要求，畅通新冠肺炎疫情期间外籍船员回国渠道，目前累计接返外籍船员 1938 人，其中 1633 人已离境回国。制定出台《远洋渔业外籍船员管理入个禁止（负面清单）》《舟山市远洋外籍船员中介服务机构管理办法》，明确远洋企业外籍船员合法权益。二是保护国内外船员合法权益。指导远洋渔业进行劳动合同管理，依法变更、续签、终止和解除劳动合同。依法处理劳动争议案件（舟山片区） |

续表

| 序号 | 试验任务 | 进展情况与成效 |
|---|---|---|
| 21 | （二）高质量建设现代化新型国际贸易开放型经济体系<br><br>打造全球数字贸易博览会中心<br><br>支持以市场化方式推进世界电子贸易平台（eWTP）全球数据交互、业务互通、监管互认，服务共享的国际合作方面的数字贸易确权等基础设施建设，打造数字贸易全球服务国际化开放型贸易博览会中心 | （1）对接阿里巴巴探讨eWTP项目和数字清关有关合作事宜与宁波片区有关方合作落地工作，双方达成意向性共识（宁波片区）。<br>（2）一是eWTP秘书处建成使用，推动eWTP在埃塞俄比亚、卢旺达、比利时、泰国、马来西亚等5国落地的基础上，积极向中东欧、南美等地拓展，目前正在与匈牙利、波兰、智利等3国洽谈合作。同时，eWTP秘书处，探索在数字清关，eWTP公共服务平台，eWTP欧洲本地化税收服务项目顺利落地。二是全球数字贸易博览会已获商务部同意，正在积极筹备中（杭州片区）。<br>（3）一是持续推进跨境电商十大行动。2021年3月26日，连续第二年高规格召开全市跨境电商发展大会，进一步明确了坚持"三个不动摇"，实现"七个新突破"的邢志宏市长、省商务厅张曙明副厅长出席并讲话。进一步打造"三个中心"，即打造"培植千亿规模目标不动摇"和"开展制造业跨境电商十大行动的计划不动摇"；全市跨境电商出口居全省第一。2021年1—5月，全市跨境电商出口居全省第一，全市跨境电商网购保税进口（1210）业务规模翻番。二是金华市获全省产业集群跨境电商发展试点名单2个。三是金华市3个省级公共海外仓获专项资金激励350万元（最高类第一档，其中示范类第一档，居全省第一（金义片区）。 |
| 22 | 支持义乌小商品城等市场采购贸易方式拓展进口业务，建设新型进口市场。支持贸易服务等数字贸易平台建设 | （1）协同外管、海关和税务等部门，进一步完善了跨境货物贸易综合服务平台，通过自动提取相关数据，为货物贸易监管提供基础数据，在强化风险管理的同时简化了企业申报流程和手续（宁波片区）。<br>（2）在杭州海关、商务厅等省级部门的支持下，钱塘区块完成浙江自贸试验区内首个易货贸易——中国限制进口货物贸易，建设贝宁宁青铜器。<br>（3）在全国率先开展省级进口贸易促进创新示范区和重点进口商品城，义乌中国进口贸易促进创新示范区和重点进口贸易平台。通过区港联动带动中欧班列运行，东阳木材交易中心等7个平台被列入首批省级进口贸易重点建设平台，东阳木材联动带动中欧班列运行，有效降低中欧班列运能卡口创造了0.16秒每单、30秒每车的行成本。推进"全国通关一体化""两步申报"改革，依托综保区智能卡口创造了"金义通关速度"（金义片区）。 |

续表

| 序号 | 试验任务 | 进展情况与成效 |
|---|---|---|
| 23 | 打造新型国际贸易中心　探索小商品贸易与大宗商品联动的新型国际贸易货贸易模式，拓展易货贸易跨境人民币结算通道 | （1）将易货贸进口商品种类逐步从之前的食品拓展到矿产品等大宗生产物资类商品，单一交易金额快速增长，2021 年上半年已实现易货贸易货贸易出口金额 3000 万元（宁波片区）。（2）发挥浙中公铁联运综保区联动监管优势，落实区内"先放后检"便利，助力棉纱、有色金属等大宗商品物流集聚，2021 年 1—5 月累计监管大宗商品进口货值 48 亿元，同比增长 17 倍。进一步强化对非贸易海关统计研究分析；进一步推进中非跨境贸易通关便利化，加强对中非跨境贸易监管方式的研究（金义片区） |
| （二）高质量建设现代化开放型经济体系 | | |
| 24 | 打造国际航运和物流枢纽　允许中资非五星旗船开展以宁波舟山港为中转港的外贸集装箱沿海捎带业务 | （1）目前综保区码头已开展了外贸集装箱业务，具体经营航线为：舟山—日本、太仓（常州）—日本，十天一班，船舶为中远海的非五星红旗装集装箱船舶（舟山片区）。（2）2021 年上半年共完成海捎带业务量 1700 万标箱（宁波片区） |
| 25 | 在有效监管、风险可控的前提以下，研究在宁波舟山港实施启运港退税政策的可行性 | 多次与相关部门对接交流，已形成《大宗散货适用启运港退税政策可行性研究》建议稿，积极向省财政厅汇报争取将宁波舟山港作为启运港退税政策的离境港地。经深入调研，反复论证，省财政厅向财政部提交《浙江省财政厅关于宁波舟山港试行启运港退税政策的请示》（浙财税政〔2021〕4 号），财政部初步认可（舟山片区） |

续表

| 序号 | 试验任务 | 进展情况与成效 |
|---|---|---|
| 26 | 支持参照保税船用燃料油供应管理模式，允许国际航行船舶享受保税政策。将液化天然气（LNG）作为国际航行船舶燃料享受保税政策 | （1）该政策已经列入浙江省政府对接海关总署事项。舟山方面积极推进相关基础工作，起草形成《安全监管办法》和《经营管理办法》，自贸试验区舟山管委会领导带队拜访海关总署，要求支持舟山试点开展保税LNG加注试点工作，总署明确表示支持；2021年5月，自贸试验区舟山管委会领导带队拜访海关总署支持LNG加注试点工作，总署明确表示支持（舟山片区）。（2）一是继续开展市场调研，了解市场规模、发展前景，宁波加入的意义，以及宁波企业诉求。二是与商务部、省商务厅对接，研究政策突破路径。三是向自贸片区提交请示，明确宁波诉求（宁波片区）。 |
| 27 | （二）高质量建设现代化国际航运和物流枢纽 / 打造东北亚燃料油加注中心：构建长三角港口群跨港区供油体系，合力打造东北亚燃料油加注中心 | （1）浙沪两地一体化供油实现常态化运行。签订上海、舟山《保税船用燃料油一体化供应协议》，浙江海港、中石油上海两家试点企业，实行跨港经营和供油备案和供油供应链两地互认，建立一体化供油船舶名录，已完成15家供油企业已完成全部监管流程备案。浙沪两地海港部门同步实现对接互认，已完成15家。目前，两家试点供油企业已完成全部监管流程备案。供油业务。目前，两家试点企业供油量超1.5万吨（舟山片区）。（2）一是继续开展市场调研，了解市场规模、发展前景，宁波加入的意义，以及宁波企业诉求。二是与商务部、省商务厅对接，研究政策突破路径。三是向自贸片区提交请示，明确宁波诉求（宁波片区）。 |
| 28 | （流枢纽）实施高度开放的国际航空运输管理，推动杭州萧山国际机场、宁波栎社机场扩大包括第五航权在内的航权安排，吸引相关国家和地区航空公司开辟经停航线 | （1）宁波临空经济示范区管委会已联合宁波机场集团组建专项工作组，以双方分管领导为组长，由双方分管领导负责，工作组着手推进市场需求调研，潜在航线可行性分析等相关前期工作（宁波片区）。（2）目前，民航局对我国与美国、印度、新西兰、北欧三国货运主要航空运输的的第五航权已完全开放，与东南亚、芬兰、瑞士、比利时、卢森堡、阿联酋等航线，支持并保障市场主体申请第五航权的航空货运也会给予支持。杭州萧山机场大力支持国际航空货运。2021年1—6月，新开辟2条全货机国际航线和6条客改货航线，完成国际货邮吞吐量9.24万吨，同比增长98.23%（杭州片区） |

续表

| 序号 | 试验任务 | 进展情况与成效 |
|---|---|---|
| 29 | （二）高质量建设现代化航运和物流枢纽 打造国际开放型经济体系 | 支持开展甬金铁路双层高箱集装箱运输试点，根据试点情况，研究复制到其他线路 | （1）甬金铁路按照双层高箱集装箱运输班列标准建设，2021 年上半年累计完成投资 12.73 亿，完成年度计划 55%（宁波片区） |
| 30 | | 率先探索集装箱多式联运运单及电子运单标准应用 | （1）成立工作专班，落实研究经费，整理国内相关标准规范，初步对接铁科院、交通部公路院等拟合作单位（宁波片区）。<br>（2）萧山海铁 CMA（法国达飞轮船公司）已于 2021 年 6 月启用萧山海铁全程提单（杭州片区）。<br>（3）依托"义新欧"班列和海铁联运班列，金华市集装箱多式联运已初步进行了标准化应用、电子运单尚未实现应用。一是"义新欧"班列方面，主要通过由中铁集团签发的国际联运的国际联运提单实现"一单到底"。二是海铁联运方面，多式联运运单为标准的铁路运单（铁路运单运输至宁波舟山港）和海运运单（宁波舟山港上船至海外国家）（金义片区） |

续表

| 序号 | 试验任务 | 进展情况与成效 |
|---|---|---|
| 31 | 加大以自主深度算法、超强低耗算力和高速广域网络为代表的新一代数字基础设施建设，支持布局IPv6、6G、卫星互联网等网络基础设施，全面拓展数字产业化、产业数字化，数字生活新服务，打造数字服务出口基地为数字贸易发展先行示范区 | （1）相关部门将按照省里统一部署，推进IPv6规模部署和应用（舟山片区）。（2）一是加强组织工作，召开全市工业互联网平台会系推进会议。二是推进5G基站建设。截至2021年5月底，全市累计建成5G基站数11295个，较2020年底增加443个；向各地各部门征集5G在各行业领域的试点示范应用（宁波片区）。（3）一是杭州市经信局发布实施《关于加快建设"未来工厂"的若干意见》，明确五类"未来工厂""三类"新空间"。组织召开全市制造业高质量发展大会暨"未来工厂"建设推进大会。同时，牵头起草《国家（杭州）新型互联网交换中心创建实施方案》。做好相关工作，推荐滨江区作为杭州市信息服务先行市创建实施方案。全面梳理杭州市数据中心建设情况。目前，三是草拟《国家（杭州）数字服务出口基地建设方案》。杭州市发改委配合经信部门全面对接数字经济产业集群核心承载区，受到国务院督查激励。2021年1—6月，滨江区国家数字服务出口基地制造业完成总产值292.3亿元，同比增长10.9%（金义片区）。（4）一是对2019年、2020年两化融合项目面向数字经济实现新增工业应用项目，数字化车间（物联网工厂）开展项目验收。二是牵头召开了""全市智能化诊断管理研讨会""面向数字车间的产品全生命周期管理研讨会""等4次智能化诊断现场推进会。三是2021年1—6月，完成智能咨询诊断数607家，实现新增工业机器人应用2524台。电子信息制造业完成营业收入422亿元，同比增长74.8%。电子信息制造业完成总产值，同比增长46.5%（杭州片区）。华市数字经济核心产业完成营业收入9.29亿美元，同比增长 |
| 32 | 加强数字经济领域国际规则、标准研究制定，推动标准行业互认 | （1）杭州市市场监管局大力推进数字经济领域的标准研究，其中已有ISO 32111《电子商务交易保障 原则》和ISO 32110《电子商务交易保障 词汇》两项国际标准已立项。两项国际标准会草案/投票阶段；把推进三项新国际标准立项。一是中国和英国联合提出的NP《新工作项目提案》CIB投票，推进《跨境电子商务产品追溯信息共享指南》将发起为期12周的NP提案。二是由中方提出的《电子商务交易保障用户使用指南》和《电子商务交易保障评价》等两项新项目将按程序注册成为PWI预研工作项目（杭州片区） |

续表

| 序号 | 试验任务 | 进展情况与成效 |
|---|---|---|
| 33 | （二）高质量建设现代化开放型经济体系　强化金融支撑，鼓励各类金融机构创新金融服务和金融产品，引导各类创投企业投向数字经济领域创新创业项目发展 | （1）杭州市地方金融监管局制定《关于金融支持服务实体经济高质量发展的若干措施》，加强对科创型企业的全生命周期精准服务；组建创新型经济产业和产业创投基金，培育创新基金和产业资本，建设创投股权转让战略合作协议。目前浙股交已制定创投股权转让业务制度。同时，促成浙股交与山南基金小镇签订战略产权知识产权证券化项目。2021年7月12日，落地全省首单知识产权证券化项目（杭州片区）。<br>（2）加强融资窗口指导，引导金融机构积极向上争取信贷授信审批权限，创新金融产品和服务，加大对创业创新企业的信贷支持。提升金融支持科技创新能力，2021年一季度末全市科技贷款余额554.68亿元。支持符合各条件的企业发行双创债务融资工具，拓宽双创企业融资渠道（金义片区） |
| 34 | 推进之江实验室、阿里达摩院等研发机构建设，支持之江实验室参与国家实验室建设 | 之江实验室等研发机构建设不断推进，2021年6月21日在上海举行了临港国家实验室和之江实验室正式进入了国家实验室体系挂牌活动。之江实验室将在浦江国家实验室中承担重要的建设任务（杭州片区） |
| 35 | 打造先进制造业集聚区　探索实行产业链供地 | （1）杭州市规划和自然资源局已开展工业综合体用地探索，并已在滨江区选取地块建设工业综合体（杭州片区）。<br>（2）以产业龙头企业为主，探索实行产业链供地（金义片区） |

续表

| 序号 | | 试验任务 | 进展情况与成效 |
|---|---|---|---|
| 36 | （二）高质量建设先进制造业集聚区现代化开放型经济体系 | 聚焦高性能磁性材料、新型膜材料等优势产业，前瞻布局智能新材料、海洋新材料等新兴领域，加速新材料产业升级的关键核心技术攻关及成果转化，积极推动先进材料产业建设、打造参与全球产业创新创造与合作协同发展的重要平台 | （1）加快碳景科技每年5.5万吨显示/半导体用塑料母粒及光学板项目建设；聚焦海洋新材料，成功招引普邦盛达（浙江）生物科技有限公司（舟山片区）。<br>（2）一是落实2020年度新材料首批次保险补贴政策，为26家新材料企业提供保费补贴共3996.6万元，申报国家新材料首批次保险补贴并获批此批国家财政补贴1477万元；二是落实新材料产品首试首用；支持新材料产业，推进国家新材料测试评价平台浙江省区域中心建设；协调金融机构加大对新材料企业和新材料测试评价平台的支持力度，累计新增授信超3.55亿元。三是共征集新材料领域1279项，经专家凝练、专家咨询委员会论证，发布第一批重大科技任务攻关科技指南140项，其中新材料领域43项（宁波片区）。<br>（3）杭州市科技局结合杭州市经信局结合杭州实际，制订了杭州市新材料产业"十四五"规划，开展了和进口替代问题，开展"十四五"关键核心技术需求征集。积极推进单层氧化石墨烯及单层氧化石墨烯改性尼龙6功能纤维、高温杉纱钻等G60科创制造大市和材料大市，高品质新材料成果转化（杭州片区）。<br>（4）作为长三角区域的制造大市和材料大市，金华拥有行业龙头企业，具备良好的新材料创新基础。2018年，金华牵头走廊九城市第一个产业联盟——新材料产业联盟，带动长三角地区新材料产业协同发展。目前联盟集聚了新材料企业78家，其中金华新材料企业25家。涉及领域覆盖磁性材料、石墨烯、半导体、化工材料、包装材料以及合金材料等（金义片区）。 |

续表

| 序号 | 试验任务 | 进展情况与成效 |
|---|---|---|
| 37 | 加大 5G、物联网、工业互联网、人工智能、数据中心等新型基础设施建设，加强基础设施互联互通，建设现代化先进制造业集群，推动能级升级，推进自贸试验区和省内其他地区协同联动，建立高速、快速、便捷的全球智慧基础设施体系 | （1）一是制定并印发《舟山市工业互联网建设和应用实施方案》；二是组织申报工业互联网平台、数字化标杆企业和上云标杆企业的建设试点；三是建立数字化改造企业培育库；四是推进信息基础设施建设，累计建设 5G 基站 1776 个。五是按照省里统一部署，推进舟山市 IPv6 规模部署和应用（舟山片区）。截至 2021 年 5 月底，全市 2021 年新建 5G 基站 122 个，累计建设 5G 基站数 11295 个；向各地各部门征集 5G（2）推进 5G 基站建设。截至 2021 年 5 月底，宁波市累计建成 5G 基站数示范应用（宁波片区）。在各行业领域的试点示范应用（宁波片区）。（3）杭州市经信局分解落实全年新建 5G 基站 5000 个任务目标。在全市推广"基站建设"集成改革工作。推动各区、县（市）完成组织机构搭建并完善管理改革方案制定。2021 年 1—6 月完成 1600 个 5G 基站建设。杭州市交通运输局在建的杭绍甬高速公路同步开展智慧化建设，在建的临金高速公路开展智慧工地建设，已建成杭州交通工程阳光监管平台（使用）。谋划全市工业互联网创业创新大赛。二是加快推进 5G 基站建（4）一是加快"5g+工业互联网"推广使用。谋划全市工业互联网创业创新大赛。二是加快推进 5G 基站建设，2021 年 1—5 月完成 5G 基站建设数 1973 个（金义片区） |

207

续表

| 序号 | 试验任务 | 进展情况与成效 |
|---|---|---|
| 38 | （二）高质量建设现代化先进制造型开放型经济体系 打造先进制造业集聚区、建设现代化开放型经济体系 搭建生命大健康产业科研创新平台、鼓励和支持龙头医大企业加入与国内外医药科研院所开展合作、建设生物医药技术服务平台和开放性集中实验室 | （1）一是市卫健委联合市科技局、市市场监管局协助进行药物临床试验基地申报，2021年4月25日普陀医院正式通过国家药监局备案。二是2021年6月初，"细胞支持免疫保健服务"正式启动。项目由浙江自贸区中航生物科技有限责任公司发起、普陀医院作为业务承接平台，为全市首项细胞技术创新业务。三是海氏生物科技有限公司已在中科院的技术支持下开展海洋鱼类及玉米、小麦低聚玉米、乳清、卵白蛋白肽粉的生产，目前销售稳定；海洋科学城科研中心已就生物合成项目与对方签订了招商合议，对方已派入全职负责人注册开户等落地事宜。中试基地所在综合体园区已经开工建设，现正开展中试设备大型项目与工建设，已采购大型设备25台套，合计1300万元，新添置仪器设备、防爆车间、配电房、研发基地装修等工程施工。已完成对接清华大学落地园区NMN生物合成产业化生产基地规划布局，根据其需要调整基地规划布局，新添置仪器设备。已完成中国制备工艺设计等关键环节（舟山片区）。（2）一是编制《宁波市生物医药产业集群发展"十四五"规划》，将"建设产业创新公共服务平台"纳入重点建设任务范围。出台生物医药产业专项扶持政策，支持企业建设公共服务平台与专业特藏审批（宁波片区）。（3）杭州市经信局召开全市生物医药与健康制造业重点工作。在吸收上海政策的基础上形成了《关于加快生物医药产业高质量发展的若干意见》送审稿，于2021年6月1日经杭州市政府常务会议原则通过。由浙江省药品监管与中国药科大学联合成立的"浙江省科技原料药安全研究中心"落地钱塘区。支持省级疫苗批签发实验室的建设。杭州市健委发布《关于加强研究型病房建设的通知》，推进临床研究型病房和区域健康伦理审查协作联盟的通知，为建设生物医药和健康产业公共技术平台做好准备。杭州市科技局支持大健康企业科技创新项目20余项，预计投入财政资金近千万元。钱江海关实地海关总署进境生物材料检疫监管改革新措施，支持企业常态化进境SPF小鼠，加快办理检疫审批。机场海关加强机场公司和空港合作港，机场海关在机场海关东区新国际货站框架下完成实验室和临床研究中心（杭州片区）。（4）搭建生命健康查验平台及健康科创平台，主要在金华市中心医院、浙大四院建实验室和临床研究中心（金义片区）。 |

续表

| 序号 | | 试验任务 | 进展情况与成效 |
|------|---|----------|----------------|
| | （三）构建安全高效的风险防控体系 | 打造数字安全的数据跨境流动的安全评估、探索建立数据保护能力认证、数据流通备份审查、数据流通和境数据流通监管和交易风险评估等数据安全管理机制 | 在国家数据安全跨境传输管理制度框架下，开展数据跨境流动试点。 |
| 39 | | | （1）出台《关于加强网络安全整体能力建设的实施意见》，围绕构建数字化改革网络安全保障体系、健全关键信息基础设施安全保障体系、建立新基建安全保障体系、建立数据安全主动防御能力建设、加强网络安全监测预警能力建设以期进一步建立健全全市网络安全应急处置能力建设、加强网络安全协同治理能力建设、加强网络安全基础支撑能力建设入手提升网络安全保障能力（舟山片区）。（2）参考粤港澳大湾区大数据研究院建设模式，已初步拟定数据要素交易市场及跨境数据流动监管实施方案，计划在滨江区进行试点（杭州片区）。（3）一是将自贸区开展数据跨境安全管理试点工作编制进网信"十四五"规划。二是将自贸区数据出境安全内容纳入《关于进一步提升全市网络安全整体能力保障（金义重点保障）》进行重点保障（金义片区）。 |

209

续表

| 序号 | 试验任务 | 进展情况与成效 |
|---|---|---|
| | （三）构建安全高效的数字风险管控防护体系 加大对专利、版权、企业商业秘密等权利的保护力度，主动参与引领数字经济全球合作交流平台 | （1）一是强化政策激励，联合市财政局修订完善知识产权专项资金管理办法，现已进入审核发文阶段；二是提升知识产权创造水平，全市新增发明专利授权359件；三是加强知识产权保护，与宁波市局签订市局一体化知识产权保护合作框架协议；遴选第一批3名调解员加入人民法院知识产权纠纷多元处理机制（舟山片区）。<br>（2）一是专利保护方面。重点推进现场办案、重点推进数字赋能。二是版权保护方面。开展侵权盗版出版物集中销毁现场活动。三是商业秘密保护方面。以模具、汽车零部件行业为切入点，创建行业大知识产权保护基地。四是主动参与引领全球数字经济交流合作方面，提供五大知识产权公共服务（宁波片区）。<br>（3）杭州市市场监管局、成立杭州市知识产权人民调解委员会建立知识产权案件诉调对接机制，推进浙江（杭州）知识产权·知识产权·国际商事调解云平台，开展知识产权诉讼前中调解工作。在城市大脑中枢下部署中国（杭州）知识产权，截至2021年5月底，成功调解6216件，调成率30.04%。<br>一是制定《杭州知识产权标准化体系和杭州市专利行政裁决案件技术调查官制度工作规则》《杭州市知识产权行政保护实施方案》，成立知识产权技术支撑体系。同时，开展"双随机、一公开"专利执法专项行动，依法严厉打击不正常专利申请行为，建立专利快速审查和杭州市知识产权纠纷专项调解，为全市专利行政案件正常审查部署，为推进数字化知识产权保护改革及现场应用。完成滨江国家级物联网产业开发和新一代知识产权运营中心，助力海外知识产权维权（杭州片区）。<br>（4）一是建成全省首个"知识产权信息公共服务平台"，设立滨江落地战略合作框架协议。二是海外知识产权快速维权，滨江区与中国（杭州）知识产权专项调解中心缩短至3～4个月，设立浙江省所执法示范区，设立浙江省知识产权线上快速通道，可全程在线提交或邮寄提交，打通了基层市场监管所执法指标"最后一公里"。二是质押融资登记（金华）。在金华之心建设知识产权服务窗口，对免收专利评估报告服务费，放大地方便利化知识产权服务企业，截至2021年5月份，已有22家企业利用111件专利完成质押贷款，可通过浙江省知识产权线上快速完成质押融资额度5.23亿元（金义片区）。 |
| 40 | | |

续表

| 序号 | 试验任务 | | 进展情况与成效 |
|---|---|---|---|
| | （三）构建安全链条高效的信用风险防控体系 | | |
| 41 | | 支持开展企业信用风险分类管理试点工作。加强企业信用状况分析，提升企业信用风险状况预测预警和动态监测能力，实现对市场主体的精准靶向监管 | （1）省市场监管局全面统一部署企业信用风险分类管理试点工作，目前已将企业信用风险分类管理依托浙江省行政执法监管平台全面嵌入"双随机、一公开"监管，提高监管精准度。目前，全市市场监管系统年度信用风险关联率达 85.71%，超过省定的 60% 目标（舟山片区）。<br>（2）推动各行业信用监管，出台信用监管实施意见，信用办印发行业信用监管责任体系构建工作方案，鼓励行业部门建立健全信用分级分类监管制度，构建事前告知承诺、事中分类评估、事后联动奖惩"的信用监管模式（宁波片区）。<br>（3）按照《浙江省市场监督管理机关企业信用风险分类管理办法》，可对企业信用风险状况进行监测，并在双随机抽查、日常双随机抽查等工作中持续推进征信市场建设，指导分级分类监管，进行分级分类监管，精准监管。人行杭州中心支行持续开展企业征信和评级机构产品和服务调入 4.81 亿次，完成信用评级、评分约服务。截至 2021 年 5 月底，全省当年累计发生征信异议差错处理业务调入 1200 笔（杭州片区）。<br>（4）出台了包含"数字化事中事后监管中心，构建包容审慎企业信用监管机制"在内的服务自贸区创新发展十条举措，以"通用＋专业"的模式开展企业信用风险分类监管，与"双随机、一公开"监管有机结合，实现日常监管领域根据不同信用风险水平进行差异化监管；目前已在化妆品、电商平台、电梯维保、医疗器械生产、食品生产、药品流通等行业出台并合并实施了行业信用分类监管办法（金义片区） |

续表

| 序号 | 试验任务 | 进展情况与成效 |
|---|---|---|
| （三）构建安全高效的风险防控体系 42 | 运用区块链技术，注重源头管理，探索"沙盒"监管模式，建立全链条信用监管机制，支持探索信用评估和信用修复制度，鼓励市场主体通过主动纠正失信行为、消除不良社会影响等方式修复信用 | (1)结合反洗钱工作情况，开展利用区块链技术构建反洗钱领域集约化客户身份信息数据库的设想》课题研究，目前已形成初稿。起草《舟山市知识产权代理机构代理信用信息分级分类监管办法（试行）》，初步确定在定海开展知识产权代理领域信用分级分类监管试点（舟山片区）。<br>(2)推动行业信用监管，出台信用分级分类监管实施意见，信用办印发行业信用监管责任体系构建工作方案，鼓励行业部门建立健全信用分级分类监管制度，构建"事前告知承诺、事中分类评估、事后联动奖惩"的信用监管模式（宁波片区）。<br>(3)人行杭州中心支行推动全省2家征信机构和1个地方征信平台加入长三角征信链，累计上传信用报告406万份，共有26家金融机构对接长三角征信链。浙江银保监局加强信用监管，持续发挥"联合惩戒、有效化社会安全。债信息平台并从逃废债行为得到纠正等对逃废债积极开展信用修复工作。目前，已有294起逃废债有关办法，信用中国网站网内公示有关从逃废债行为得到纠正并从信息平台上撤销，保障了31.76亿元金融债权的安全。2021年，信用浙江和信用监管局的市场监管系统已开展失信主体信用修复工作，省累计开展信用修复2562条，杭州市发改委积极开展信用修复工作。2021年5月，杭州市金融科技创新监管试点（杭州片区）。<br>(4)鼓励和支持地方金融监管局有序推进杭州金融科技创新监管试点。2021年5月，杭州市金融科技创新监管试点（杭州片区）具第二批4个创新应用支持商城征信公司在义乌金义片区，结合自贸区市场发展特色，探索搭建企业信用信息共享平台（金义片区）。 |

# 附件 2 浙江自贸试验区六批 "十大"成果

## 浙江自贸试验区第一批"十大"成果(2020 年)

一是 10 月 4 日,全国首单跨港区国际航行船舶供油试点业务在浙江自贸试验区落地。

二是 10 月 20 日,浙江省商务厅、省委网信办率先发布数字贸易先行示范区建设方案,部署数字自贸区工作。

三是 10 月 21 日,金义片区义新欧中欧班列开行突破 1000 列。

四是 10 月 30 日,浙石油贸易有限公司获批原油进口资格,成为浙江省第二家具有原油非国营贸易资质的企业。

五是 11 月 4 日,义乌获批国家进口贸易促进创新示范区。

六是在 11 月 4 日至 10 日进博会期间,浙江自贸试验区推介会共有 24 个约 15 亿美元项目签约,其中杭州片区与美国通用电气航空集团(简称"GE")签订机务维修项目协议。

七是 11 月 9 日,宁波远洋获中资非五星旗国际航行船舶试点沿海捎带业务备案,进一步强化了宁波舟山港枢纽港作用。

八是 11 月 10 日,上海期货交易所战略入股浙江国际油气交易中心正式签约,国际油气交易中心建设迈出了关键一步。

九是 11 月 12 日,宁波舟山港集团与巴西淡水河谷公司签约组建合资公司，这是世界第一大港与世界第一大矿的完美牵手。

十是 11 月 23 日，浙石化获成品油出口配额 100 万吨。

# 自贸试验区第二批"十大"成果（2020—2021 年）

一是 11 月 30 日，国家邮政局扩大下放国际快递业务经营许可审批事项适用范围，从舟山扩展到宁波、杭州、金义等三个新片区。受益于该政策的红利，2020 年浙江省邮政快递量超 179 亿件，同比增长 35.3%，自贸试验区金义片区带动金华（义乌）市快递业务量首次跃居全国第一。

二是 12 月 9 日，浙江自贸试验区宁波片区首次开展中资非五星旗船沿海捎带业务，进一步提升了宁波舟山港世界第一大港地位，2020 年宁波舟山港完成货物吞吐量超 11 亿吨，连续 12 年位居全球第一。

三是 12 月 28 日，自贸试验区杭州片区开工总投资 24 亿元的杭州萧山国际机场改扩建（国际货站及机坪）工程项目，这是国内第一个"多层结构＋智能化"的机场货站，同时萧山国际机场获批成为浙江省离境退税政策首个实施口岸，大大增强杭州机场国际航空物流服务能力，也就是在萧山机场能够购买离境退税货物。

四是"义新欧"中欧班列实现高质量发展，全年运行线路增加至 15 条，开行数量 1399 列，增长 1.65 倍，占全国比重 11.3%，成为中欧班列全国第四城；班列运营机制进一步创新，首张 CIFA 多式联运提单顺利签发，为浙江省探索"一带一路"跨境运输物权化、创建金融新规则提供了积极的实践经验。

五是 2020 年浙江自贸试验区保税油供应量突破 470 万吨，稳居供油港全国第一、世界前八，让国际船舶在"家门口"加油更加便利，朝国际海事服务中心更近了一步。

六是 12 月 14 日、24 日，浙石化分别获批 2021 年首批 1400 万吨原油进口、200 万吨成品油出口、39 万吨低硫船用燃料油出口。这意味着浙石化成为全国唯一集原油、成品油、低硫燃料油等油品进出口资质和配额的民营企业。

七是 12 月 28 日，浙江天然气交易市场正式揭牌运行，成为浙江首家、全国第五家投入运营的天然气交易平台,将进一步稳定燃气价格,让老百姓享受更优质价廉的燃气服务。

八是 12 月 30 日,浙江自贸试验区杭州联动创新区总投资 182 亿元的杭州大会展中心项目一期工程开工,标志着杭州市会展新城建设正式打下"第一桩",杭州国际会展之都建设进入了新阶段。

九是 12 月 31 日,全省首笔 QFLP(即合格境外有限合伙人)落地自贸试验区宁波片区,这是浙江首次接受境外战略性资本,以私募基金模式参与境内股权投资项目,为境内企业拓宽融资渠道、引入国际资本打开了新通道,并在嘉善联动创新区内复制推广。

十是 1 月 15 日,全球产业科技发现与科创服务平台落地自贸试验区杭州片区滨江区块,作为全国产业知识产权运营基础设施平台,可实现技术、数据、资本要素的深度融合与自由流动,为企业开展知识产权投融资运营活动和拓宽融资渠道提供有效支撑。

# 浙江自贸试验区第三批"十大"成果(2021 年)

一是 1 月 15 日,浙江自贸试验区落地全国首笔保税油仓单质押融资业务。中国银行舟山分行以 1000 吨保税油仓单作为质押,为浙江海港国际贸易有限公司办理了 50 万美元的仓单质押融资业务,成为解决油品贸易企业融资难题的新尝试。

二是 1 月 21 日,浙江自贸试验区诞生省内首张国际快递经营许可证,由浙江省邮政管理局向宁波片区路易通电子有限公司颁发,助力区内快递企业拓展国际业务范围。

三是 2 月 3 日,浙江自贸试验区舟山片区大鼎油储有限公司成为华东地区首家获批原油期货指定交割仓库资质的民营企业。

四是 2 月 8 日,全省首家专门办理金融与破产案件的人民法庭——义乌法院福田金融法庭在金义片区正式揭牌。该法庭以受理义乌区块内金融类、破产类案件为主,助力自贸试验区打造优质的法治营商环境。

五是 3 月 8 日,舟山片区与上海签订《保税船用燃料油一体化供应协议》，两地共建一体化供油船舶名录库，相关经营备案手续、供油市场监管实施互认，成为长三角港口海事服务一体化的重要阶段性成果。

六是 3 月 10 日，金义片区上线全省首个电商平台信用监管系统，实现对企业信用自动打分、评级和公示，加强对电商平台的事中事后监管，打造公平竞争的网络市场环境。

七是 3 月 12 日，全国首艘多功能海事服务"舟山船型"成功下水。船舶总长 35.4 米，载货量约 95 吨，实现"物资配送、人员交通"的功能整合。

八是得益于杭州片区全国首创的"保税进口＋零售加工"进口模式，2 月，咖啡进口原料保税加工业务在杭州片区落地。国内消费者可通过跨境电商平台下单购买，咖啡成品次日即可送达。

九是金义片区"海铁联运"发展升级。继 1 月义乌"达飞号"海铁国际多式联运专列升级为每周一班后，3 月完成首单"中欧＋海铁＋海运"多式联运转口贸易业务，带动金义片区 1—2 月海铁联运标箱量同比增长了 43％。

十是杭州片区滨江区块推出"企业创新积分"，试点解决科技型企业融资难问题，现已覆盖 5036 家企业，6 家银行上线积分贷等金融产品，银行授信额规模达到 1.5 亿元。

# 浙江自贸试验区第四批"十大"成果（2021 年）

一是 3 月以来，舟山片区先后开展三项"全国首创"油气交易改革：落地全国首单以人民币计价、境外客户发起的保税燃料油线上挂牌交易；完成全国首单中远期场外撮合交易，交易道路沥青 5000 吨，交易额达 1435 万元；建成全国首个数字化移动终端竞拍程序，推动线上油气交易。

二是 3 月、4 月，滨江和义乌区块先后获批建设长三角地区首家国家级产业知识产权运营中心、国家海外知识产权纠纷应对指导中心地方分中心。两大知识产权平台的相继落地，将提升自贸试验区知识产权保护、运营、服务水平。

三是 4 月 13 日，宁波舟山港依托宁波海关智慧物流系统，完成宁波口岸首票国际中转集拼业务，出口货物可与国际中转货物进行拼箱，再实现转口销售,有效降低了企业操作费用,给予企业更多进出口选择。

四是 4 月 21 日,宁波片区和安徽自贸试验区芜湖片区签订战略合作协议,双方将在制度创新改革联动、江海联运物流合作、跨境贸易一体化建设等方面开展深入合作。

五是 5 月 8 日,钱塘区块中科院基础医学与肿瘤研究所签约合成生物学、材料学领域两大院士团队,助力打造产、学、研一体化的全球一流生物医药产业基地。

六是 5 月 10 日,长三角自由贸易试验区联盟正式成立,同时发布了"十大制度创新案例"。浙江"期现联动构筑一体化油气交易市场"、"跨港区供油拓展长三角海事服务一体化新模式"两项自贸试验区制度创新案例成功入选。

七是 5 月 12 日,杭州片区"数智化"在线商事调解模式成功入选国务院服务贸易创新发展试点"最佳实践案例",累计接收调解案件超 9500 件,涉案金额超 13 亿元。

八是金义片区深入推进全省外国人来华工作、居留许可"一件事办理"改革,实现外国人办事"最多跑一次",办结时限压缩 80％,申请材料减少50％,惠及金义片区所在区域的 5400 余名外国人。

九是杭州片区构建跨境电商行业数字化信用监管场景,汇集 28 个部门数据,完成对所在区域 1.7 万余家跨境电商企业的信用评级,授信金额超亿元。

十是近期,各片区密集出台发展政策:宁波市政府印发宁波片区建设方案,明确 7 大主要任务和 28 项具体举措;舟山市委市政府出台进一步推动舟山片区高质量发展的若干意见,提出 70 条具体支持政策;舟山还印发了自贸试验区改革创新容错免责办法,从 8 方面建立免责机制,鼓励"大胆试、大胆闯、自主改"。

# 浙江自贸试验区第五批"十大"成果(2021 年)

一是"五大功能定位"之一的新型国际贸易中心建设加快破题。6 月 4

日,省政府办公厅印发《浙江跨境电子商务高质量发展行动计划》,提出"335"发展目标,明确用 3 年时间,实现跨境电商年均增长 30％以上,跨境电商占消费品进出口 30％左右。7 月 8 日,省外汇管理局、省自贸办联合出台指导意见,支持开展新型离岸国际贸易。宁波片区率先完成首笔委托境外加工业务;杭州片区率先完成首笔新型离岸转口业务,为企业办理转口贸易项下付汇业务 650 万美元。

二是 6—7 月,自贸试验区积极推进物流创新,做好外贸企业物流纾困。省级层面立足集装箱在线应用场景,推动班轮公司、货代和 1580 家骨干外贸企业签订长期合作;通过 4 场对接会解决近 2000 个标箱困难。宁波舟山港首条出口跨境电商海铁联运专列开行,实现跨境电商铁路专列与航运快线的无缝衔接。义乌区块开出长三角首趟"中吉乌"公铁联运中欧班列,签发多式联运"一单制"提运单,迈出了实现国际陆路联运提单"物权化"的关键一步。

三是近期,商务部等 8 部委联合印发通知,公布首批全国供应链创新与应用示范城市和示范企业。杭州、宁波入选示范城市,15 家浙企入选示范企业,数量全国第一。其中,浙江吉利控股集团有限公司等 7 家自贸试验区和联动创新区企业入选,占全省总数的近一半。

四是 6 月以来,大项目推进顺利。两家世界 500 强企业项目落户杭州片区,总投资 1.6 亿美元的美国开市客浙江首店,落户萧山区块;总投资 3 亿元的松下 EP 智慧家电项目在钱塘区块开工。此外,宁波片区总投资 67 亿元吉利汽车梅山项目、42.6 亿元中国海油浙江 LNG 二期等大项目完成建成投产。

五是 6 月,舟山片区两项改革成果获国家层面复制推广。首推应急管理领域"证照分离"告知承诺事项改革,申请材料简化 80％,在全国自贸试验区范围内复制推广;优化国际航行船舶进出境监管改革创新,将企业申报办理时间由 1 小时压缩至 5 分钟,入选商务部自贸试验区第四批"最佳实践案例"。

六是 6 月 1 日,全国首家县级国际商事法律服务中心落户义乌区块,将为企业提供国际商事认证、国际商事纠纷调解及仲裁等多元商事法律服务。

七是 6 月 21 日,浙江油气交易中心和上海期货交易所联合发布"中国舟山·低硫燃料油保税船供报价",以国内期货市场价格为定价基础,采用人民币报价,由企业真实交易数据取数,客观反映燃供市场价格走势,发挥价格指导作用。此外,浙江边检总站积极助力国际航行船舶保税燃油加注中心建设,在全国率先实现行政审批"零见面",推进跨港加注"零成本",科技推动"监管不缺失",上半年累计帮助船方节约2100余万元运营成本,船舶在岗作业时效提升48%。

八是7月,自贸试验区持续推动金融创新服务实体经济。7月12日,杭州片区启动全省首单知识产权证券化项目,项目储架发行10亿元,首期发行规模为2亿元,为科创企业拓展融资渠道,助力浙江推进知识产权成果转化,6月末,浙江知识产权质押融资余额126.7亿元,同比增长76%。7月23日,宁波片区落地首笔区块链数字仓单质押融资业务。"六六云链科技"的区块链数字仓单平台,为企业开立4张可信数字仓单。以该仓单为质押的贷款申请,于当日即获批完成了审核放款,走通了以数字信用拓展企业融资渠道的新路径。

九是7月23日,杭州发布加快生物医药产业高质量发展的政策文件,明确在药品研发、境外上市销售等领域给予支持。生物医药产业是杭州片区的重点发展产业,近期,钱塘区块治疗新冠肺炎的在研新药已获批进入临床试验。

十是7月26日,人行杭州中心支行支持杭州启动本外币合一银行结算账户体系试点,当天就为15家单位开立结算账户。这一试点为企业及个人提供便利化的本外币银行结算账户服务,将有效提高资金周转效率,进一步推动金融创新,优化营商环境。

# 浙江自贸试验区第六批"十大"成果(2021年)

一是8月以来,重大项目持续落地投产。舟山片区总投资16亿元的黄泽山—鱼山原油管道项目获批,为浙石化炼化一体化项目提供保障;宁波片区66个重大服务业项目集中投产,预计营收超2000亿元;总投资10亿元的花西子全球创新研发及产业中心项目落地钱塘区块,建成后亩均年产值将超7500万元；义乌区块投资100亿元建设跨境电商产业园，打造独具特色的跨境电商产业生态。

二是8月以来，自贸试验区持续激发人才要素活力。宁波片区发布"青年北仑"3.0政策，在医疗保障、创新创业等十方面，为国内外青年人才提供政策扶持。义乌首批29位自贸高层次紧缺人才完成认定，可通过"浙里办"上的"义乌i人才"平台，一键享受人才保障政策。

三是8月13日，宁波片区首创"出口信保＋海外仓"模式。乐歌股份3个公共海外仓投资险保单获批，最高保险金额将超5000万美元，有力支持开展跨境电商海外仓业务，助力发展外贸新业态新模式。

四是8月19日，铁路多式联运提单物权化改革正式落地。"义新欧"中欧班列运营平台与金融机构达成合作，以铁路多式联运提单为凭据，为贸易企业提供系列融资服务，实现首批融资金额约200万元，助力更多中小外贸企业实现资金融通和贸易畅通。

五是8月25日，义乌区块走通"1039＋6033"转口贸易集拼模式，保税区入境货物与市场采购货物实现集拼，转口至第三国，创新融合了"市场采购＋保税"业态。同日，落地国内首单运费应收账款信用险，义乌人保开出600万美元保单，托底赔付拖欠的运费账款，降低了市场采购贸易风险。

六是8月27日，滨江区块"浙江数字文化国际合作区"入选"国家文化出口基地"。该合作区是全国唯一的数字文化贸易功能区，已形成近5万分钟的动漫数字内容年生产能力，出口原创动画超1万小时以上，出口覆盖100多个国家和地区。

七是9月8日，杭州获批开展营商环境创新试点。扩区一年来，杭州片区新增注册企业超8700家，新落地普洛斯、采埃孚、松下、Costco等世界500强项目9个，总投资额132亿元。杭州片区将以获批试点为契机，加快打造国际一流营商环境，进一步激发市场主体活力。

八是9月8日，浙江自贸试验区发布全国首部保税LNG加注行业管理规范。办法明确了行业市场准入、经营规范和监督管理等内容，填补了地方加注行业制度的空白，保障海上LNG加注产业健康、安全、可持续发展。

九是9月9日，全国首个知识产权区块链公共存证平台落地滨江区块，发放了首张公共存证证书，确立了数据知识产权的资产属性，并成功应用于银行质押贷款,授信金额达 100 万元。此外,萧山区块先行先试商标、专利质押融资模式,区内企业共取得预授信 1000 万元,知识产权融资渠道进一步拓展。

　　十是"中国舟山低硫燃料油保税船供报价"运行一个季度以来,现货企业以该价格为基准,完成了 5300 吨的保税燃料油交易,进一步推动形成报价源于舟山、定价模型属于舟山、价格影响力来自中国的低硫燃料油价格机制。

# 参考文献

[1] 蔡玲,杨月涛.自贸区政策与经济增长.现代经济探讨,2021(6):68-76.

[2] 曹翔,李慎婷,郭立萍.自贸试验区与高技术产业研发投入——基于政府和企业投入的分析.中国科技论坛,2021(7):97-106.

[3] 陈林,肖倩冰,邹经韬.中国自由贸易试验区建设的政策红利.经济学家,2019(12):46-57.

[4] 陈林,周立宏.从自由贸易试验区到自由贸易港——自由贸易试验区营商环境升级路径研究.浙江社会科学,2020(7):12-2,156.

[5] 陈奇星,容志.自贸区建设中政府职能转变的突破与创新研究.上海:上海人民出版社,2017.

[6] 陈亚婧.舟山自由贸易试验区建设对舟山的影响及对策.市场周刊,2020(2):73-74.

[7] 陈志娟.数字经济对我国跨境电商规则的影响及完善对策.对外经贸实务,2021(9):54-57.

[8] 程波辉.政府职能转变视域下自贸区营商环境评估——以 A 自贸区企业满意度测量为中心.理论探讨,2021(5):138-144.

[9] 崔卫杰.中国自由贸易试验区开放引领功能再升级.中国经济时报,2019-09-02(5).

[10] 戴绪龙,孙靓莹.中国自由贸易试验区发展成效、问题与建议.中国发展,2021(1):22-25.

[11] 东艳,李国学,等.国际经贸规则重塑与自贸试验区建设.北京:中

国社会科学出版社,2021.

[12] 董欣,刘昭鹏."天津经验"护航自贸区特色产业创新发展.滨城时报,2022-03-04(3).

[13] 杜金岷.开放蓝本:自由贸易试验区.重庆:重庆大学出版社,2018.

[14] 方初.我国自由贸易实验区政策制度体系创新策略研究.江苏社会科学,2021(6):114-118.

[15] 符正平.探索自贸区差异化发展路径.人民论坛,2020(27):23-25.

[16] 福建师范大学福建自贸区综合研究院.一带一路与中国自贸试验区融合发展战略.北京:经济科学出版社,2017.

[17] 傅钟中,孙琪,闫晗,等.自贸试验区与经济腹地联动发展:演进路径、联动机理和政策建议——以浙江自贸试验区杭州、宁波、金义片区为例分析.国际贸易,2021(12):43-49.

[18] 高恩新.跨层级事权约束下自贸区政府管理体制调适逻辑——以21个自贸区为例.苏州大学学报(哲学社会科学版),2021(6):30-37.

[19] 高枝.突出"北京特色"支持科技创新数字经济金融服务等创新发展.北京日报,2021-11-25(5).

[20] 广西壮族自治区商务厅(自贸办).抢抓 RCEP 机遇,将广西自贸试验区建设成为高质量实施 RCEP 核心示范区.广西日报,2021-12-24(9).

[21] 国务院发展研究中心对外经济研究部,中国信息通信研究院课题组.数字贸易发展与合作:现状与趋势.中国经济报告,2021(6):53-64.

[22] 何兵,胡娇,宣霄.江苏自由贸易试验区金融制度改革与创新研究.时代经贸,2021(5):84-86.

[23] 何小庆.数字经济助推自贸区金义片区建设的研究.营销界,2021(35):175-176.

[24] 洪定军.自贸区背景下平行进口贸易中供应链运营与协调研究.成都:西南财经大学出版社,2021.

[25] 胡坚垦,郝杨杨.自贸区背景下的航运业创新实践.上海:上海浦江教育出版社,2018.

[26] 胡绪华,宋尧卿.中国自贸试验区开展国际技术创新协同的便利化评价研究.科学发展,2022(1):49-56.

［27］环渤海区域经济年鉴编委会.环渤海区域经济年鉴.2018：总第 12 卷.天津：天津科学技术出版社，2019.

［28］黄茂兴，等.供给侧结构性改革与中国自贸试验区制度创新.北京：经济科学出版社，2021.

［29］黄先海，夏文忠.中国（浙江）自由贸易试验区发展蓝皮书（2017—2020）.杭州：浙江大学出版社，2020.

［30］黄现清.数字贸易背景下我国数据跨境流动监管规则的构建路径.西南金融，2021(8)：74-84.

［31］黄育华.我国自贸试验区建设面临的问题与政策建议.银行家，2021(10)：63-66.

［32］季剑军，李大伟.自贸试验区与海关特殊监管区域统筹发展思路研究.国际经济合作，2022(2)：58-64.

［33］简文湘，彭叶绿，黄柯皓.中国（广西）自由贸易试验区崇左片区：发展新业态 构建"双循环".广西日报，2021-12-10(7).

［34］江若尘，牛志勇，王春燕.上海自贸试验区促进服务贸易高质量发展研究.上海：上海人民出版社，2021.

［35］焦慧莹.国际经贸规则框架下自贸区制度创新.北京：中国财政经济出版社，2019.

［36］焦慧莹.自贸区与负面清单.北京：中国财政经济出版社，2019.

［37］金钢.中国自贸区建设带动下的国际贸易与投资增长研究.北京：中国商业出版社，2019.

［38］敬艳辉，李玮.基于数字经济视角理解加快发展数字贸易.全球化，2020(6)：63-71,135.

［39］赖昕.抢抓 RCEP 新机遇，开启向海而兴、向海图强新发展格局.钦州日报，2022-02-07(1).

［40］李成刚.加速自贸区扩容以应对全球经贸规则重构.中国经济时报，2020-09-28(3).

［41］李俊，李西林，王拓.数字贸易概念内涵、发展态势与应对建议.国际贸易，2021(5)：12-21.

［42］李猛，胡振娟.新加坡自贸区的制度经验及对我国的启示.区域与

全球发展,2021(2):122-139,159.

[43] 李巧玲.基于自贸区沿海捎带政策对我国沿海运输权的思考.海峡法学,2018(1):3-8.

[44] 李善民.中国自由贸易试验区发展蓝皮书(2018—2019).广州:中山大学出版社,2019.

[45] 李善民.中国自由贸易试验区发展蓝皮书(2020—2021).广州:中山大学出版社,2021.

[46] 李晓钟,叶昕.自贸试验区对区域产业结构升级的政策效应研究.国际经济合作,2021(4):46-53.

[47] 李雅雯,孙彦冰,罗宗培,等.自由贸易试验区区域创新效应分析.合作经济与科技,2020(13):76-78.

[48] 李志龙,郭吉龙,黄平,等.建设数字自由贸易试验区的对策建议.杭州,2021(Z1):82-83.

[49] 李子联,刘丹.中国自由贸易试验区建设的"质量效应"研究.经济学家,2021(9):58-68.

[50] 廖凡.上海自贸试验区建设推进与制度创新.北京:中国社会科学出版社,2017.

[51] 刘洪愧.自贸试验区金融开放创新研究.北京:中国社会科学出版社,2018.

[52] 刘然,杜柏松,王伟军,等.航运对舟山自贸区建设的作用研究.特区经济,2021(4):130-132.

[53] 刘晓玲.自贸试验区建设背景下创新外国人管理服务模式的路径与举措——来自义乌经验的启示与借鉴.对外经贸,2021(11):42-45.

[54] 刘晓宁.双循环新发展格局下自贸试验区创新发展的思路与路径选择.理论学刊,2021(5):59-67.

[55] 刘旭.中国数字经济"十四五"发展趋势特征分析.数字经济,2021(8):8-12.

[56] 刘杨,曲如晓,曾燕萍.中国自由贸易试验区的政策效应评估.国际贸易问题,2021(4):1-16.

[57] 龙力见,殷军杰,高聪,等.浙江自贸试验区宁波片区建设的思

考——基于宁波自由贸易发展的历史沿革及其历史地位.北方经贸,2021
(7):33-35.

[58]陆剑宝.中国自由贸易试验区制度创新体系:理论与实践.广州:中
山大学出版社,2018.

[59]路长明,罗志为.我国自由贸易试验区服务贸易海关监管制度创新
研究.全球化,2021(5):72-81,135.

[60]吕洪燕,孙喜峰,齐秀辉.制度创新与企业全要素生产率——来自
中国自由贸易试验区的证据.软科学,2020(10):76-83.

[61]罗培新,常江.对标世界最强自贸区力促制度创新.经济参考报,
2019-09-04(7).

[62]罗雯.RCEP背景下自贸区跨境人民币业务的改革分析.中国市
场,2021(31):12-13.

[63]梅冠群.全球数字服务贸易发展现状及趋势展望.全球化,2020
(4):62-77,134.

[64]倪晓磊.浙江自贸区支撑舟山江海联运服务中心建设创新政策研
究.现代商贸工业,2021(17):16-18.

[65]聂峰.上海自由贸易港发展战略研究.北京:经济科学出版社,
2018.

[66]聂平香,游佳慧.中国自贸试验区投资便利化成效、问题及对策.国
际经济合作,2022(1):51-59.

[67]牛志勇.上海自贸试验区与"五个中心"发展联动.上海:格致出版
社,2022.

[68]彭羽,唐杰英,陈陶然.自贸试验区货物贸易制度创新研究.上海:
上海社会科学院出版社,2016.

[69]祁苑玲.自由贸易试验区建设历程成效及启示.社会主义论坛,
2019(10):34-35.

[70]齐力.中国自贸试验区发展指数推出接轨国际一流自贸创新发展
体系.中国对外贸易,2021(10):60-61.

[71]强明.我国自贸试验区建设对中国石化的影响及对策建议.当代石
油石化,2021(5):8-12.

［72］秦奇.数字经济背景下义乌数字贸易发展问题研究.农村经济与科技,2021(22):97-99.

［73］邱荣海,吴娜,汪栋栋.从自贸区产品创新看人民币的国际化发展.中国外汇,2019(12):53-55.

［74］全毅,张婷玉.中国自由贸易试验区转型升级方向与发展路径.经济学家,2021(10):100-109.

［75］单如杨.自贸港:创新数字现代服务业系统工程战略.中国经贸导刊(中),2020(9):27-33.

［76］沈家文.促进自由贸易试验区与港航业协同发展.大陆桥视野,2019(9):54-56.

［77］沈开艳,周奇.自贸试验区建设与中国经济创新转型发展.上海:上海社会科学院出版社,2016.

［78］沈玉良,彭羽,等.自贸试验区建设与长江经济带开放型经济战略研究.上海:上海人民出版社,2018.

［79］盛慧娟,全永波.长三角一体化背景下跨区域人才柔性共享机制研究——以中国(浙江)自由贸易试验区为例.浙江海洋大学学报(人文科学版),2020(3):48-56.

［80］宋锡祥,张贻博,等."一带一路"倡议与中国自贸区制度体系的战略对接.上海:上海人民出版社,2021.

［81］孙恒有,聂欢.双循环新发展格局下中国自由贸易试验区体制机制创新的瓶颈与对策.对外经贸实务,2021(5):10-13.

［82］孙元欣.2019中国自由贸易试验区发展研究报告——建设新时代改革开放的新高地.上海:格致出版社,2019.

［83］孙元欣.2021中国自由贸易试验区发展研究报告:赋予自贸试验区更大改革自主权.上海:格致出版社,2021.

［84］覃丽芳.国际经济新形势下中国自由贸易试验区建设发展研究.创新,2019(6):19-32.

［85］谭秀洪,周罡.全国自贸试验区建设阶段性特征.中国外资,2021(7):38-43.

［86］唐坚.中国(上海)自由贸易试验区自主创新制度的现状与前景展

望——基于 169 份政策文本的内容分析.领导科学论坛,2022(1):1-7.

[87]唐亚林.政府治理的逻辑:自贸区改革与政府再造.上海:复旦大学出版社,2020.

[88]佟家栋,刘程.新发展格局下中国自贸区、自贸港的新机遇.国家治理,2021(Z3):62-64.

[89]佟家栋.中国自由贸易试验区的大胆创新与微创新.中国外资,2019(23):36-38.

[90]突破创新,加快推进自贸试验区、自由贸易港建设.国际商务财会,2020(1):16-17.

[91]汪传旭.上海国际航运中心与特殊经济功能区联动发展研究.科学发展,2021(9):48-57.

[92]王林峰.筑巢花开凤蝶引 风帆正劲破浪行.舟山日报,2022-01-25(4).

[93]王贵斌,王芳杰,何伟.自贸实验区协同服务运作模式创新研究——以浙江自贸试验区为例.上海:同济大学出版社,2019.

[94]王桂虎,白明,朱刚.我国自贸试验区推动资本项目开放的经验与发展研究.国际贸易,2021(6):22-29.

[95]王军,张毅.高水平建设自由贸易试验区的现实路径.经济日报,2020-12-31(11).

[96]王力,黄育华,朱福林,等.自贸区蓝皮书:中国自贸区发展报告(2020—2021).北京:社会科学文献出版社,2022.

[97]王思语,张开翼,郑乐凯.我国自由贸易试验区数字贸易禀赋与提升路径研究.上海经济,2020(5):22-36.

[98]王晓红.加快推进自由贸易试验区建设.中国社会科学报,2020-06-04(1).

[99]王亚婵.海南自由贸易港发展数字经济的创新路径探析.对外经贸实务,2021(7):22-25,30.

[100]王玉珍.数字经济在稳定外贸方面的路径探析.营销界,2020(16):32-33.

[101]王喆,和军."双循环"视角下自由贸易试验区创新发展研究.中国

特色社会主义研究,2021(5):47-56.

[102] 韦倩青,苏宣云,黄英嫚.中国自贸试验区投资环境改善的效果评价研究.市场论坛,2021(8):15-23.

[103] 魏桥.聚焦新发展格局 推动高质量发展.国际商报,2021-11-01(1).

[104] 温馨.自贸试验区建设对我国货物贸易的影响研究.商讯,2021(21):155-157.

[105] 我国区域和城市数字经济六大发展路径.信息化建设,2021(3):21-24.

[106] 吴瑞龙.自贸区下跨境电商现状与发展模式探讨.质量与市场,2021(20):172-174.

[107] 武义青.中国自贸试验区的实践与探索 全面梳理国内外自贸试验区的成功经验.北京:经济日报出版社,2021.

[108] 夏良康,杨茜.浙江自贸区石油交易中心构建研究.北京:中国石化出版社,2020.

[109] 谢徐娟.我国自贸区制度创新与国际贸易新规制比较及发展对策.改革与战略,2017(11):94-96,115.

[110] 谢宇薇,陈芳.基于 DEA 模型的自由贸易试验区背景下舟山港域港口效率评价.水运管理,2021(2):11-13.

[111] 熊安静,李世杰.对标新加坡建设自贸港.北京:中国经济出版社,2020.

[112] 徐峰.长三角自贸试验区航运政策联动与创新.科学发展,2021(3):62-70.

[113] 徐洁香,雷颖飞,邢孝兵.自由贸易试验区的创新质量效应研究.国际商务(对外经济贸易大学学报),2020(4):17-31.

[114] 许昌.浙江自贸试验区航运制度创新研究.浙江工业大学学报(社会科学版),2018(1):41-46.

[115] 许培源,罗琴秀.自贸试验区功能差异化与"一带一路"建设.华侨大学学报(哲学社会科学版),2018(6):67-79.

[116] 雅玲.上海自由贸易试验区综合绩效评价指标体系研究.现代商业,2021(14):68-71.

[117]闫燕,叶金龙.中国（上海）自由贸易试验区临港新片区若干问题研究.国际商务财会,2020(1):20-23.

[118]杨路明,施礼."一带一路"数字经济产业聚集发展研究.中国流通经济,2021(3):54-67.

[119]杨晓娟,马文琼,赵柏伊.中国自由贸易试验区发展态势与规划方法研究.规划师,2020(9):5-12,40.

[120]杨晓璐,章慕荣.自由贸易试验区海关监管沙盒应用研究.对外经贸,2022(2):92-95.

[121]杨振华,肖军.自贸区建设背景下区域产业供应链发展优化路径.商业经济研究,2021(9):176-178.

[122]姚颖超.让涉海先进制造业成为宁波经济新增长点.宁波通讯,2021(15):41.

[123]叶霖莉.自贸区建设对地区技术创新水平的影响效应研究.技术经济与管理研究,2021(9):24-28.

[124]易传剑,全永波.自由贸易试验区的浙江实践.二.北京:经济管理出版社,2019.

[125]于世缘,陈芳,杨建金.自由贸易试验区建设背景下舟山港域智慧港口发展路径.水运管理,2020(12):21-25.

[126]于欣欣.跨界贸易背景下我国自贸试验区发展策略.营销界,2019(38):5,7.

[127]战旗.天津自贸区实施确认登记制度.滨城时报,2022-03-05(3).

[128]张红霞,葛倩倩,卢超.自由贸易试验区、制度创新与地区经济高质量增长.统计与决策,2022(1):90-94.

[129]张娟,李俊,李计广.从 RCEP、自贸试验区到 CPTPP:我国服务贸易开放升级路径与建议.国际贸易,2021(8):62-69.

[130]张平,王宏森.厦门自贸区政策研究和评估.北京:社会科学文献出版社,2016.

[131]张威.创新发展的中国自由贸易试验区.国际经济合作,2021(1):4-11.

[132]张益慧,夏婉妹,邹静怡.自由贸易试验区建立对产业结构升级的

影响机制分析.现代商业,2021(32):74-76.

[133]张悦,李姝.以自贸易区建设为契机促进服务业发展研究:基于国际服务贸易规则的演进.北京:经济管理出版社,2018.

[134]赵春明,文磊.数字经济助推服务贸易的逻辑与政策建议.开放导报,2021(6):38-46.

[135]赵福军.以自贸试验区为引擎,深入推进长三角区域一体化发展.中国发展观察,2021(22):41-42.

[136]赵晓雷.胜在自贸区:赵晓雷和他的团队论自贸区的扩大与深化.北京:首都经济贸易大学出版社,2015.

[137]赵晓雷.胜在自贸区Ⅱ——赵晓雷和他的团队论自贸区与"一带一路"建设.北京:首都经济贸易大学出版社,2018.

[138]赵雪松,罗美娟.我国自贸试验区跨境电商与产业集群融合发展模式及路径研究.对外经贸实务,2021(7):40-42.

[139]赵一新.长三角航运中心整体布局与"一带一路"倡议衔接问题研究.科学发展,2017(11):76-86.

[140]赵喆,徐永其,刘晓晴.我国自贸区金融创新监管体系的研究.大陆桥视野,2021(12):36-38.

[141]郑展鹏,曹玉平,刘志彪.我国自由贸易试验区制度创新的认识误区及现实困境.经济体制改革,2019(6):53-59.

[142]中国(江苏)自由贸易试验区.自由贸易试验区产业转型升级.江苏年鉴,2021:183.

[143]中国(江苏)自由贸易试验区.自由贸易试验区政策体系建设.江苏年鉴,2021:182-183.

[144]中国(江苏)自由贸易试验区.自由贸易试验区制度型开放.江苏年鉴,2021:184.

[145]中国(上海)自由贸易试验区临港新片区.宏观经济管理,2021(12):94.

[146]中国(上海)自由贸易试验区临港新片区条例.解放日报,2022-02-28(16).

[147]周广澜,范志颖,王健.中国自由贸易试验区发展绩效评估研究.

中国经贸导刊(中),2021(12):40-42.

[148]周奇,张湧,阴群,等.中国(上海)自贸试验区制度创新与案例研究.上海:上海社会科学院出版社,2016.

[149]周奇,张湧.中国自贸试验区制度创新与案例研究.上海:上海社会科学院出版社,2016.

[150]周孝华,等.新时代自贸试验区的金融开放与创新:重庆探索与实践.北京:中国金融出版社,2021.

[151]朱振.推进我国国际航运中心建设.全球化,2019(4):52-62,135.

[152]朱简.新发展格局背景下义乌自贸区块建设路径研究——基于上海自贸区贸易便利化改革的经验.江苏经贸职业技术学院学报,2022(1):6-9.

[153]朱李鸣.聚焦发力数字自由贸易试验区创新突破点.浙江经济,2021(1):16-17.

[154]朱林婷."一带一路"引领跨境电商协同创新发展路径研究——以杭州为例.特区经济,2021(1):62-64.

[155]庄尚文,谭羽.新发展格局下推进我国自贸试验区改革开放创新的对策.江苏海洋大学学报(人文社会科学版),2021(4):93-100.

[156] Akbari M,Azbari M E,Chaijani M H. Performance of the firms in a free-trade zone:the role of institutional factors and resources. European Management Review,2019(2):363-378.

[157] Alain Caporossi. From the French-Chinese Friendship Association Franc Comtoise. Voice of Friendship. 1994(Z1):38.

[158] Ali A. A CGE analysis of Pakistan-Turkey free trade agreement. MPRA Paper,2017,No. 78318.

[159] Anderson J E,Van Wincoop E. Gravity with gravitas:a solution to the border puzzle. American Economic Review,2003(1):170-192.

[160] Asian Development Bank（ADB）,Asian Development Bank Institute(ADBI). Infrastructure for a Seamless Asia. Tokyo:ADBI,2009.

[161] Baier S L,Bergstrand J H,Feng M. Economic integration agreements and the margins of international trade. Journal of International

Economics,2014(2):339-350.

[162] Cai J,Xin K,Zhou Y. A dynamic panel data approach and HCW's method:assessing the effect of China(Shanghai) Free Trade Zone on local GDP. Journal of Management Science and Engineering,2021(3):249-267.

[163] Calì M, Maliszewska M, Olekseyuk Z, et al. Economic and distributional impacts of free trade agreements:the case of Indonesia. World Bank Policy Research Working Paper,2019 (9021).

[164] Cheng H,Zhang Y,Li H. Effects of free trade zone policy on China's income disparity. The Singapore Economic Review,2020:1-24.

[165] Ciuriak D, Xiao J. The impact of the Canada-Korea free trade agreement as negotiated. Journal of East Asian Economic Integration(JEAI), 2014(4):425-461.

[166] Corbett R J T. Protecting and enforcing intellectual property rights in developing countries. Int'l L,2001,35:1083.

[167] Costinot A. On the origins of comparative advantage. Journal of International Economics,2009(2):255-264.

[168] Daquila T C, Huy L H. Singapore and ASEAN in the global economy: the case of free trade agreements. Asian Survey, 2003 (6): 908-928.

[169] Deng H,Xie D. Application of the Tax Policy in the Free-Trade Zone Based on Big Data and Internet of Things Technology. Mobile Information Systems,2021,Article ID 3315160. https://doi. org/10. 1155/2021/3315160.

[170] Dieter H. RCEP-Countries create Asia-Pacific free trade zone: trade facilitation but no integrated bloc. SWP Comment 2021. https://doi. org/10. 18449/2021C03.

[171] Drahos P. China,the TPP and intellectual property. IIC-International Review of Intellectual Property and Competition Law,2016(1):1-4.

[172] Eckel C,Neary J P. Multi-product firms and flexible manufacturing in the global economy. Review of economic studies,2010(1):188-217.

[173] Editorial Department. Statistical communique of the People's

Republic of China on the 2010 national economic and social development (Excerpt). China Population Today. 2011(3):23-38.

[174] Fan G,Xie X,Chen J,et al. Has China's free trade zone policy expedited port production and development? Marine Policy,2022,137:104951.

[175] Gang L,Mingjie D,Keting S. The impact of strengthening environmental regulatory policy on China's economy—evaluation based on CGE model. China Economist. 2014(4):30.

[176] Grumiller J A. Ex-ante versus ex-post assessments of the economic benefits of Free Trade Agreements:lessons from the North American Free Trade Agreement (NAFTA). ÖFSE Briefing Paper No. 10. Vienna: Austrian Foundation for DevelopmentResearch(ÖFSE),2014.

[177] Guan B,Fu C,Li Y. Influences on Shanghai free trade zone on China's foreign trade enterprises and countermeasures//International Conference on Global Economy,Commerce and Service Science (GECSS 2014),2014.

[178] Hewamanne S. Stitching Identities in aFree Trade Zone. Philadelphia:University of Pennsylvania Press,2011.

[179] Hou-Jun X,Kang H E. The impact of free trade zone and capital flows—a natural experimental study of Shanghai. Journal of International Trade,2016,8:3-15.

[180] Hu J. A retrospective view on the first three years of China (Shanghai) Pilot Free Trade Zone. The Chinese Economy,2017(4):225-237.

[181] Huang D,Van V T,Hossain M E,et al. Shanghai Pilot Free Trade Zone and its effect on economic growth:acounter-factual approach. Open Journal of Social Sciences,2017(9):73-91.

[182] Jayawardena D L U. Free trade zones. J. World Trade L. ,1983, 17:427.

[183] Jean S,Mulder N,Ramos M P. A general equilibrium,ex-post evaluation of the EU-Chile Free Trade Agreement. Economic Modelling, 2014,41:33-45.

[184] Jiang Y,Wang H,Liu Z. The impact of the free trade zone on

green total factor productivity—evidence from the shanghai pilot free trade zone. Energy Policy,2021,148:112000.

[185] Kenen P B. Currency internationalization: an overview. BIS Paper No. 61 (2012-02-14). https://papers. ssrn. com/sol3/papers. cfm? abstract_id=2002010♯page=22.

[186] Kitwiwattanachai A,Nelson D,Reed G. Quantitative impacts of alternative East Asia free trade areas:a computable general equilibrium (CGE) assessment. Journal of Policy Modeling,2010(2):286-301.

[187] Kohl T,Brakman S,Garretsen H. Do trade agreements stimulate international trade differently? Evidence from 296 trade agreements. The World Economy,2016(1):97-131.

[188] Kohl T. Do we really know that trade agreements increase trade?. Review of World Economics,2014(3):443-469.

[189] Korea Maritime Institute. Free Trade Zone and Port Hinterland Development. Bangkok:ESCAP,2005.

[190] Krugman P,Venables A J. Globalization and the inequality of nations. Quarterly Journal of Economics,1995(4):857-880.

[191] Kustiari R. Impacts of Indonesia-India Free Trade Agreements on Agricultural Sector of Indonesia: a CGE Analysis [J]. Jurnal Agro Ekonomi,2017(1):33-48.

[192] LE T A T. The impact of tariffs on Vietnam's trade in the Comprehensive and Progressive Agreement for Trans-Pacific Partnership (CPTPP). The Journal of Asian Finance,Economics and Business,2021 (3):771-780.

[193] Li C,Whalley J. China and the Trans-Pacific Partnership:anumerical simulation assessment of the effects involved. The World Economy,2014 (2):169-192.

[194] Li B. Marx's labor theory of value and its implications for structural problems in China's economy. Economic and Political Studies,2014(2):139-150.

[195] Li C,Wang J,Whalley J. Impact of mega trade deals on China:a computational general equilibrium analysis. Economic Modelling,2016,57: 13-25.

[196] Li P,Genqian Y,Regulatory intervention rescued China from the impact of the global financial crisis. China Economist. 2010(2):40-49.

[197] Ling Z. Impacts of food and energy price hikes and proposed coping strategies. China & World Economy,2008(6):35-45.

[198] Lui G. Shanghai pilot Free Trade Zone:shaping of China's future foreign investment environment. Int'l Tax J. ,2014,40:31.

[199] Mahjoub A. Social feasibility and costs of the free trade zone. The Journal of North African Studies,1998(2):121-129.

[200] Matthews D,Munoz-Tellez V. Bilateral technical assistance and TRIPS:the United States,Japan and the European communities in comparative perspective. The Journal of World Intellectual Property,2006(6):629-653.

[201] Miyagiwa K F. A reconsideration of the welfare economics of a free-trade zone. Journal of International Economics,1986(3-4):337-350.

[202] Na B. The development from special economic zone（SEZ）to free trade zone（FTZ）of China//IOP Conference Series:Materials Science and Engineering. IOP Publishing,2019,667(1):012008.

[203] Narayanan Gopalakrishnan B, Ferry J, Mayoral A. The economic impact of tariff eliminations in a US-UK Free Trade Agreement:a CGE model with worker displacement. SSRN(2021-08-16). https://papers. ssrn. com/ sol3/papers. cfm? abstract_id=3894566#.

[204] Neveling P. Structural contingencies and untimely coincidences in the making of neoliberal India:the Kandla Free Trade Zone,1965-91. Contributions to Indian Sociology,2014(1):17-43.

[205] O'RYAN R,De Miguel C J,Miller S,et al. The Socioeconomic and environmental effects of free trade agreements:a dynamic CGE analysis for Chile. Environment and Development Economics,2011(3):305-327.

[206] Phan T,Jeong J Y. Potential economic impacts of the Vietnam-

Korea free trade agreement on Vietnam. Journal of East Asian Economic Integration,2016(1):67-90.

[207] Possebom V. Free trade zone of manaus: an impact evaluation using the synthetic control method. Revista Brasileira de Economia,2017, 71:217-231.

[208] Rahman M M,Ara L A. TPP,TTIP and RCEP:implications for South Asian economies. South Asia Economic Journal,2015(1):27-45.

[209] Ranchev G. Free Trade Zone in Southeast Europe? The Harmonization of Tax and Customs Legislation. Researchgate. https://www. researchgate. net/publication/228807365_Free_Trade_Zone_in_Southeast_Europe_The_ Harmonization_of_Tax_and_Customs_Legislation.

[210] Raza W,Taylor L,Tröster B,et al. Modelling the impacts of trade on employment and development:a structuralist CGE-model for the analysis of TTIP and other trade agreements. ÖFSE Working Paper No. 57. Vienna:Austrian Foundation for Development Research(ÖFSE),2016.

[211] Riccardi L. The New Concept of China(Shanghai) Pilot Free Trade Zone//Riccardi L. Investing in China through Free Trade Zones. Berlin,Heidelberg:SpringerBerlinHeidelberg,2016:63-118.

[212] RuifangL. Jointly build the Belt and Road Initiative with a two-wheel drive—international work of the amity foundation. International Understanding,2019(Z2):68-72.

[213] Samuelson P A. The transfer problem and transport costs:the terms of trade when impediments are absent. Economic Journal,1952(246): 278-304

[214] Shuangxi C,Rui T. Comparative research between Chinese bonded zone and world free trade zone. Journal of Dalian Maritime University (Social Science Edition),2004,2:53-56.

[215] Song Y. Analysis on the characteristics of Shanghai pilot free trade zone//3rd International Conference on Information, Business and Education Technology,2014.

［216］Song M，Wang J，Wang S，et al. Knowledge accumulation, development potential and efficiency evaluation：an example using the Hainan free trade zone. Journal of Knowledge Management，2019（9）：1673-1690.

［217］Sun Y. Role played by China's pilot free trade zones in the construction of the "Belt and Road"//YuanY. Studies on China's Special Economic Zones 4. Singapore：Springer，Singapore，2021：157-169. ［218］Tong S Y，Li Y，Kong T Y. Hainan Pilot Free Trade Zone：The Rationale, Prospect and Implications. Singapore：East Asian Institute，National University of Singapore，2019.

［219］Urata S，Kiyota K. The impacts of an East Asia free trade agreement on foreign trade in East Asia. International Trade in East Asia, 2005，14：217-252.

［220］Usman K. China's Special Economic Zones，Hainan Province New Free Trade Zone：review of policies that minimize the regional gap. Journal of Management and Economic Studies，2020（2）：99-111.

［221］Volovik N P，Prikhod'ko S V. Trade policy of the Republic of Singapore. Russian Foreign Economic Journal，2016（5）：43-49.

［222］Wan Z，Zhang Y，Wang X，et al. Policy and politics behind Shanghai's free trade zone program. Journal of Transport Geography，2014, 34：1-6.

［223］Wang B. Employment in China（Shanghai）Pilot Free Trade Zone. The Chinese Economy，2017（4）：266-273.

［224］Wan Z，Zhang Y，Wang X，et al. Policy and politics behind Shanghai's free trade zone program. Journal of Transport Geography，2014, 34：1-6.

［225］Wei L. Research on sustainability of supply chain financial model in Fujian free trade zone//IOP conference series：Earth and environmental science. IOP Publishing，2019，295（3）：032029.

［226］Wignaraja G，Morgan P J，Plummer M G，et al. Economic implications of deeper South Asian-Southeast Asian integration：a CGE approach//Plummer M G, MorganP J, WignarajaG. Connecting Asia. Cheltenham,UK:Edward Elgar Publishing,2016:186-212.

[227] Wong J,Chan S. China-ASEAN free trade agreement:shaping future economic relations. Asian Survey,2003(3):507-526.

[228] Xiao L. New Patterns of Global Governance and China's Strategy of Free Trade Zone//Xiao L. National Test. Singapore:Springer,Singapore, 2016:353-419.

[229] Xiao L. Offshore Business of the China(Shanghai)Pilot Free Trade Zone//Xiao L. National Test. Singapore:Springer,Singapore,2016: 175-193.

[230] Xinhua Z,Mengxia Z. How big impact of Sino-US relations on PTA prices?. China Textile. 2020(6):55.

[231] Xinzhen L. Price Fall Dims Inflation The drop in bulk commodity prices signifies a shift in the direction of the Chinese economy. Beijing Review. 2013(26):36-37.

[232] Xin L. A general equilibrium analysis of the TPP free trade agreement with and without China. Margin:The Journal of Applied Economic Research,2014(2):115-136.

[233] Yan W,Wang L. Development of Shanghai's free trade zone logistics//LiuBl,WangL,LeeSj,LiuJ,QinF,Jiao,Zl. Contemporary Logistics in China. Berlin,Heidelberg:Springer,Berlin,Heidelberg,2016:193-210.

[234] Yang S,Martinez-Zarzoso I. A panel data analysis of trade creation and trade diversion effects:the case of ASEAN-China Free Trade Area. China Economic Review,2014,29:138-151.

[235] Yao D,Whalley J. The China(Shanghai)pilot free trade zone: background,developments and preliminary assessment of initial impacts. The World Economy,2016(1):2-15.

[236] Yao D,Whalley J. The Yuan and Shanghai Pilot Free Trade Zone. Journal of Economic Integration,2015:591-615.

[237] Yongjian S,Partenariat 2006 in Chengdu,asmart decision by the

EU. China's Foreign Trade,2006(20):12-13.

［238］Yongjian S,Yinghong L. European national conusellors gathered in Chengdu for 2006 EU-China Partenariat. China's Foreign Trade, 2006 (Z4):37-38.

［239］Zaafrane H,Mahjoub A. The Euro - Mediterranean free trade zone:economic challenges and social impacts on the countries of the South and East Mediterranean. Mediterranean Politics,2000(1):9-32.

［240］Zhao J, Hu Y. Formal or informal? The dispute settlement mechanisms of China's free trade agreements. Journal of Shanghai Jiaotong University (Science),2016(1):44-50.

［241］Zhou C,Su Y. Trade effect of the free trade zone. International Business Research,2021(1):1-34.

［242］Zhou L, Shi Y, Cao X. Evaluation of land intensive use in Shanghai pilot free trade zone. Land,2019(6):87.

［243］Zwart T. China's contribution to international human rights during the past seventy years. The Journal of Human Rights,2020(1):116-125.